高职高专汽车专业教材

Qiche Dipan Weixiu Shixun Jiaocheng

汽车底盘维修实训教程

丛树林　王峰　主编

人民交通出版社

内容提要

本书以国产典型车型为基础，系统地介绍了离合器、手动变速器、主减速器和差速器、前桥和前悬架、后桥和后悬架、车轮和轮胎、机械转向系统、动力转向系统以及普通制动系统的拆卸与安装步骤、检查与维修方法。

本书图文并茂，通俗易懂，内容编排新颖，具有较强的可操作性，即可作为高职高专及中职学校汽车专业的实训教材，也可作为广大汽车维修从业人员的培训指导用书。

图书在版编目(CIP)数据

汽车底盘维修实训教程/丛树林，王峰主编. —北京：人民交通出版社，2008.6

高职高专汽车专业教材

ISBN 978-7-114-07113-3

I. 汽… II. ①丛…②王… III. 汽车—底盘—车辆修理—高等学校：技术学校—教材 IV. U472.41

中国版本图书馆 CIP 数据核字(2008)第 054034 号

高职高专汽车专业教材

书　　名： 汽车底盘维修实训教程

著 作 者： 丛树林　王　峰

责任编辑： 白　峭

出版发行： 人民交通出版社

地　　址： (100011) 北京市朝阳区安定门外外馆斜街 3 号

网　　址： http://www.ccpress.com.cn

销售电话： (010) 59757973，59757969

总 经 销： 人民交通出版社发行部

经　　销： 各地新华书店

印　　刷： 北京市密东印刷有限公司

开　　本： 787 × 1092　1/16

印　　张： 10.5

字　　数： 248 千

版　　次： 2008 年 7 月第 1 版

印　　次： 2011 年 8 月第 2 次印刷

书　　号： ISBN 978-7-114-07113-3

定　　价： 18.00 元

前言

随着我国汽车工业的迅速发展,汽车已经步入千家万户,社会汽车保有量迅速增加,社会迫切需要大量从事汽车维修服务的专业人员,迫切需要提高这些从业人员的实践操作能力。目前,我国汽车及相关专业职业技术教育、汽车维修培训工作处于快速发展阶段,为社会输送大量的汽车维修技术人员。

汽车培训理论教材很多,但适合教学的汽车类实践指导图书却很少,造成了职业技能培训工作中理论和实践脱节的现象。为了满足高等职业院校以及中等职业学校的迫切要求,同时使汽车维修的职业培训更贴近市场,我们精心组织编写了本书。

本书共分9个单元,主要包括了离合器、手动变速器、主减速器和差速器、前桥和前悬架、后桥和后悬架、车轮和轮胎、机械转向系统、动力转向系统以及普通制动系统的拆卸与安装方法、检查与维修方法。

本书图文编排新颖,具有较强的可操作性,既可作为中、高等院校及中、高职院校相关专业的实训教材,也可作为广大汽车维修从业人员的培训指导用书。

本书由丛树林、王峰主编,王德军、侯建党、韩希国、李建华副主编,参加编写的还有王立刚、孙涛、黄宜坤、张成利、李晗、高元伟、黄艳玲、张义、李泰然、卢学光、颜国光、孙立军、马选刚。由于编者水平有限,书中难免有不足之处,敬请广大读者批评指正。

编　者

目 录

单元1 离 合 器

项目1 采用机械拉索式操纵机构的离合器维修

●4 学时●

目　　的： 学习采用机械拉索式操纵机构的离合器的维修方法。

车　　型： 上海桑塔纳2000GLi轿车的离合器。

设备与工具： 组合扳手,螺丝刀,钳子,扭力扳手,锤子,专用工具10－201、10－213、VW401、VW408a、VW434、VW411、VW436a、VW416b、3117、VW77/15、VW771,内拉头(kukko 21/3),百分表,游标卡尺,直尺,厚薄规,润滑脂ET－Nr. AOS126 000 05。

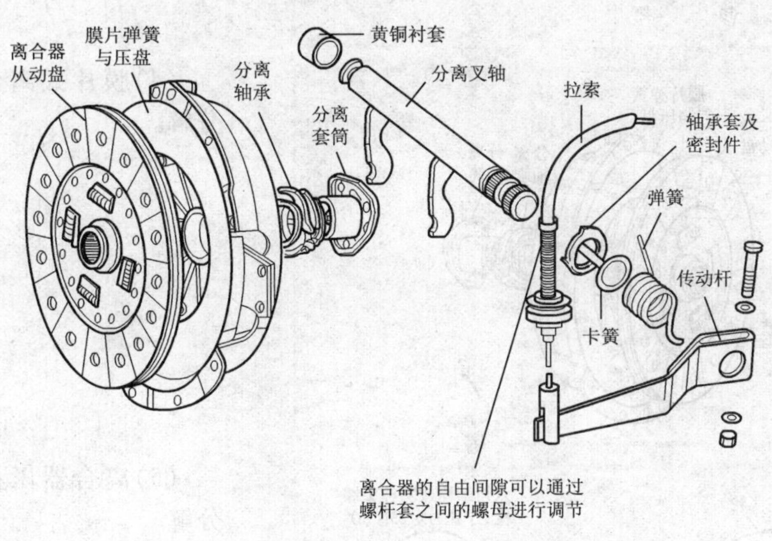

机械拉索式操纵离合器零部件的分解图

一、离合器的拆卸

(1)首先拆下变速器。

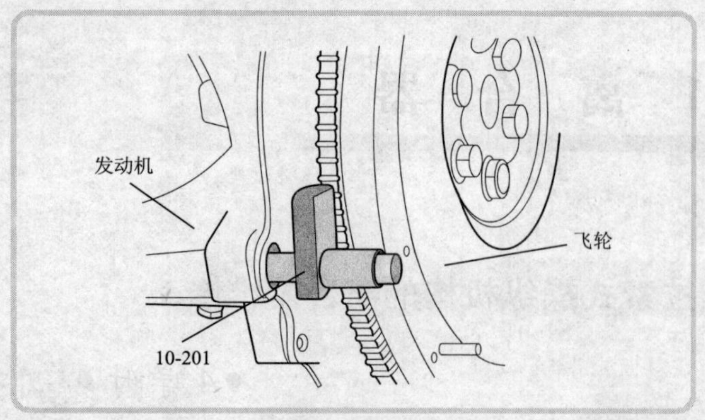

(2)用专用工具 10－201,将飞轮固定,然后逐渐将离合器压盘的固定螺栓对角拧松,取下离合器盖及压盘总成,并取下离合器从动盘。

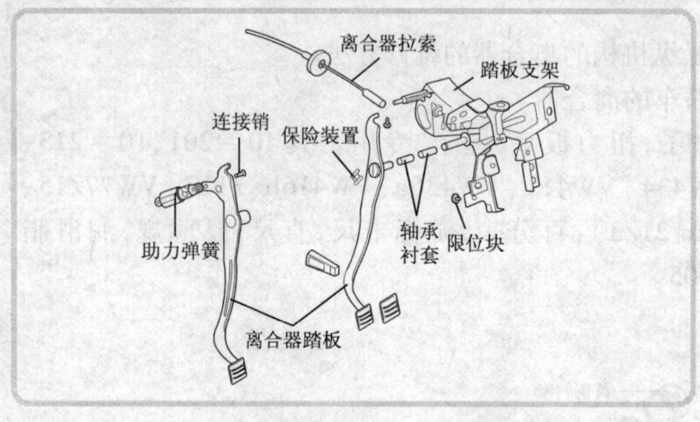

(3)离合器踏板装置零部件的分解。

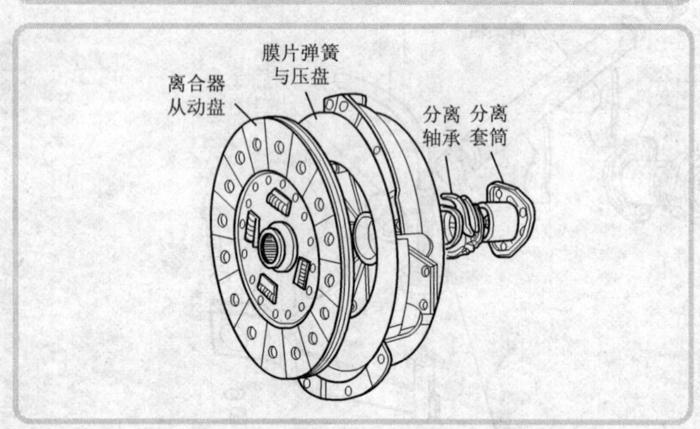

(4)膜片式离合器零部件的分解。

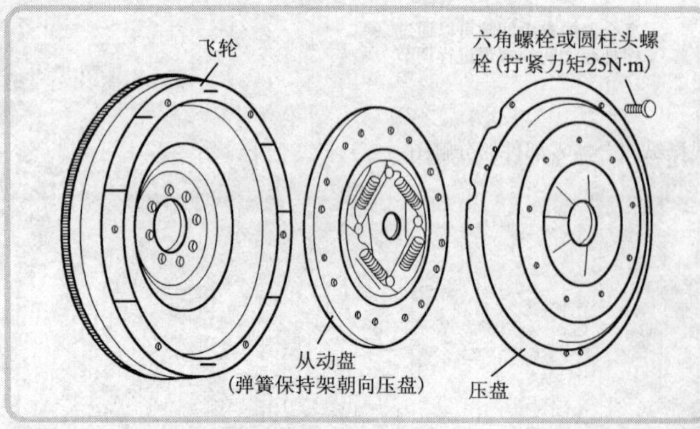

(5)离合器压盘和从动盘的分解。

二、离合器的安装

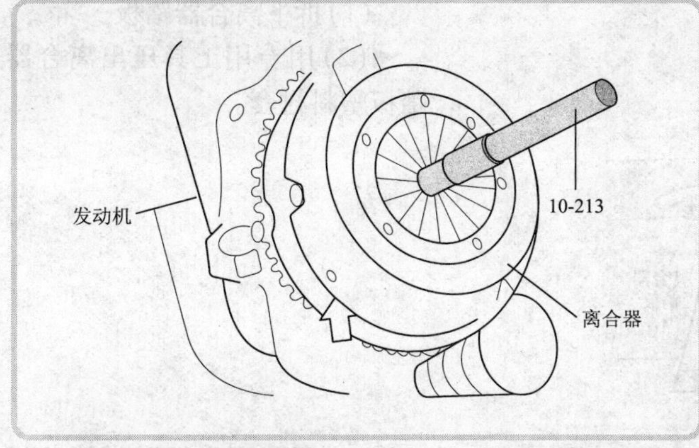

(1)用专用工具 10 – 201 将飞轮固定。

◀(2)用专用工具 10 – 213,将离合器从动盘定位于飞轮和压盘中心。

(3)装上紧固螺栓,并用 25 N · m的力矩对角逐渐旋紧。

三、维修注意事项

(1)衬垫:应更换纸质密封垫圈,更换 O 形环。

(2)调整垫片:用千分尺多点检测调整垫片,可以精确地测出所需垫片的厚度。检查调整垫片边缘是否有损坏,只能装入完好的调整垫片。

(3)挡圈、锁圈:调整挡圈及锁圈不能拉开过度,必须将其完全放在槽内。

(4)螺栓、螺母:固定盖和罩壳的螺栓和螺母应交叉拧紧和拧松(特别是易损件),并且应按规定的拧紧力矩拧紧螺栓和螺母。

(5)轴承:将有标志的一面的滚针轴承(壁后较大)朝向安装工具,在轴与轴承之间涂一层润滑油。所有的轴承和接触表面均使用白色 ET – Nr. AOS126 000 05 润滑脂润滑。

(6)在进行离合器踏板修理工作时,应将蓄电池搭铁线拆下。

四、离合器踏板的更换

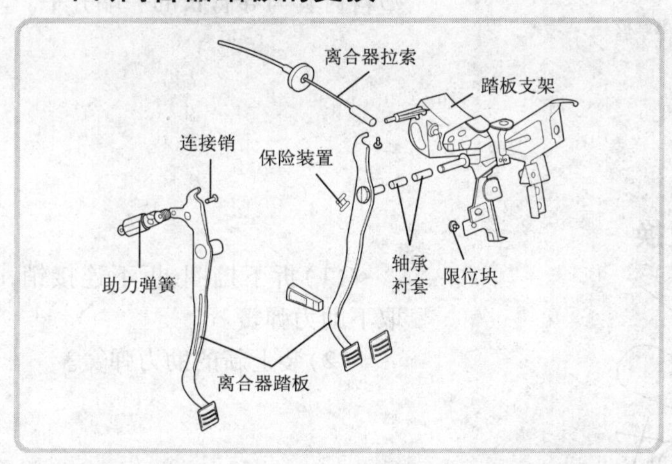

◀(1)拉开并拆下离合器拉索。

(2)拆下离合器踏板固定在踏板轴上的保险装置。

(3)取下离合器踏板。

(4)装上新的离合器踏板。

五、离合器踏板衬套的更换

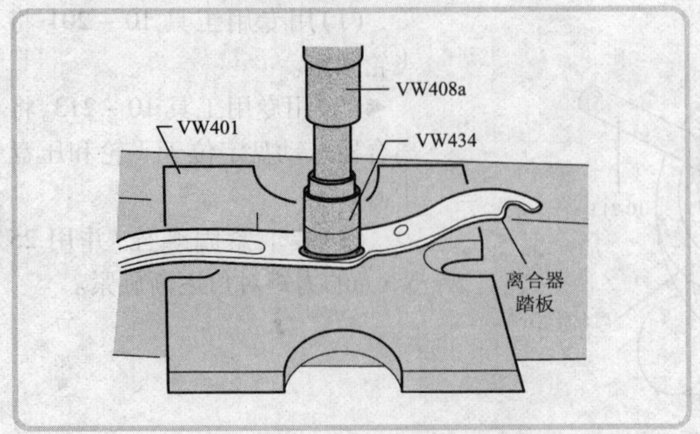

(1)拆下离合器踏板。

◀(2)用专用工具压出离合器踏板塑料衬套。

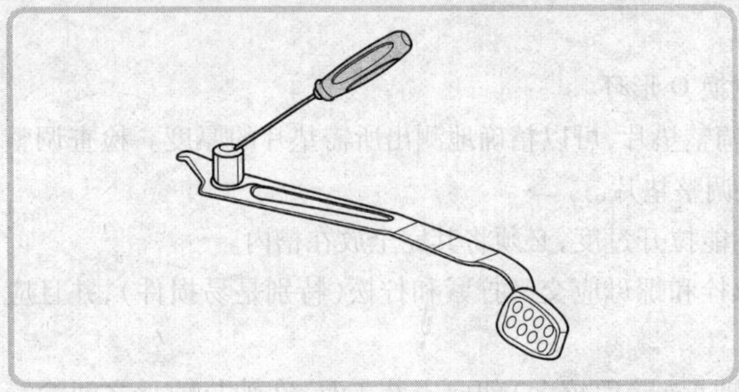

(3)拆下离合器踏板橡胶衬套。

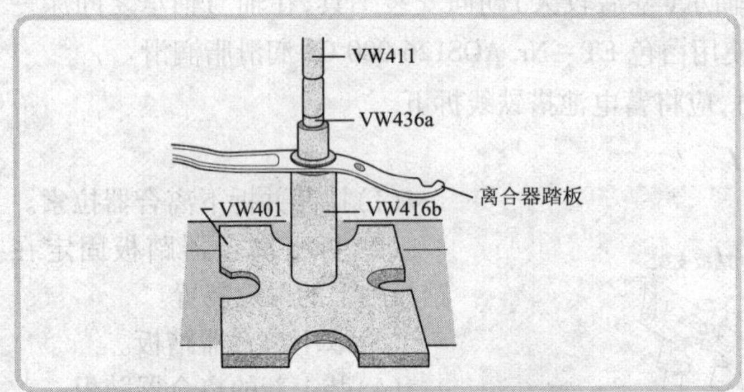

(4)装上橡胶衬套,涂上无酸润滑脂。

◀(5)压入离合器踏板衬套,使塑料衬套与导管长的一端齐平。

六、离合器踏板助力弹簧的更换

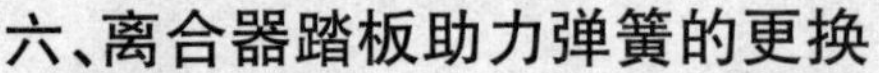

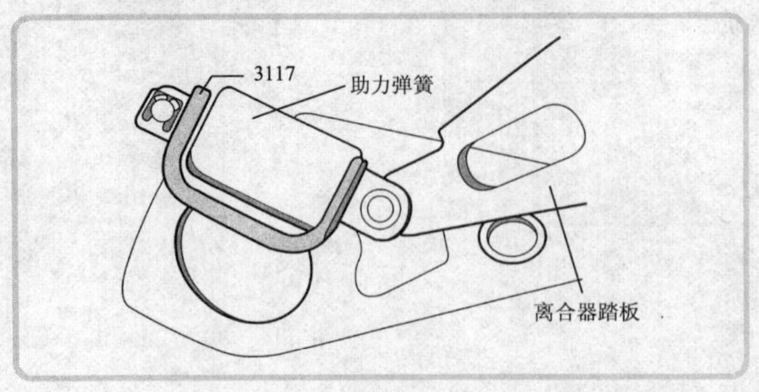

◀(1)拆下挡圈,拆下连接销,取下助力弹簧。

(2)装上新的助力弹簧。

七、离合器拉索的更换

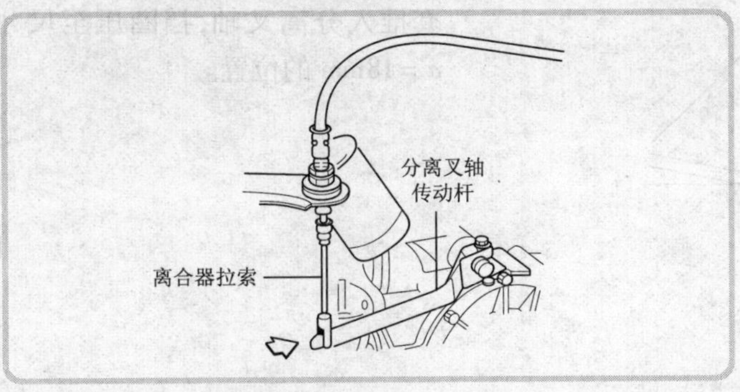

◀(1)旋松调整离合器踏板自由行程的防松螺母,并放松离合器拉索。

(2)取下离合器拉索。

(3)装上新的离合器拉索,用润滑脂润滑用于连接的两端。

八、分离叉轴的更换

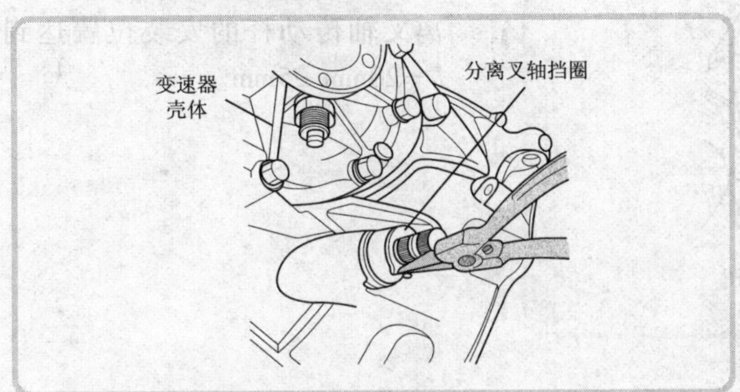

(1)拆卸变速器。

(2)拆下离合器分离叉轴传动杆。

◀(3)拆下分离轴承,拆下分离叉轴的挡圈。

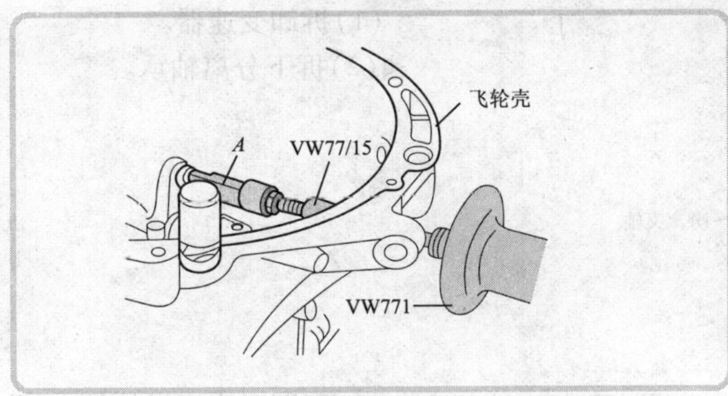

(4)取下橡胶防尘套,拆下分离套筒。

(5)拆下分离叉轴的定位螺栓。

(6)拆下分离叉轴左衬套,取下分离叉轴。

◀(7)拆下分离叉轴右衬套,使用$A=18.5\sim23.5$mm的内拉头,例如kukko 21/3。

(8)装上新的离合器分离叉轴右衬套。

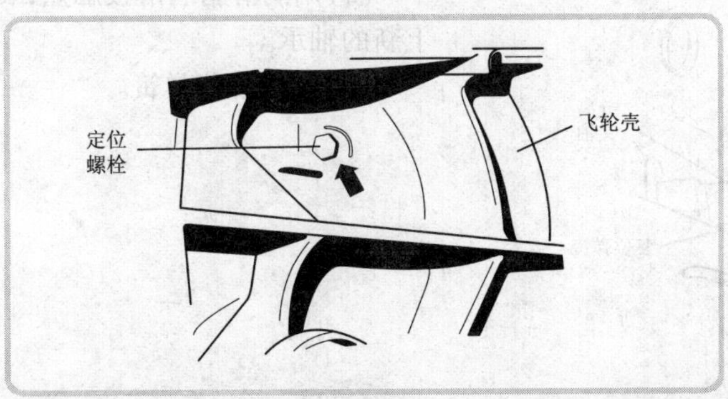

(9)装上分离叉轴,用适量的润滑脂润滑衬套及分离叉轴的支撑位置,并安装。

◀(10)用15N·m的力矩旋紧分离叉轴的定位螺栓(图中箭头位置)。

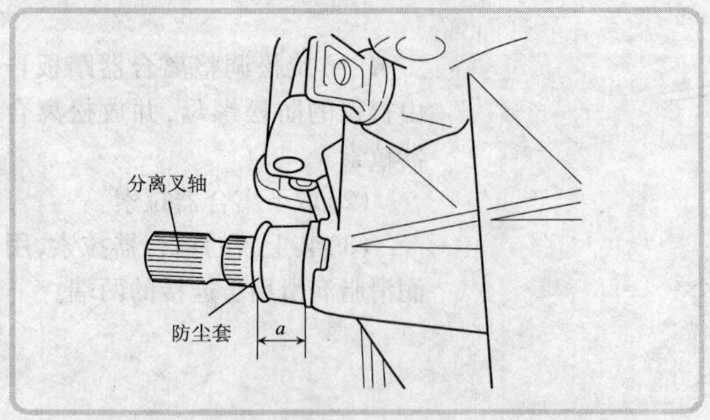

(11)装上分离套筒。将防尘套推入分离叉轴,挡圈压至尺寸 $a=18\text{mm}$ 的位置。

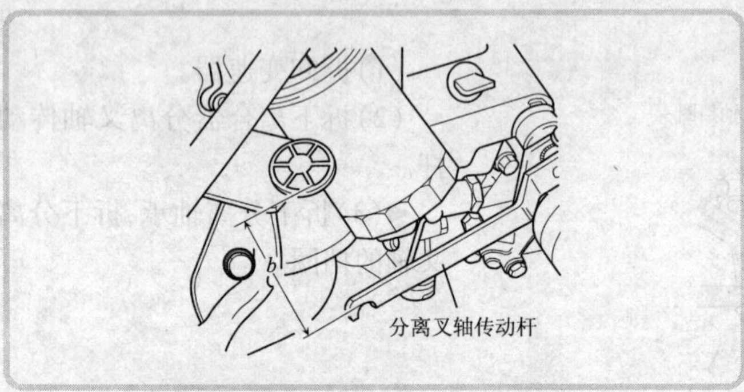

(12)装上分离轴承,并使分离叉轴传动杆的安装位置达到 $b=20\text{mm}\pm5\text{mm}$。

九、分离轴承的更换

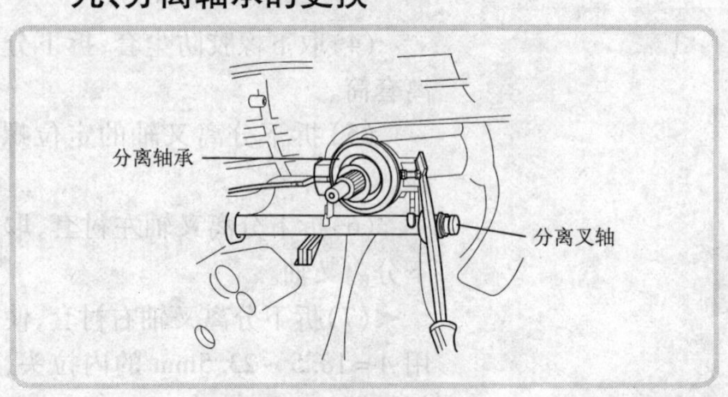

(1)拆卸变速器。

◀(2)拆下分离轴承。

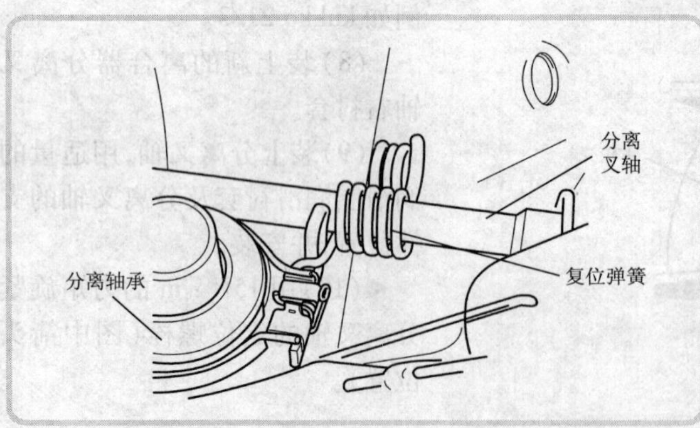

(3)用润滑脂润滑接触点,装上新的轴承。

◀(4)装上复位弹簧。

十、分离套筒的更换

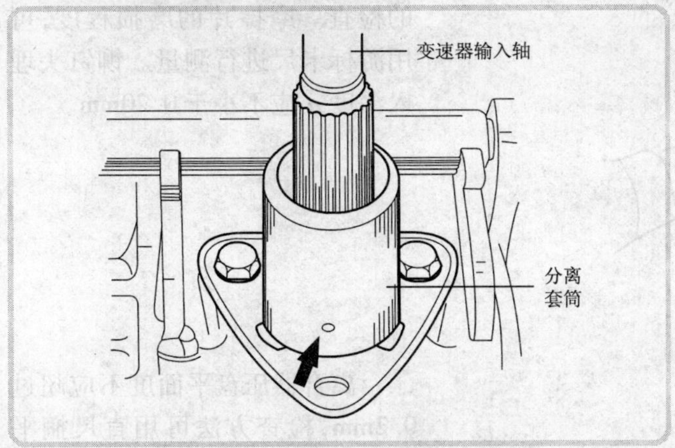

(1)拆卸变速器。

(2)拆下分离轴承,再拆下分离套筒。

◀(3)安装时,排油孔应朝下。

十一、离合器踏板自由行程的调整

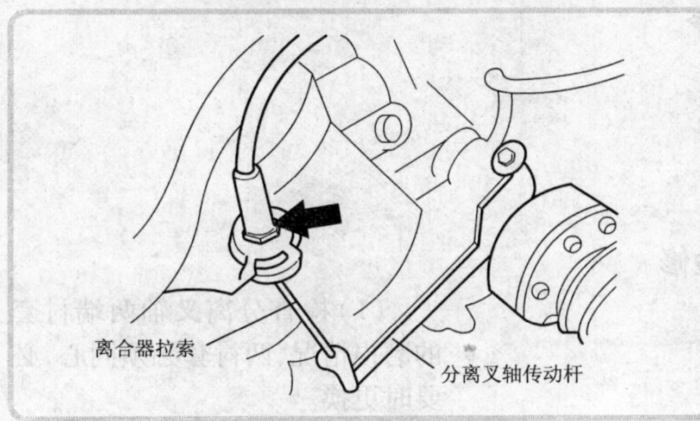

上海桑塔纳轿车离合器的调整主要就是离合器踏板自由行程的调整。离合器踏板自由行程应为15~20mm,其调整是靠离合器拉索的调整来进行的,具体可通过图中箭头所示的调整螺母来进行。

十二、从动盘的检查

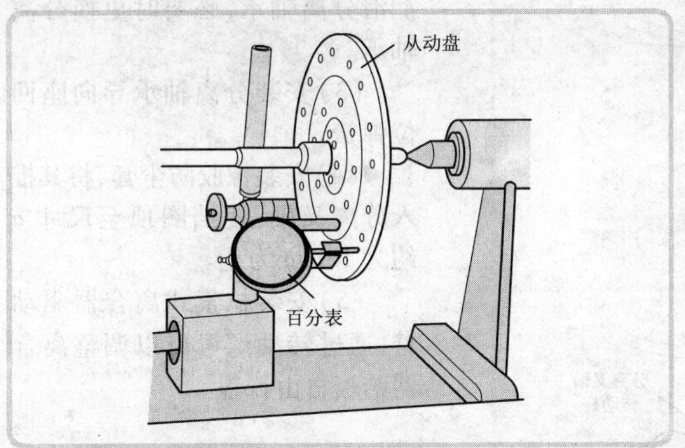

(1)从动盘径向圆跳动的检查。用百分表在距从动盘外边缘2.5mm处测量,离合器从动盘最大径向圆跳动为0.4mm。

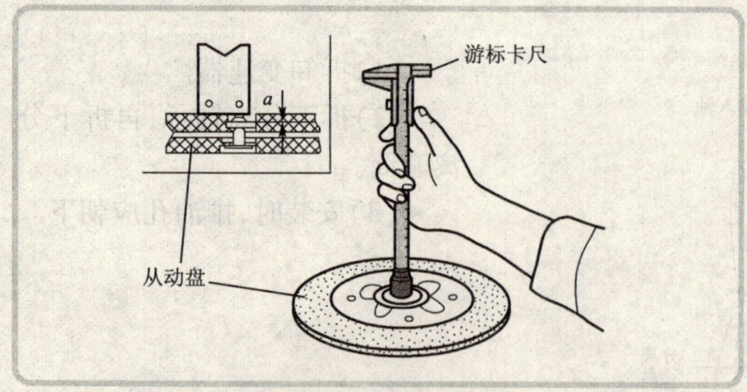

(2)从动盘摩擦片磨损程度的检查。摩擦片的磨损程度,可用游标卡尺进行测量。铆钉头埋入深度 a 应不小于0.20mm。

十三、压盘平面度的检查

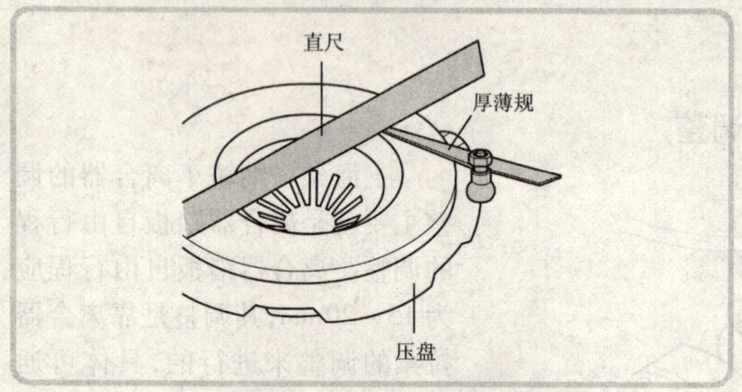

离合器压盘平面度不应超过0.2mm,检查方法可用直尺搁平后以厚薄规测量。

十四、机械拉索式操纵机构的检修

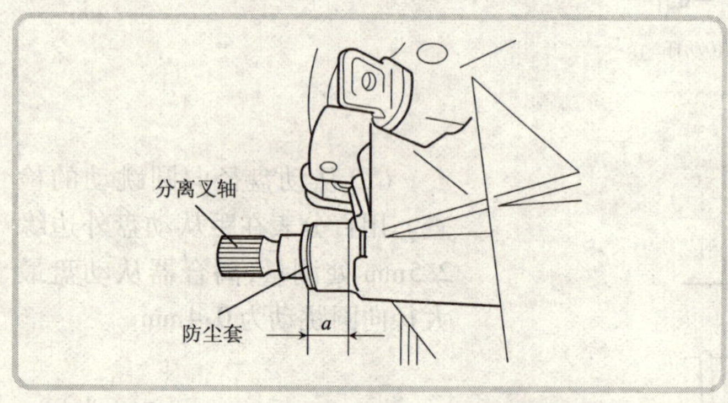

(1)检查分离叉轴两端衬套的磨损情况,两衬套必须同心,必要时更换。

(2)检查分离轴承磨损情况,润滑分离轴承,必要时更换分离轴承。

(3)安装分离轴承导向座回位弹簧。

◀(4)安装橡胶防尘套,将其推入分离叉轴,使挡圈顶至尺寸 a 约为18mm为止。

(5)安装拉索式离合器驱动臂,通过转动螺母可以调整离合器踏板自由行程。

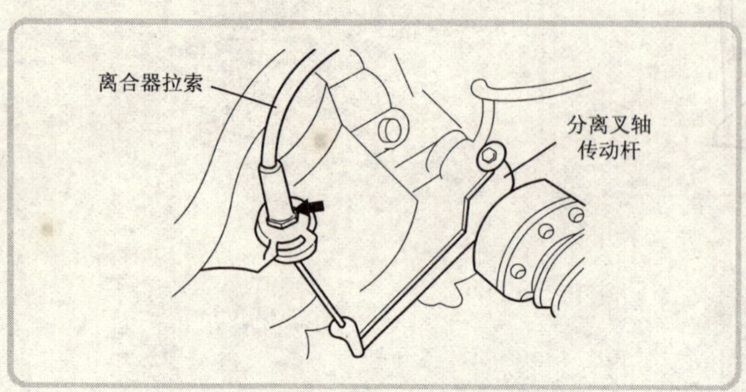

项目2 采用液压式操纵机构的离合器维修

•4 学时•

目　　的： 学习采用液压式操纵机构的离合器的维修方法。

车　　型： 一汽天津威驰轿车的离合器。

设备与工具： 组合扳手，螺丝刀，钳子，扭力扳手，锤子，直尺，专用工具09023－00100，卡环钳，冲子，专用工具09301－00210，游标卡尺，百分表，锂皂基乙二醇润滑脂。

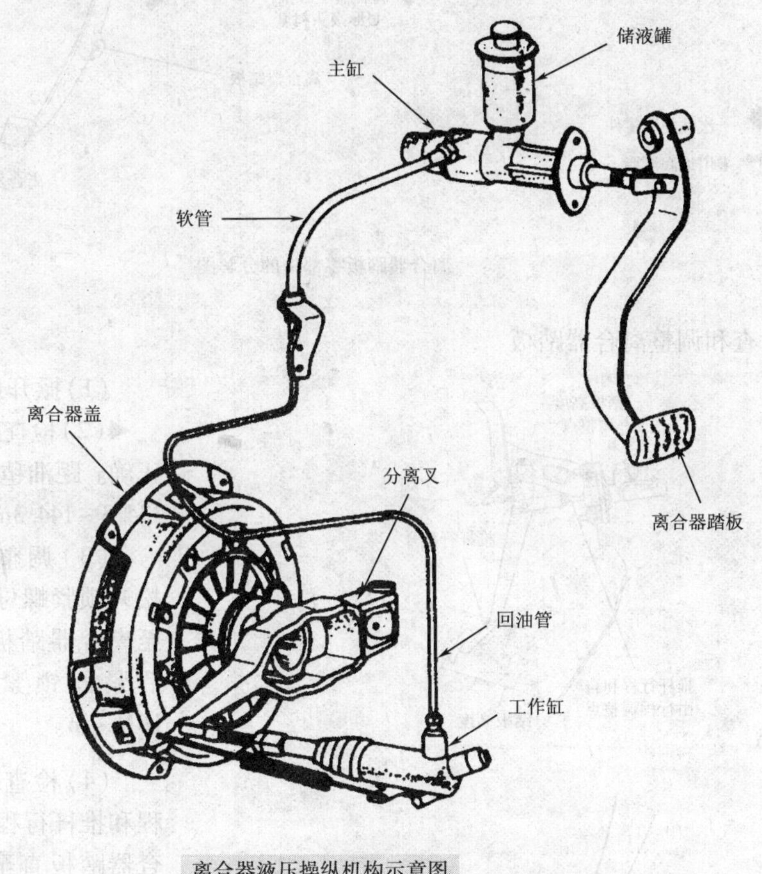

离合器液压操纵机构示意图

一、离合器踏板的检修

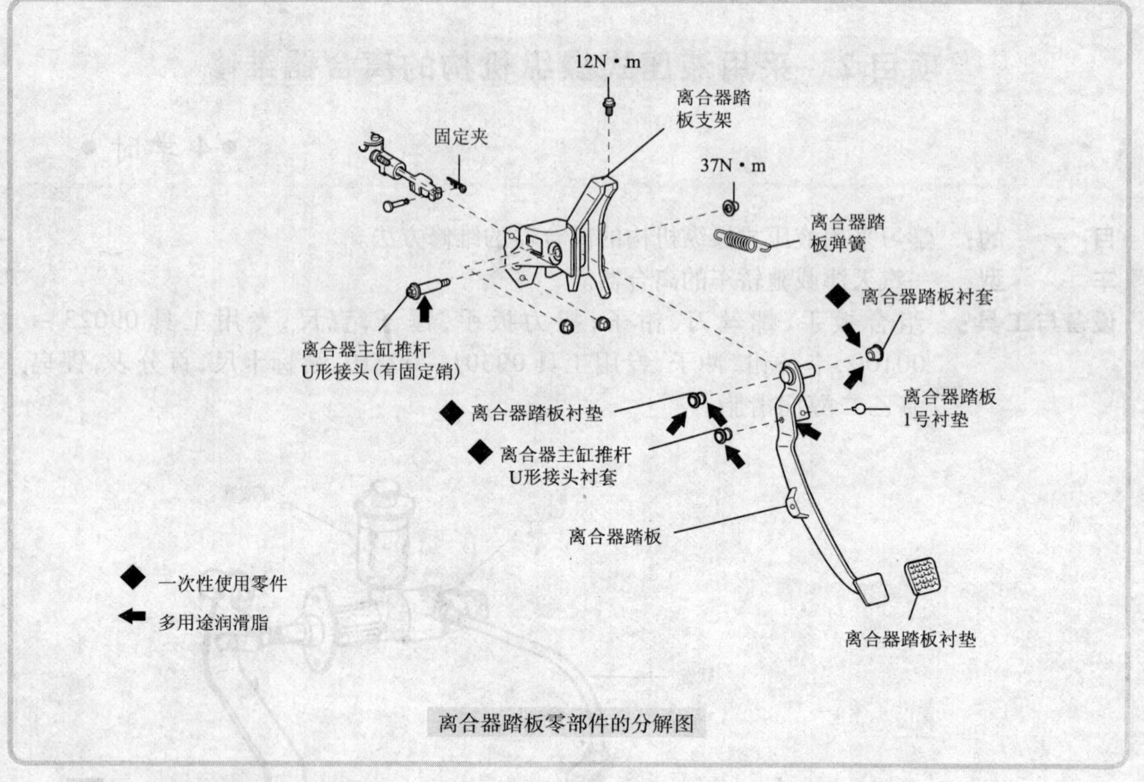

离合器踏板零部件的分解图

1 检查和调整离合器踏板

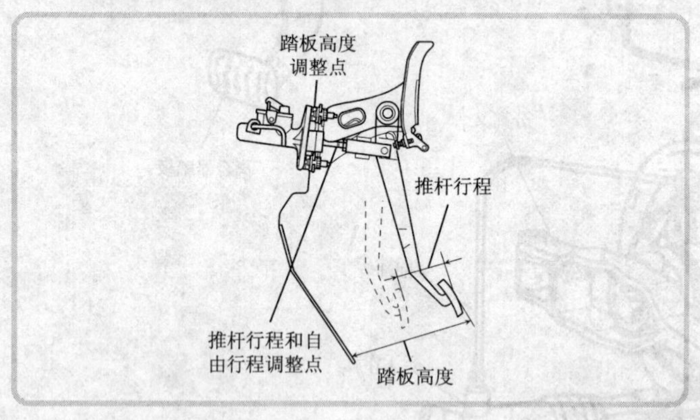

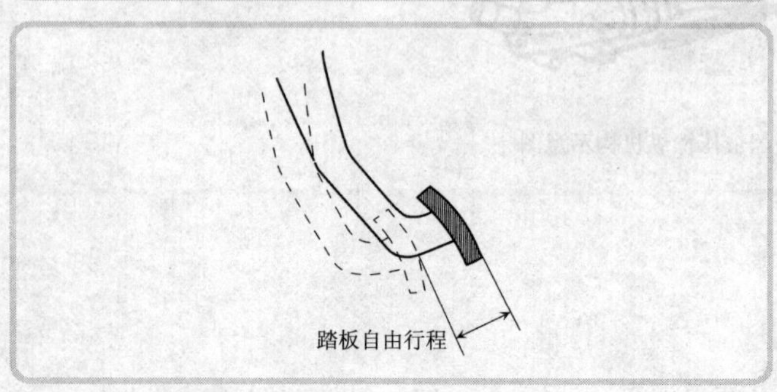

(1)掀开地板地毯。

◀(2)检查离合器踏板高度是否正确。距油毡的离合器踏板高度:134.3~144.3mm。

(3)调整离合器踏板高度。松开锁紧螺母并转动止动螺栓直至离合器踏板高度正确为止,然后紧固锁紧螺母,拧紧力矩:16N·m。

(4)检查离合器踏板自由行程和推杆行程是否正确。踩下离合器踏板直至感到有阻力为止,离合器踏板的自由行程:5~15mm。

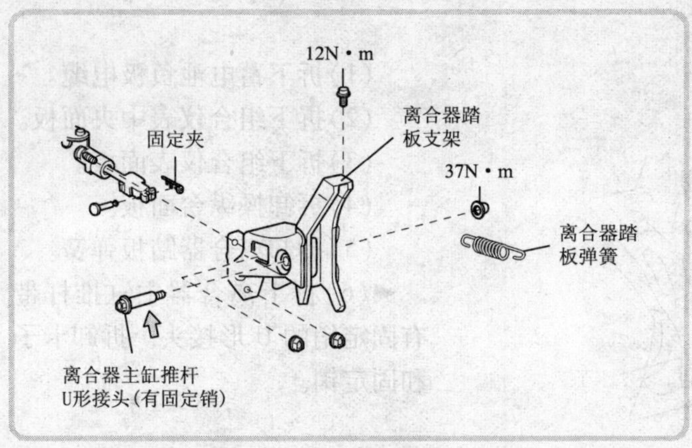

(5)调整离合器踏板自由行程和推杆行程:

◀①松开锁紧螺母并转动推杆直至离合器踏板自由行程和推杆行程正确。

②紧固锁紧螺母,拧紧力矩:12N·m。

③在调整离合器踏板自由行程后检查离合器踏板高度。

(6)检查离合器的分离点:

①拉紧驻车制动杆并加装车轮止动器。

②启动发动机,使发动机怠速运转。

③不踩离合器踏板,慢慢的将换挡杆换至倒挡位置,直至齿轮啮合为止。

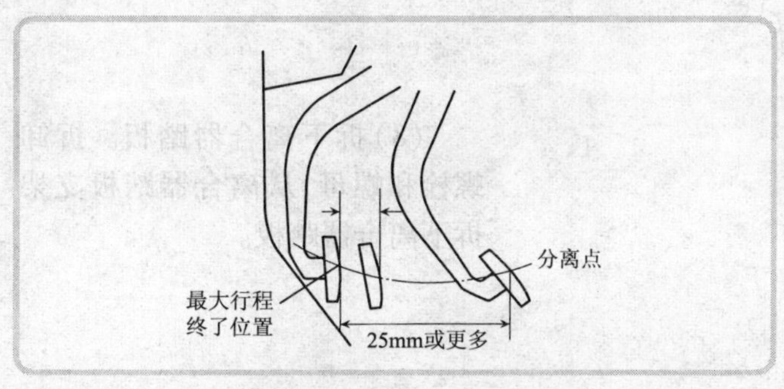

◀④慢慢踩下离合器踏板并测量出齿轮异响消失点(分离点)到最大行程终了位置时的行程距离。标准距离:25mm 或更多(从离合器踏板行程终了位置至分离点)。

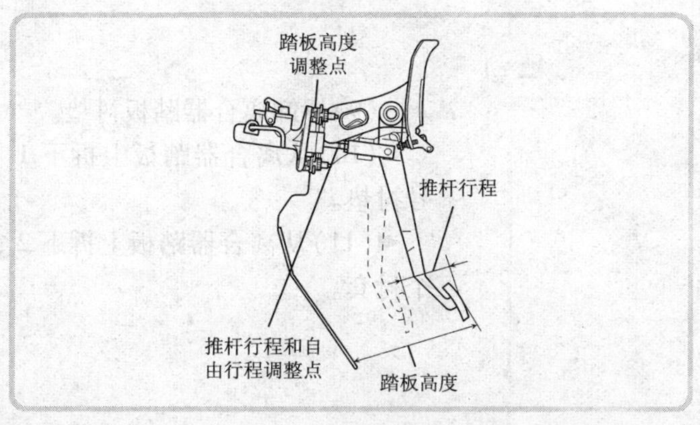

⑤如果距离不符合标准,进行下面的操作:

- 检查离合器踏板高度。
- 检查推杆行程和离合器踏板自由行程。
- 放出离合器油管空气。
- 检查离合器盖和离合器从动盘。
- 检查离合器踏板行程。离合器踏板行程:120~130mm。

2 离合器踏板的拆卸

(1)拆下蓄电池负极电缆。

(2)拆下组合仪表中央面板。

(3)拆下组合仪表面板。

(4)拆卸操纵台面板。

(5)拆卸离合器踏板弹簧。

◀(6)拆下离合器主缸推杆带有固定销的U形接头。拆卸卡子和固定销。

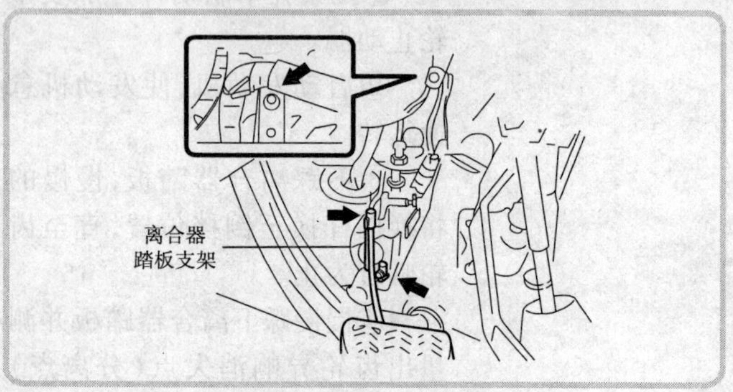

(7)拆卸离合器踏板支架。拆下2个螺母、螺栓,取下离合器踏板支架。

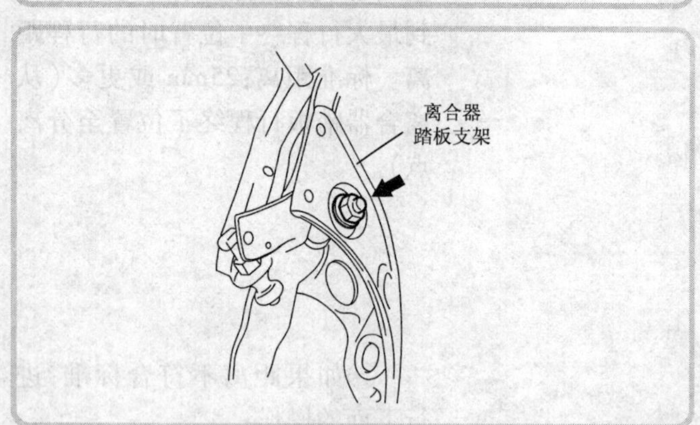

(8)拆下离合器踏板。拆卸螺栓和螺母,从离合器踏板支架拆下离合器踏板。

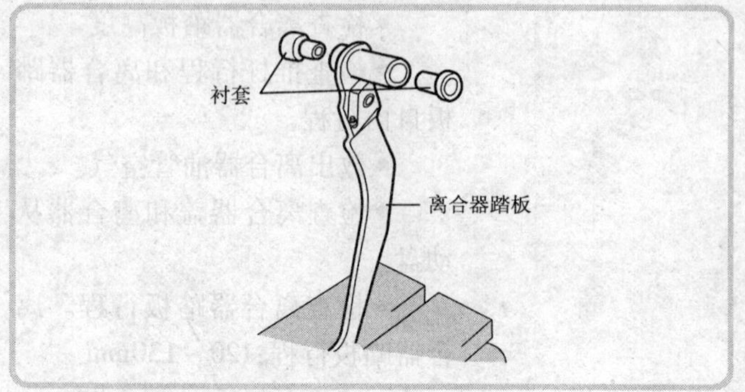

(9)拆卸离合器踏板衬垫。

(10)从离合器踏板上拆下1号衬垫。

◀(11)从离合器踏板上拆下2个衬套。

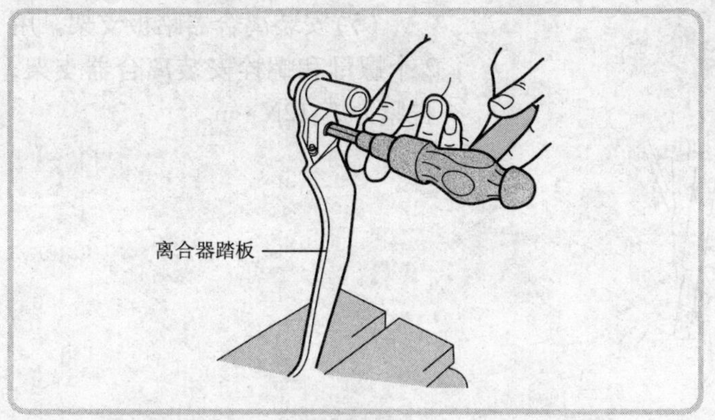

(12)拆下离合器主缸推杆U形接头衬套。用8mm六角扳手和锤子从离合器踏板上拆下U形衬套。

3 离合器踏板的安装

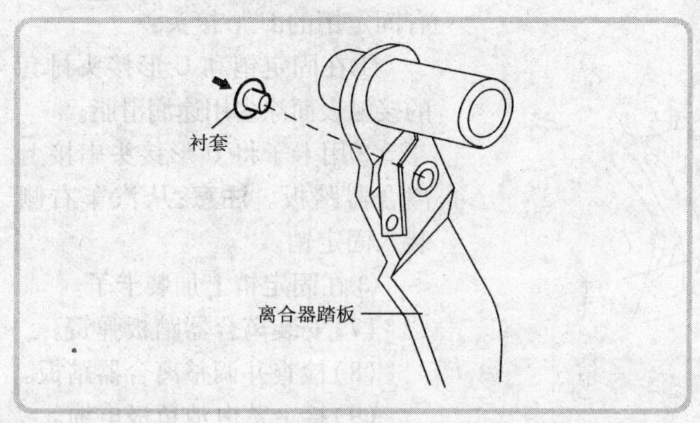

(1)安装离合器主缸推杆U形接头衬套:在新的U形接头衬套内涂多用途润滑脂,把U形接头衬套装上离合器踏板。**注意:**从汽车的右侧装入U形接头衬套。

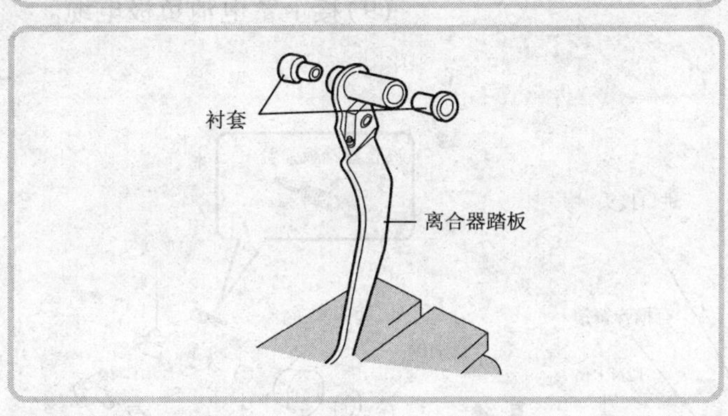

(2)安装离合器踏板衬套。在2个新衬套的每侧涂抹多用途润滑脂,把2个衬套装入离合器踏板。

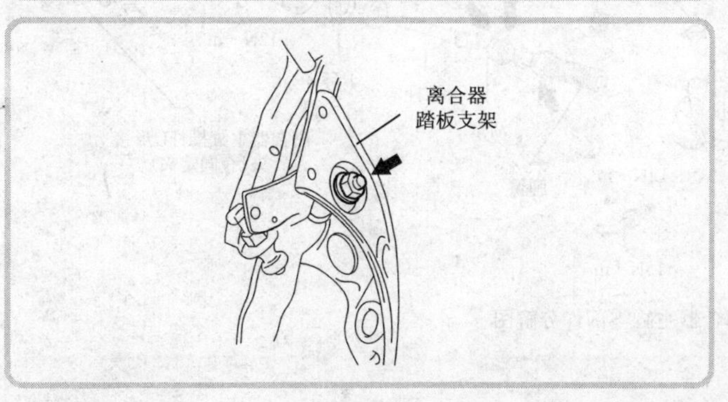

(3)安装离合器踏板1号衬垫。

◀(4)安装离合器踏板。用螺栓和螺母将离合器踏板装到离合器踏板支架上,拧紧力矩:37 N·m。**注意:**从汽车左侧安装螺栓。

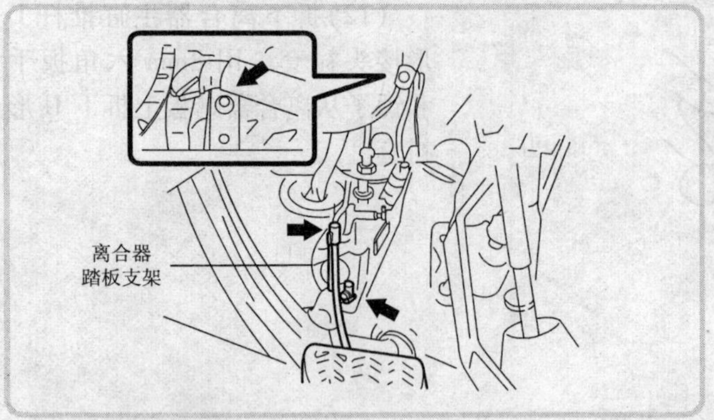

(5)安装离合器踏板支架。用2个螺母和螺栓安装离合器支架，拧紧力矩:12N·m。

(6)安装离合器主缸推杆带有固定销的U形接头:

①在固定销和U形接头衬套的接触表面涂多用途润滑脂。

②用卡子将U形接头串接上离合器踏板。**注意:**从汽车右侧装入固定销。

③在固定销上加装卡子。

(7)安装离合器踏板弹簧。

(8)检查并调整离合器踏板。

(9)接上蓄电池负极电缆。

二、离合器主缸的检修

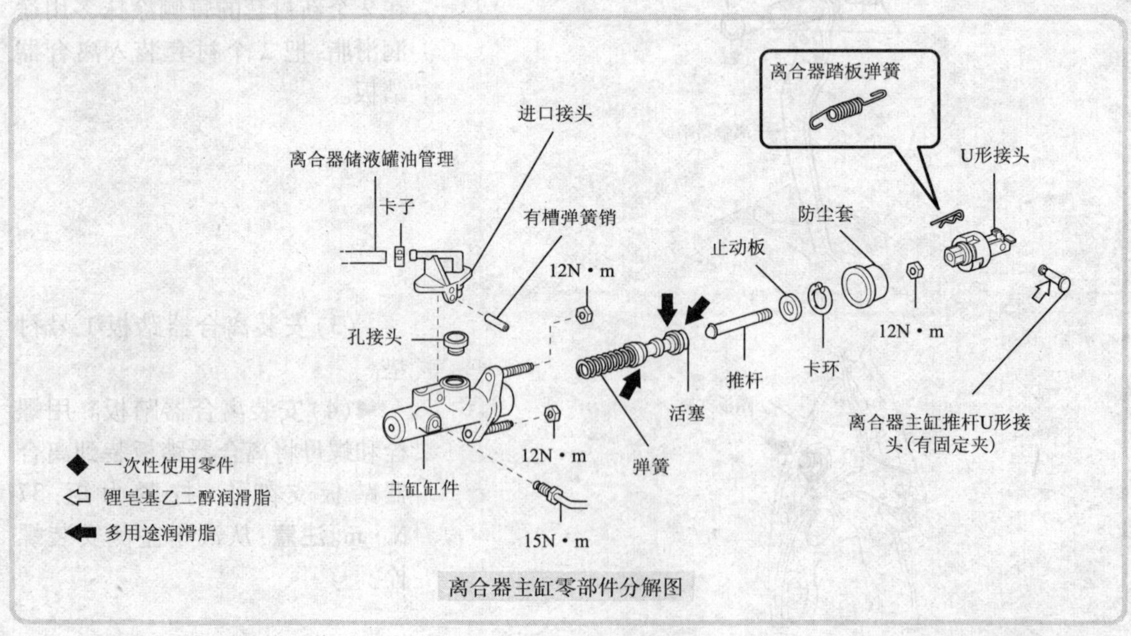

离合器主缸零部件分解图

1 拆卸

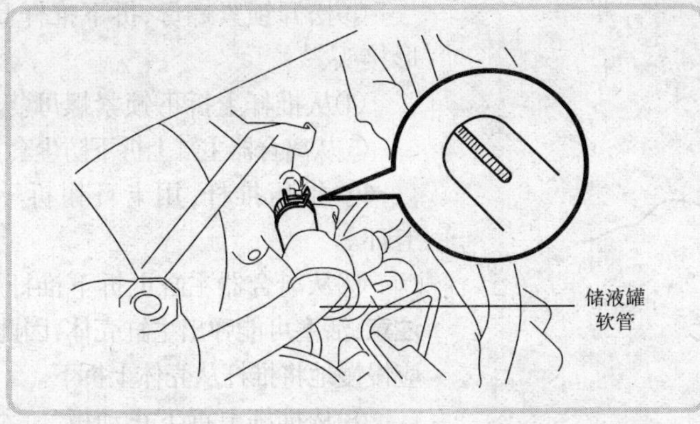

(1)放出离合器液。

(2)拆卸制动主缸。

(3)拆卸制动助力器总成。

◀(4)拆下离合器储液罐油管。松开夹子将离合器储液罐软管从离合器主缸上拆下。**注意:**用容器装离合器油。

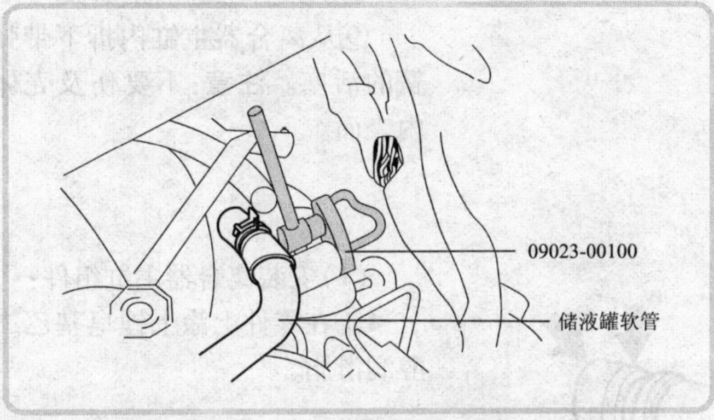

(5)用专用 工 具 09023 - 00100 将离合器主缸与软管分开。**注意:**用容器装离合器液。

(6)拆下离合器主缸带有U形头的推杆,拆下夹子和孔销。

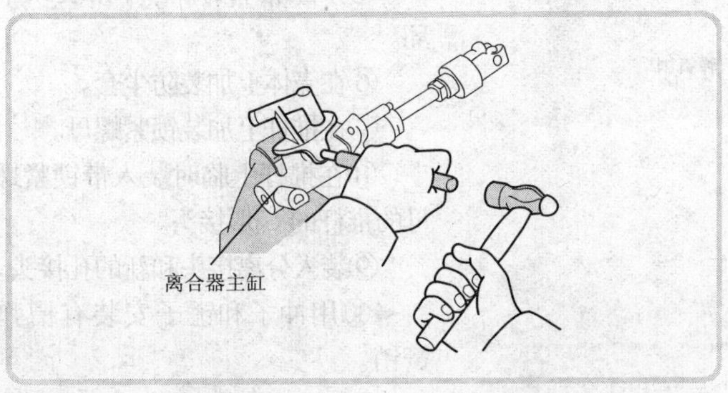

(7)拆下离合器主缸。拆下2个螺母,拆下离合器主缸。

(8)拆卸离合器主缸:

◀①用冲子和锤子拆下有槽弹簧销。

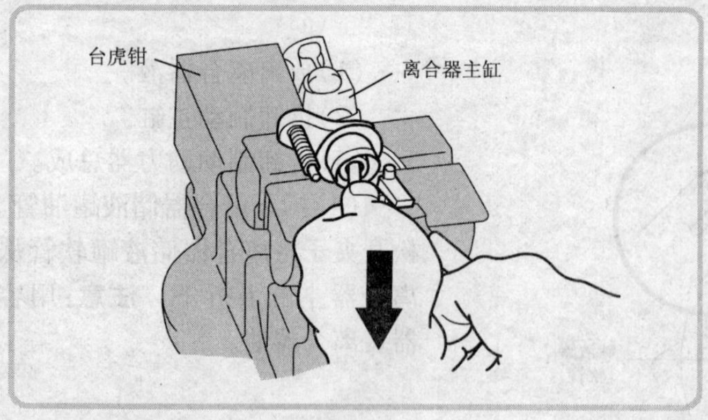

②拆卸分离接头和垫圈。

③松开锁紧螺母，拆下推杆U形接头。

④从推杆上拆下锁紧螺母。

⑤从离合器主缸上拆下防尘套。

◀⑥推压推杆，用卡环钳拆下卡环。

⑦从离合器主缸上拆下推杆。**注意：**活塞可能弹出主缸壳体，因此应慢慢地将推杆从壳体上拆下。

⑧从推杆上拆下止动板。

⑨从离合器主缸内拆下带弹簧的活塞。**注意：**不要伤及壳体内表面。

2 安装

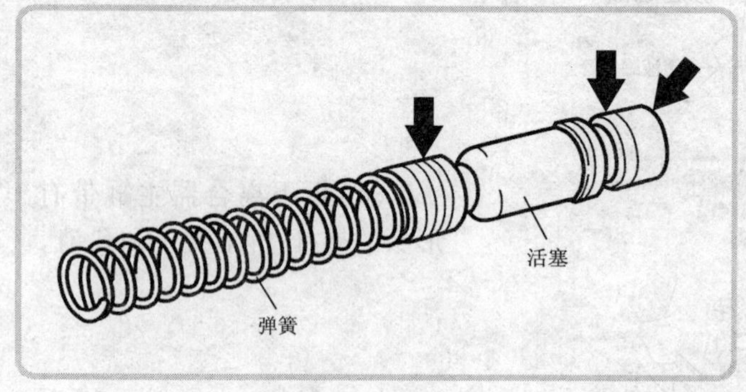

（1）安装离合器主缸组件：

◀①在零件上涂上锂皂基乙二醇润滑脂。

②把带弹簧的活塞装入壳体内。**注意：**不要伤及壳体内表面。

③把推杆装入壳体。

④在推杆上装上止动板。

⑤推压推杆，用卡环钳装入卡环。

⑥在壳体上加装防尘套。

⑦在推杆上加装锁紧螺母。

⑧在推杆上临时装入带锁紧螺母的推杆的U形接头。

⑨装入分离接头和新的孔接头。

◀⑩用冲子和锤子安装有槽弹簧销。

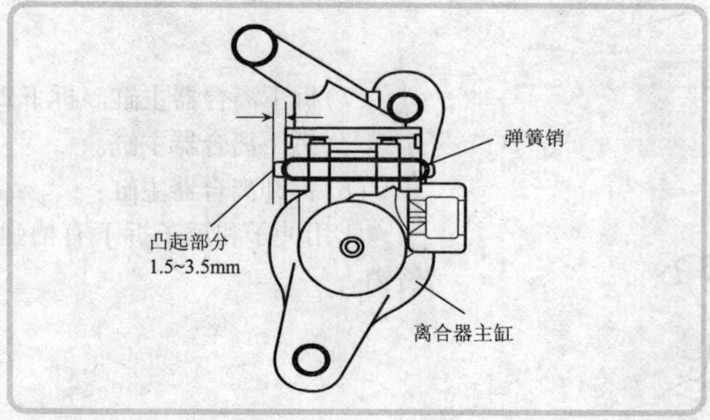

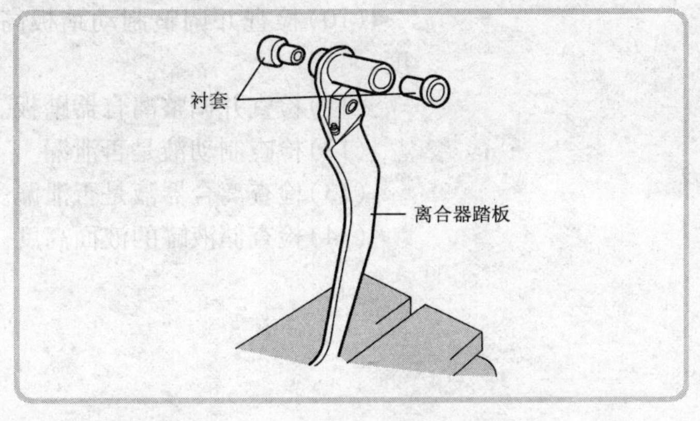

(2)安装离合器主缸。用2个螺母安装离合器主缸,拧紧力矩:12N·m。

(3)安装离合器主缸推杆U形接头:

◀① 用多用途润滑油脂涂抹孔销和U形接头衬套的接触表面。

② 用孔销将U形接头连接到离合器踏板上。**注意:**从车辆右侧装入孔销。

③ 在孔销中插入卡子。安装离合器踏板弹簧。

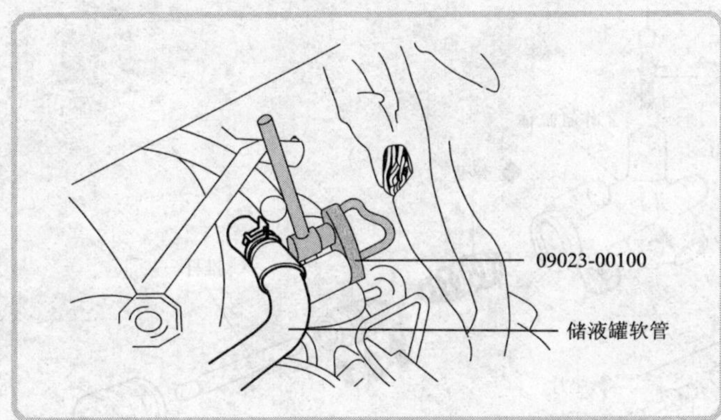

(4)连接离合器主缸和软管。使用专用工具09023-00100连接软管,拧紧力矩:15N·m。

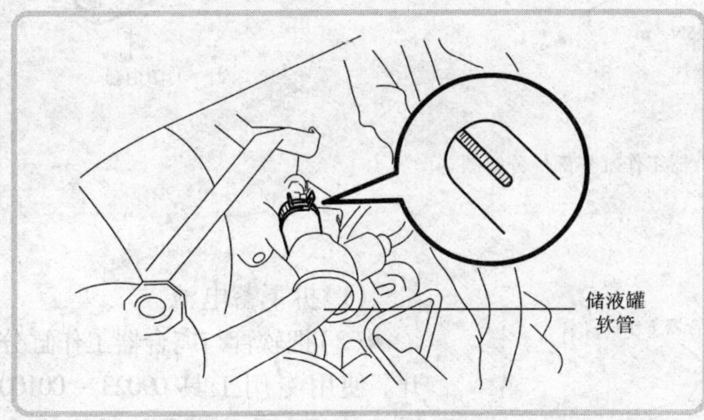

◀(5)连接离合器储液罐油管。用卡子连接离合器储液罐油管和离合器主缸。**注意:**连接离合器储液罐软管,确保软管不被扭曲。

(6)安装制动助力器总成。

(7)安装制动主缸。

(8)放出制动管路空气。

(9)放出离合器管路空气。向制动储液罐内添加离合器液并放出离合器系统内空气,拧紧力矩:8.3N·m。

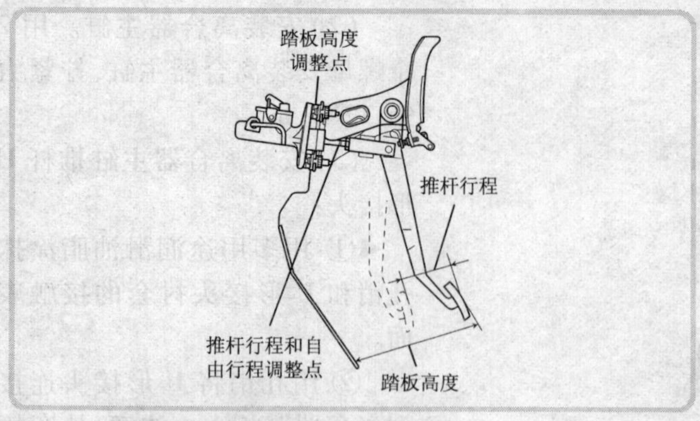

◀(10)检查并调整制动踏板高度。

(11)检查并调整离合器踏板。

(12)检查制动液是否泄漏。

(13)检查离合器液是否泄漏。

(14)检查储液罐的液面高度。

三、离合器工作缸的检修

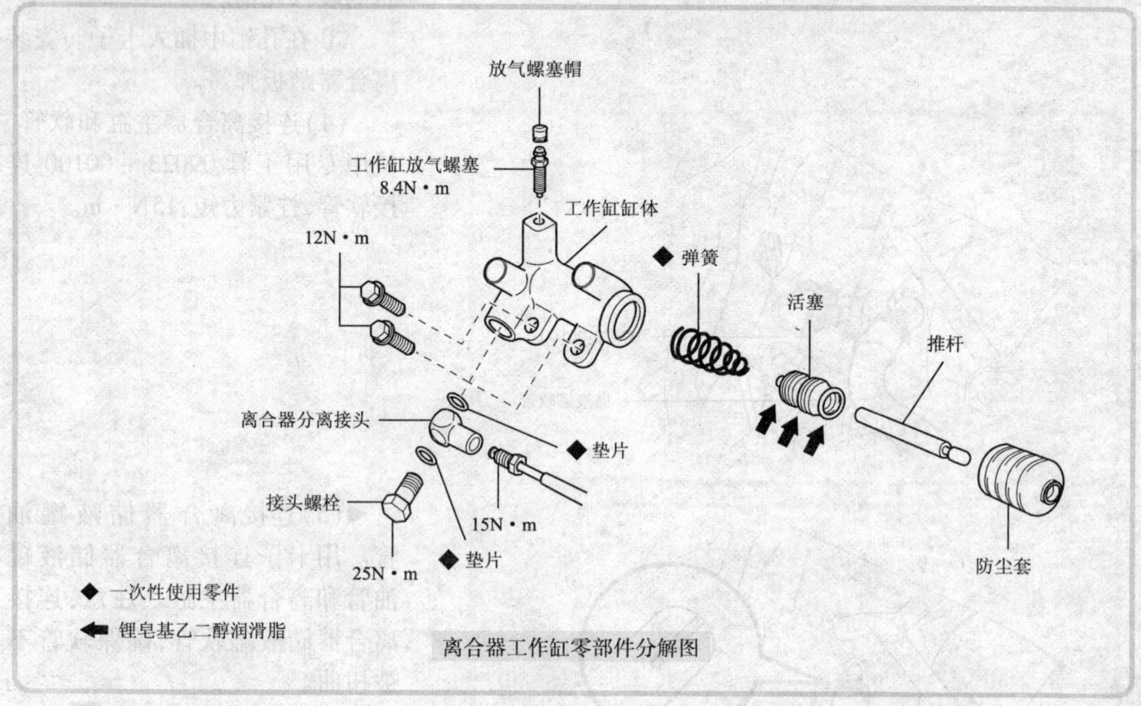

离合器工作缸零部件分解图

1 拆卸

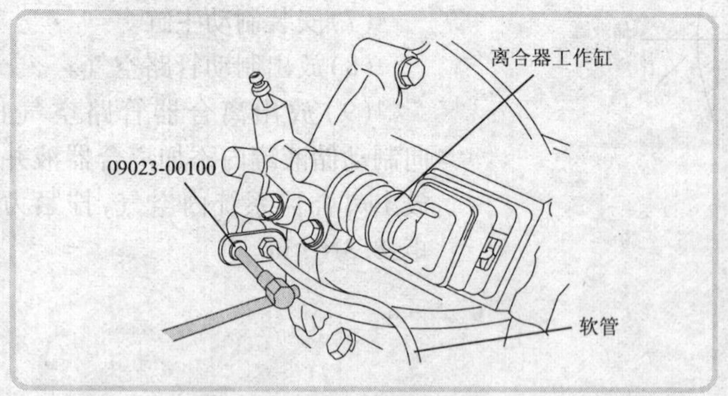

(1)拆下蓄电池。

◀(2)把软管与离合器工作缸分开。使用专用工具 09023 - 00100 拆分软管。**注意**:用容器接盛离合器液。

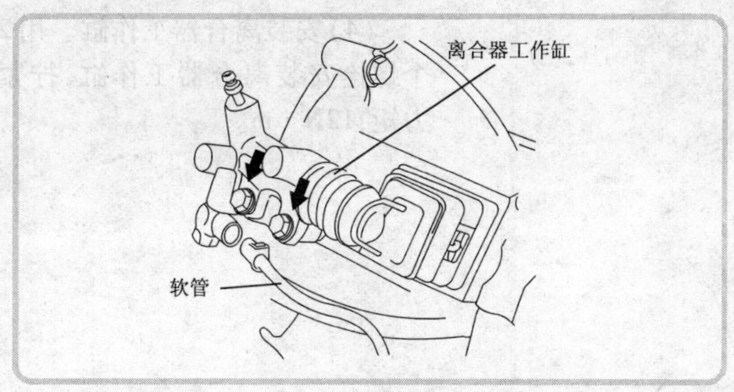

(3)拆卸离合器工作缸总成。拆下2个螺栓,取下离合器工作缸。

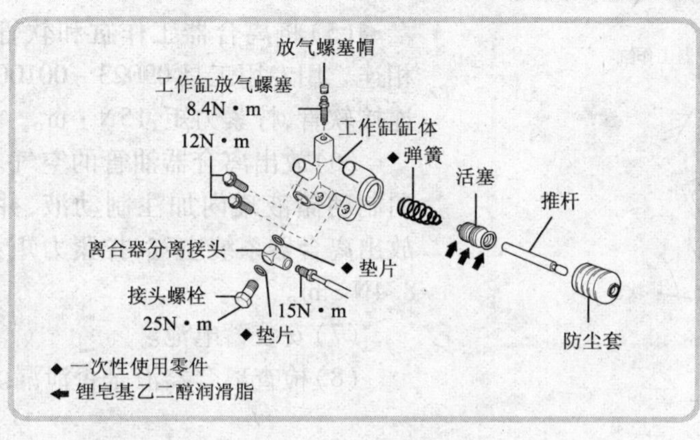

(4)拆卸离合器分离接头。拆下接头螺栓,拆下离合器分离接头和2个垫片。

◀(5)拆下离合器工作缸组件:

①从壳体上拆下防尘套。

②从壳体上拆下推杆。

③从壳体上拆下活塞。**注意:**不要损伤壳体内表面。

④从壳体上拆下弹簧。

⑤从放气螺塞上拆下螺塞帽。

(6)拆下工作缸放气螺塞。

2 安装

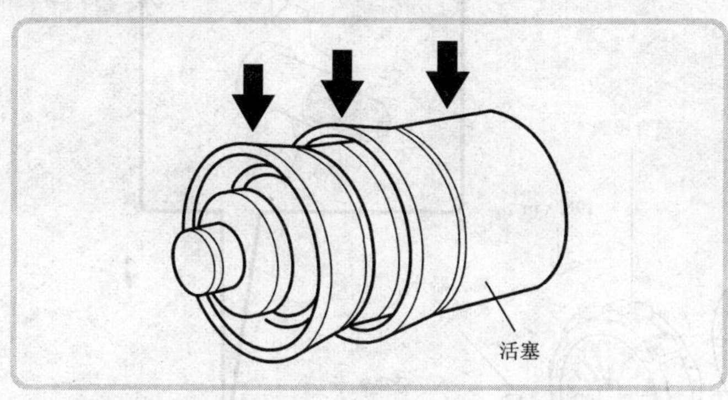

(1)安装工作缸放气螺塞,拧紧力矩:8.4N·m。

(2)安装离合器工作缸总成:

①在放气螺塞上加装螺塞帽。

②在缸内装入新的弹簧。

◀③在零件涂抹锂皂基乙二醇润滑脂。

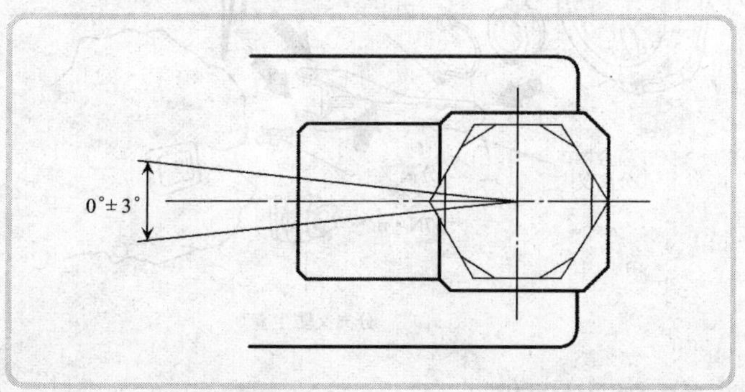

④把活塞装入壳体。**注意:**不要损伤壳体内表面。

⑤在壳体上装入推杆。

⑥在壳体上装入防尘套。

◀(3)安装离合器分离接头。用接头螺栓安装分离接头和垫片,拧紧力矩:25N·m。**注意:**接头与壳体夹角在0°±3°范围内。

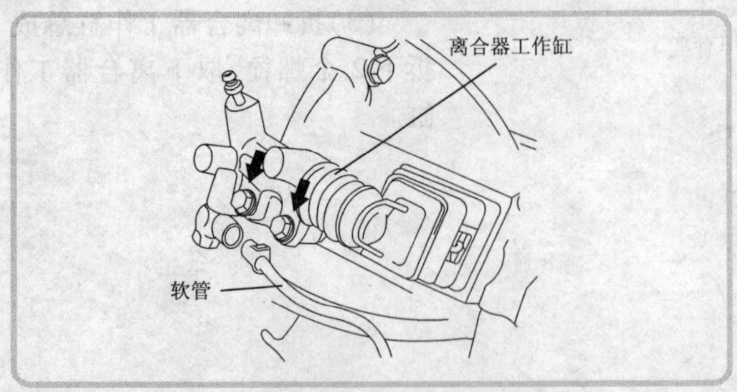

(4)安装离合器工作缸。用2个螺栓安装离合器工作缸，拧紧力矩:12N·m。

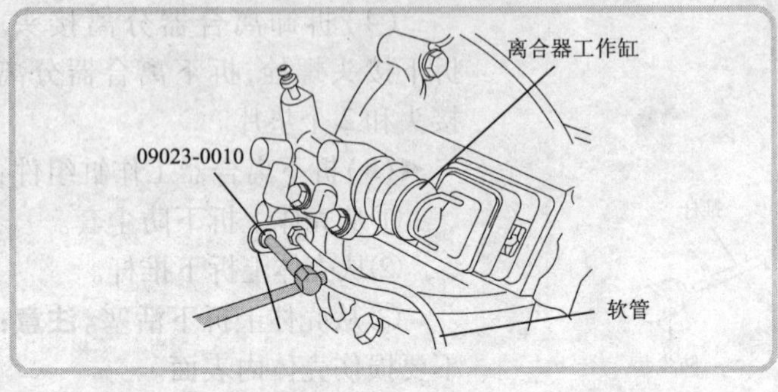

◀(5)将离合器工作缸和软管相连。用专用工具09023－00100连接软管，拧紧力矩:15N·m。

(6)放出离合器油管的空气。向制动储液罐内加注制动液，并放出离合器系统空气，拧紧力矩:8.4N·m。

(7)安装蓄电池。

(8)检查离合器液是否泄漏。

四、离合器总成的维修

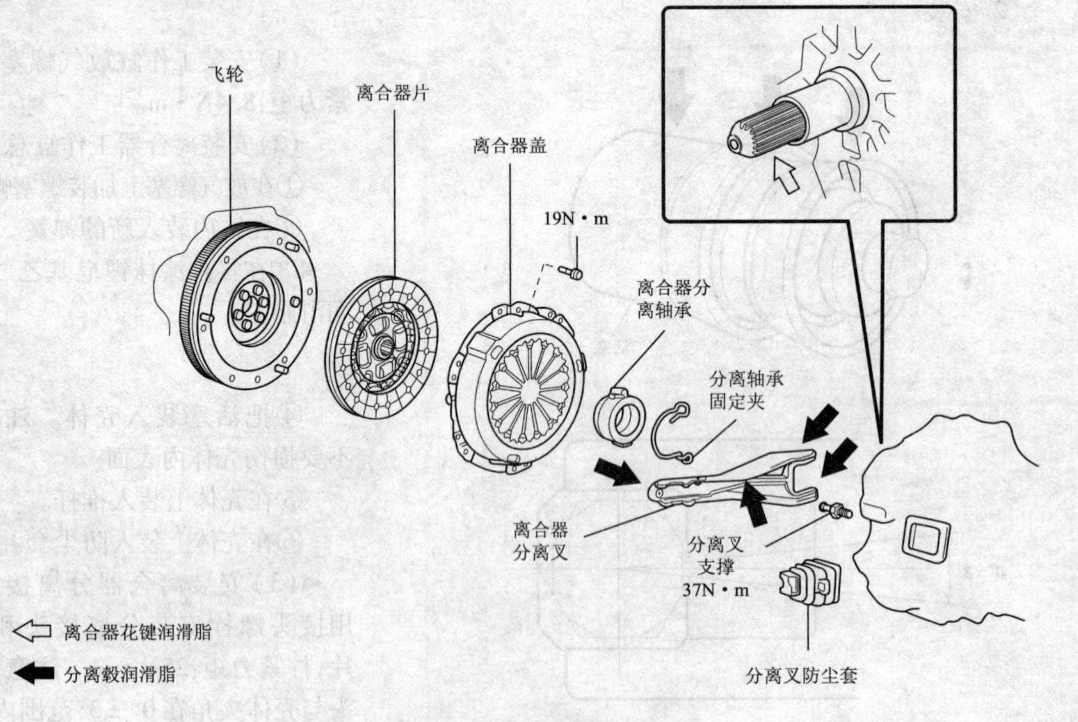

离合器总成零部件分解图

1 拆卸

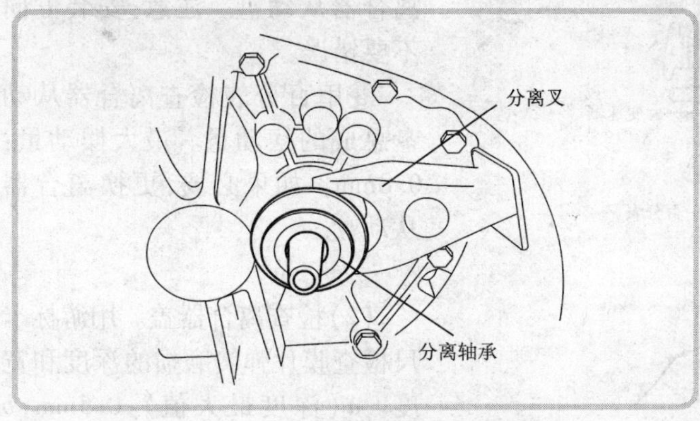

(1)拆下手动变速器总成。

◀(2)拆下离合器分离叉。从手动变速器总成上拆下带分离轴承的分离叉。

(3)拆下离合器分离叉防尘套。

(4)拆下离合器分离轴承。从离合器分离叉上拆下分离轴承。

(5)拆下分离叉支撑。拆下支撑,从手动变速器上拆下分离叉。

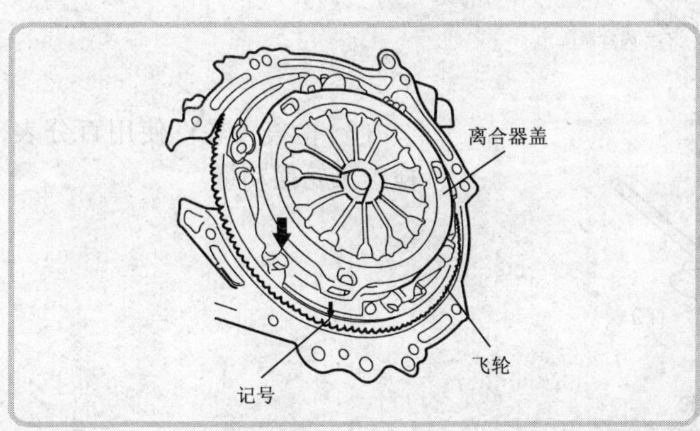

(6)拆下离合器盖:

◀①对正离合器盖和飞轮上的记号。

②一次放松每个螺栓 1 圈,直至弹簧弹力释放为止。

③拆下安装螺栓和离合盖。

注意:不要跌落离合器从动盘总成。

(7)拆下离合器从动盘。

2 检查

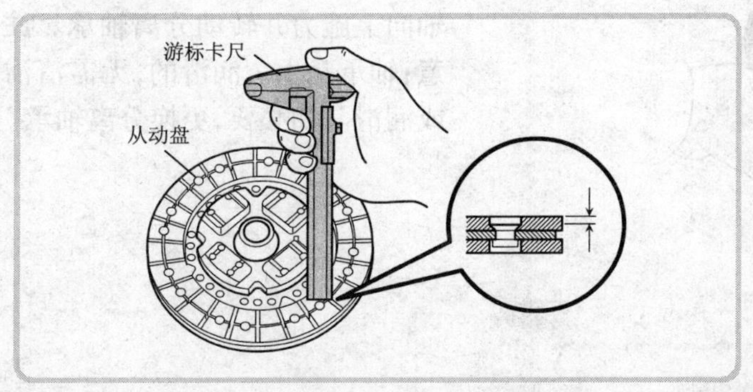

(1)检查离合器从动盘总成:

①用游标卡尺测量铆钉头部深度。最小铆钉深度:1.6mm。如果必要,更换离合器从动盘。

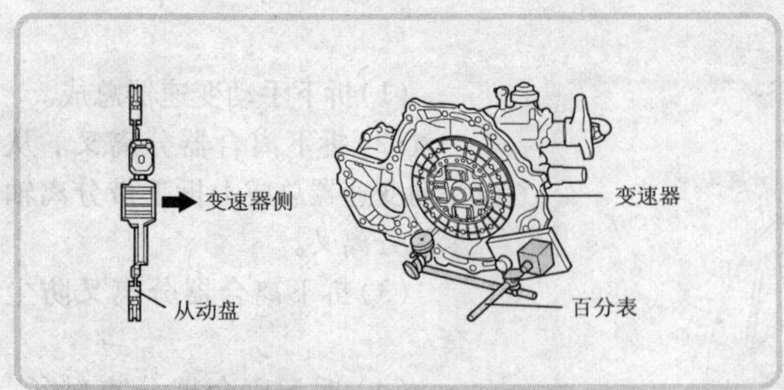

②在手动变速器总成上安装离合器从动盘。**注意**:安装方向不要错误。

③用百分表检查离合器从动盘总成的摆动量。最大摆动量:0.8mm。如果必要,更换离合器从动盘。

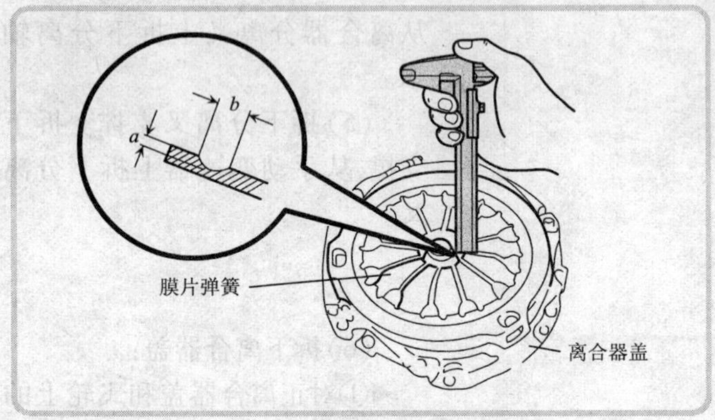

(2)检查离合器盖。用游标卡尺检查膜片弹簧磨损的深度和宽度。a(深度最大值):0.5mm;b(宽度最大值):6.0mm。如必要,更换离合器盖。

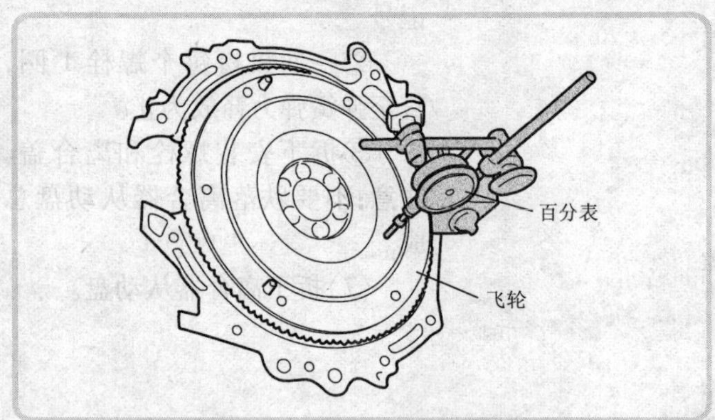

(3)检查飞轮。使用百分表,检查飞轮摆动量。

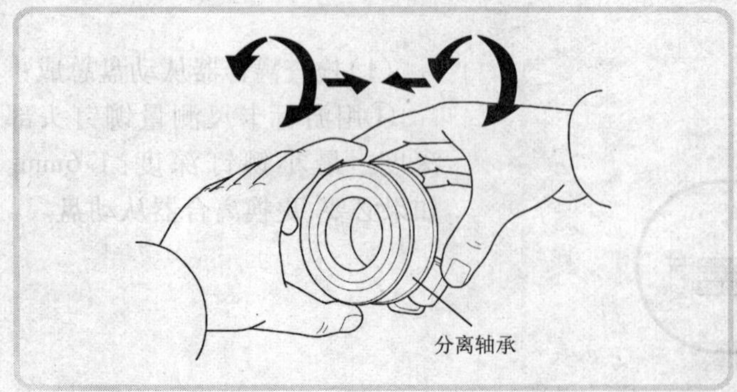

(4)检查离合器分离轴承。在轴向上施力并转动分离轴承。**注意**:轴承是永久润滑的,无需清洁或润滑。如必要,更换分离轴承。

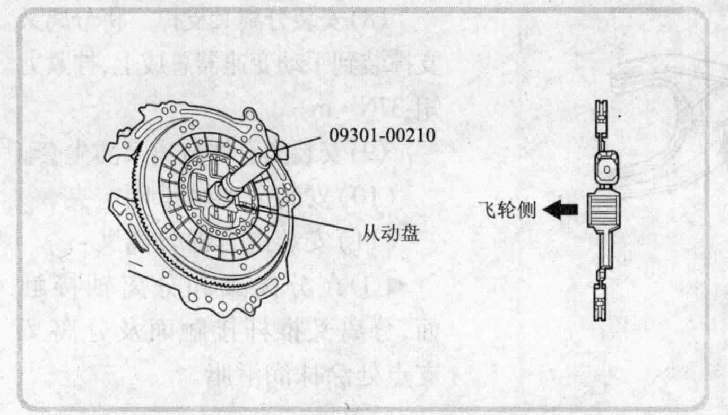

（5）检查离合器从动盘。把专用工具 09301 －00210 插入离合器从动盘，然后将它们插入飞轮。**注意**：离合器从动盘的方向不要错误。

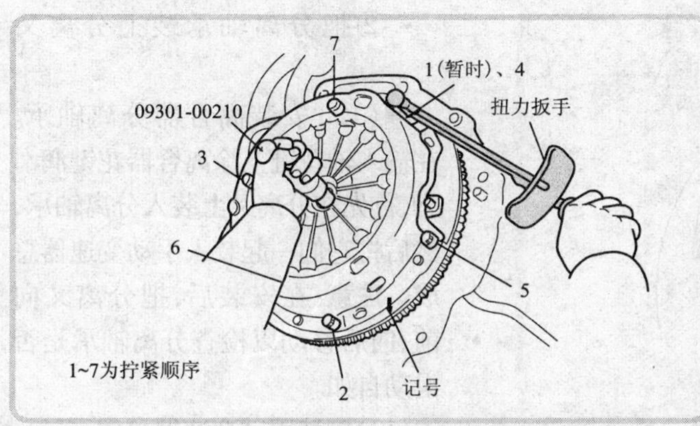

（6）安装离合器盖：

①将离合器盖和飞轮上的记号对齐。

◀②按图示的方法依次拧紧6个螺栓，第一个螺栓位于顶部的定位销附件，拧紧力矩：19N·m。**注意**：按图示方法每一次均匀地拧紧螺栓；上下、左右轻微晃动专用工具 09301 －00210 确认离合器从动盘对中后，拧紧螺栓。

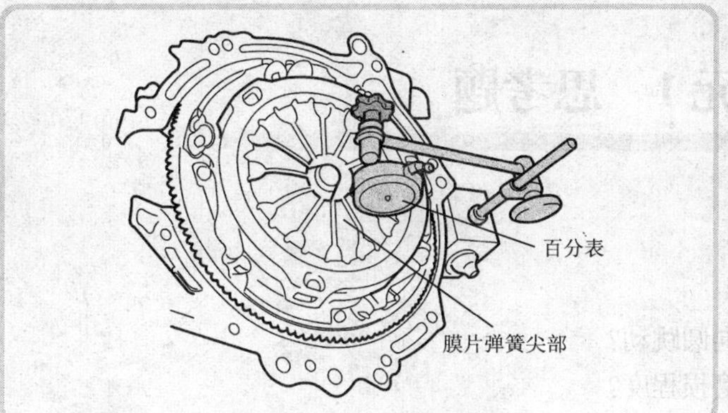

（7）检查并调整离合器盖：

①用带滚轮的百分表检查膜片弹簧尖部平面度。最大平面度：0.5mm。

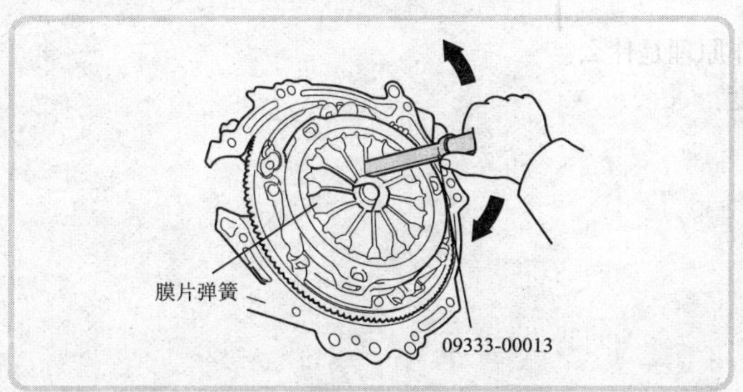

②如果平面度不合格，用专用工具 09333 －00013 进行调整。

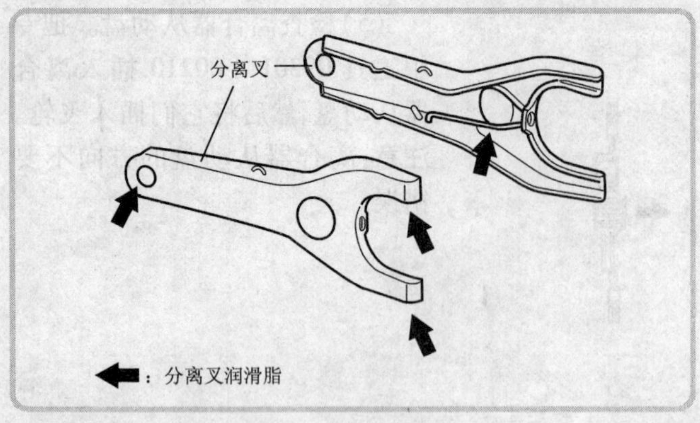

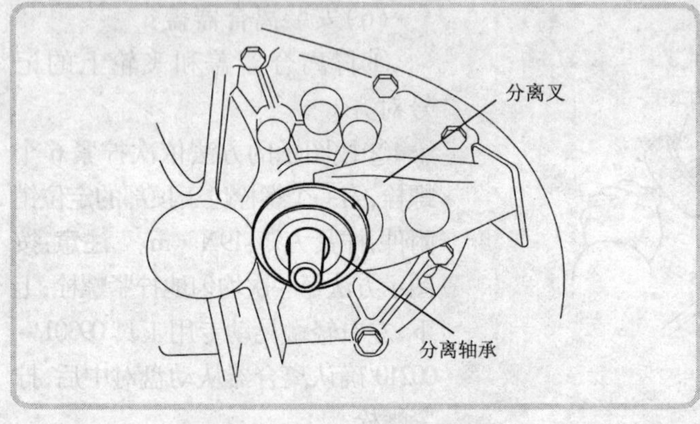

(8)安装分离叉支撑。将分离叉支撑装到手动变速器总成上,拧紧力矩:37N·m。

(9)安装离合器分离叉防尘套。

(10)安装分离轴承固定夹。

(11)安装离合器分离叉:

◀①在分离叉和分离轴接触面、分离叉推杆接触面及分离叉支点处涂抹润滑脂。

②把分离轴承装上分离叉上。

◀(12)安装离合器分离轴承。在输入轴花键上涂离合器花键润滑脂,首先在分离叉上装入分离轴承,然后将它们一起装入手动变速器总成。**注意:**在安装后,把分离叉向前、向后移动以检查分离轴承是否滑动自如。

(13)安装手动变速器总成。

单元1　思考题

1. 维修离合器时的注意事项有哪些?
2. 如何调整离合器踏板的自由行程?
3. 如何检查从动离合器从动盘的径向圆跳动?
4. 如何检查离合器从动盘摩擦片的磨损程度?
5. 如何检查离合器压盘的平面度?
6. 离合器液压操纵机构的组成及工作原理是什么?
7. 如何检查和调整离合器踏板的高度?
8. 如何放出离合器管路中的空气?

单元2　手动变速器

项目1　变速器总成的拆卸和安装(纵置发动机)

•2 学时•

目　　的： 学习纵置发动机变速器总成的拆卸和安装方法。

车　　型： 上海桑塔纳2000GSi 轿车的变速器。

设备与工具： 组合扳手，螺丝刀，钳子，扭力扳手，锤子，专用工具 VW007CV、VW114a、VW061(10－222)、VW5600/5。

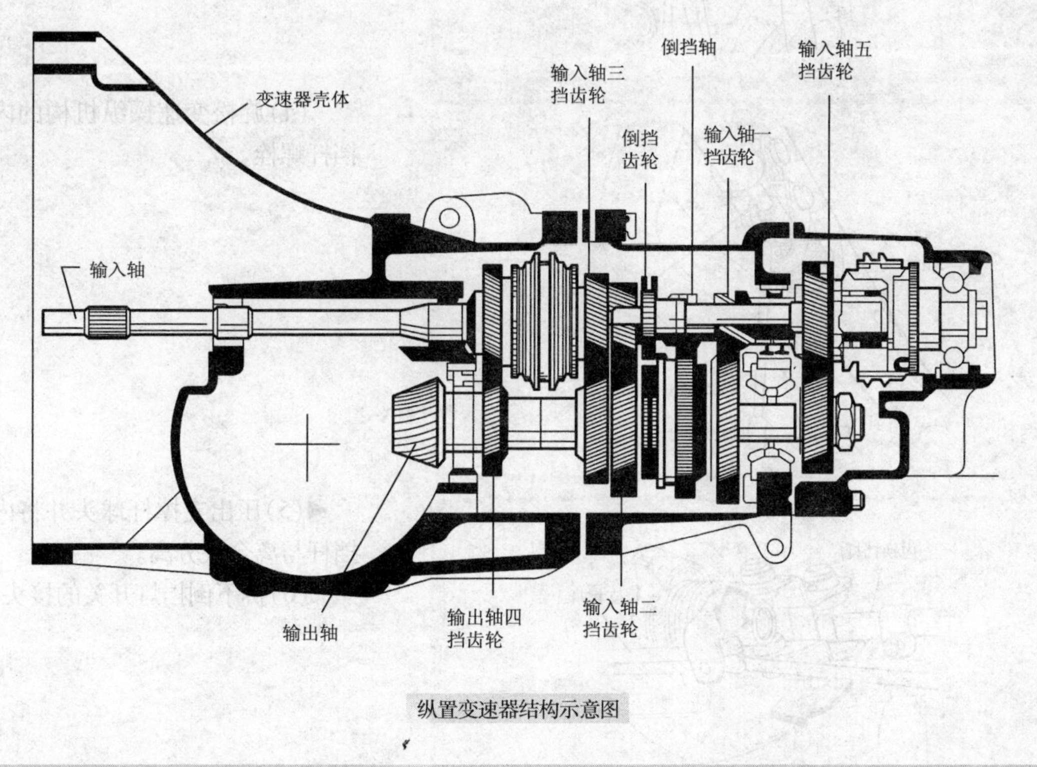

纵置变速器结构示意图

一、变速器总成的拆卸

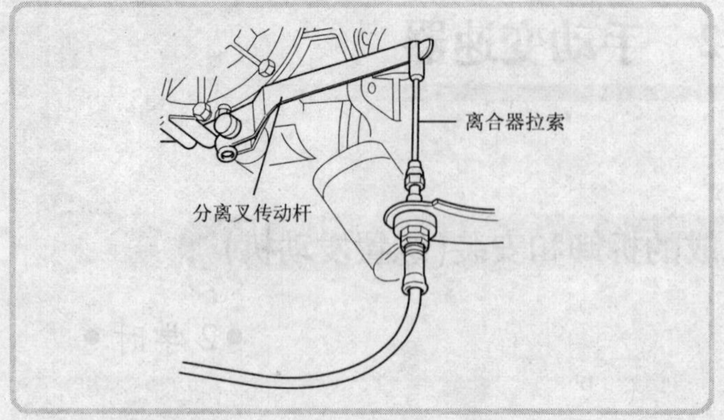

(1)拆下蓄电池的搭铁线。

◀(2)拆下离合器拉索。

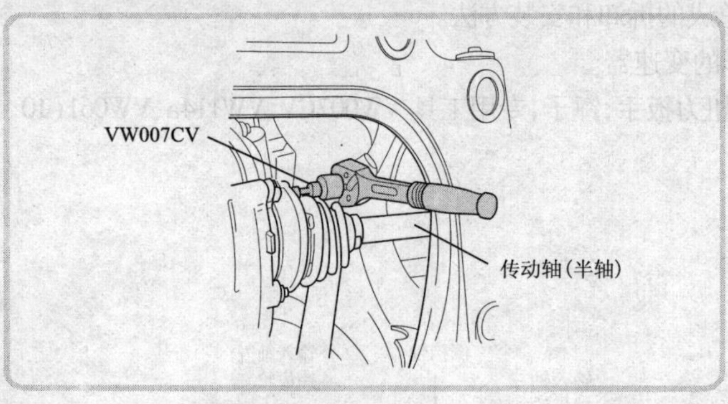

(3)举升起汽车。将传动轴(半轴)从变速器上拆下来并支撑好。

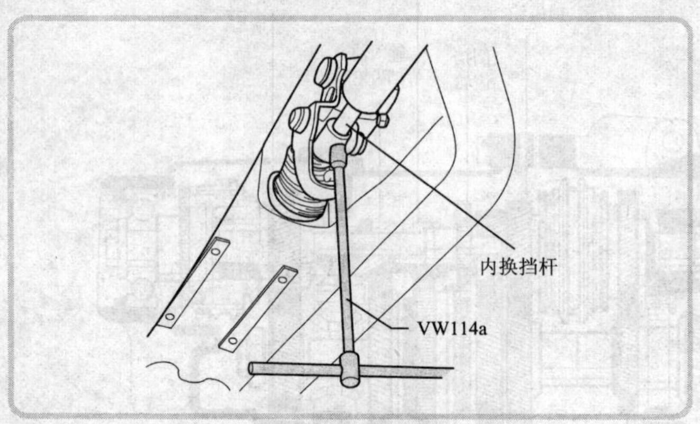

(4)旋松变速操纵机构的内换挡杆螺栓。

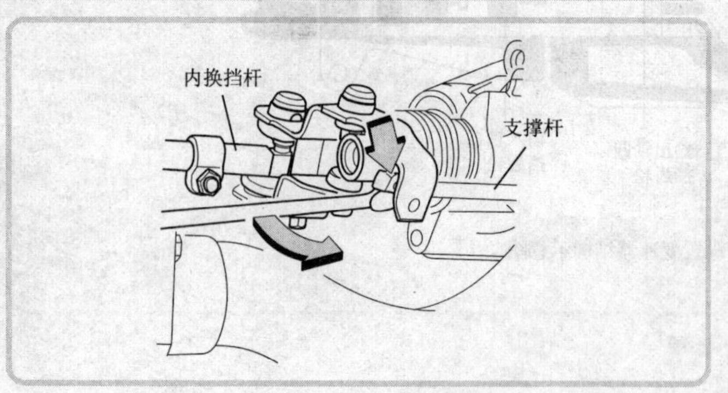

◀(5)压出支撑杆球头并将内换挡杆与离合块分离。

(6)拆下倒挡灯开关的接头。

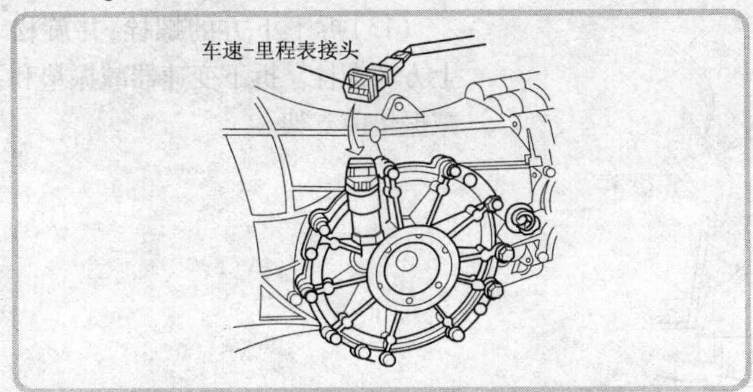

◀(7)拆下车速－里程表软轴。

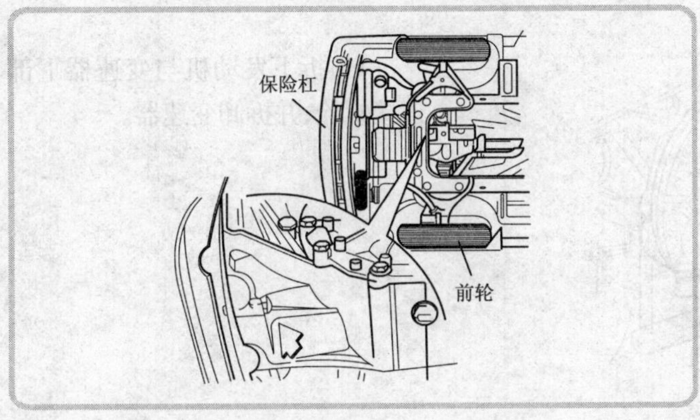

(8)卸下离合器盖板。

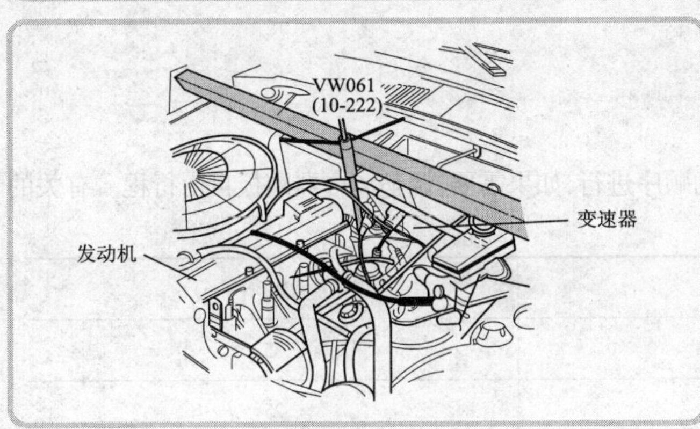

(9)拆下排气管。

◀(10)放下汽车并将发动机固定好。拆下发动机与变速器上部连接螺栓。

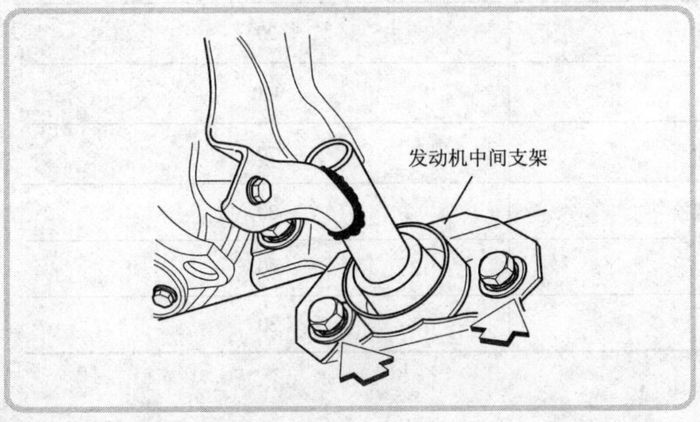

(11)举升起汽车,拆下起动机的紧固螺栓。

◀(12)拆下发动机中间支架。

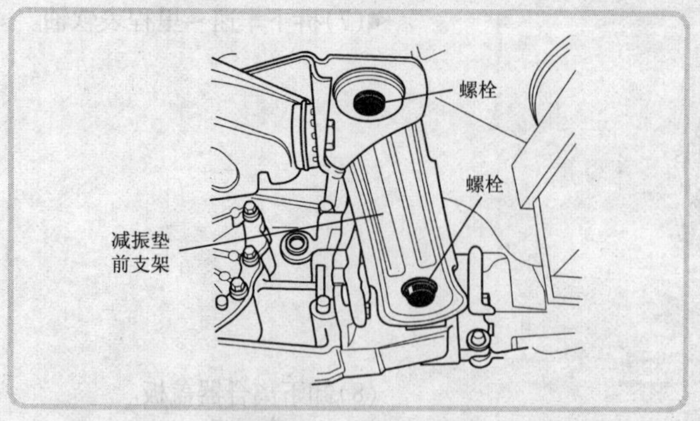

（13）拆下下方的螺栓，并旋松上方的螺栓。拆下变速器减振垫和减振垫前支架。

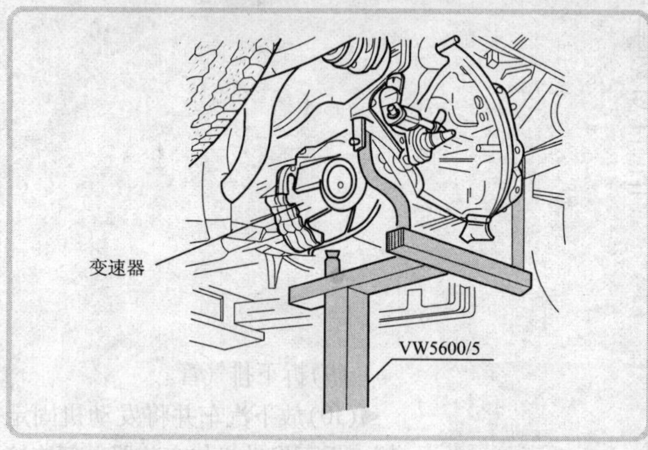

（14）拆下发动机与变速器下部连接螺栓，并拆卸变速器。

二、变速器总成的安装

变速器总成的的安装可按拆卸相反的顺序进行，如果需要，调整离合器踏板自由行程。有关的螺栓拧紧力矩见下表：

部　件	拧紧力矩(N・m)
变速器固定在发动机上的螺栓	55
变速器减振垫前支架的固定螺栓	25
减振垫固定在前后支架上的螺栓	20
减振垫固定在车身上的螺栓	110
变速器支架固定在横梁上的螺栓	70
发动机中间支架固定在车身上的螺栓	30
传动轴固定在变速器上的螺栓	40
内变速杆固定螺栓	30

上的第3个螺栓，并拆下变速器支架。

◀(19)放低变速器，并拆下变速器左侧悬置螺栓。

(20)尽可能向右推发动机/变速器总成(约40mm)。

(21)用变速器千斤顶V.A.G1383支起变速器总成，并拆下发动机与变速器的下部连接螺栓。

(22)从定位销套上压出并拆下变速器。

二、安装

变速器的安装可按与拆卸相反的顺序，应保证发动机/变速器悬置在无应力状态下安装。安装时注意以下事项：

(1)清洗变速器输入轴花键，并用少量润滑脂G 000 100润滑花键。

(2)安装变速器时，应注意中间板的正确位置。

(3)对于未装自动调整机构的车，须检查调整离合器间隙，离合器踏板自由行程为15~20mm。

(4)对于装有自动调整机构的车，应多次将离合器踏板踏到底。

(5)检查变速器润滑油油面高度。

(6)各连接部位按下列规定力矩拧紧：

部 件	拧紧力矩(N·m)
变速器与发动机连接螺栓(M12)	75
起动机与变速器和发动机连接螺栓(M10)	60
传动轴和传动轴凸缘盘连接螺栓	45
左侧支架与副车架连接螺栓	60
左侧支架与变速器连接螺栓	35
右后侧支架与发动机连接螺栓	25
变速器悬置与变速器连接螺栓	25

项目3　变速器维修注意事项

•0.5 学时•

目　　的：学习变速器总成维修的注意事项。

车　　型：上海桑塔纳2000GSi轿车的变速器。

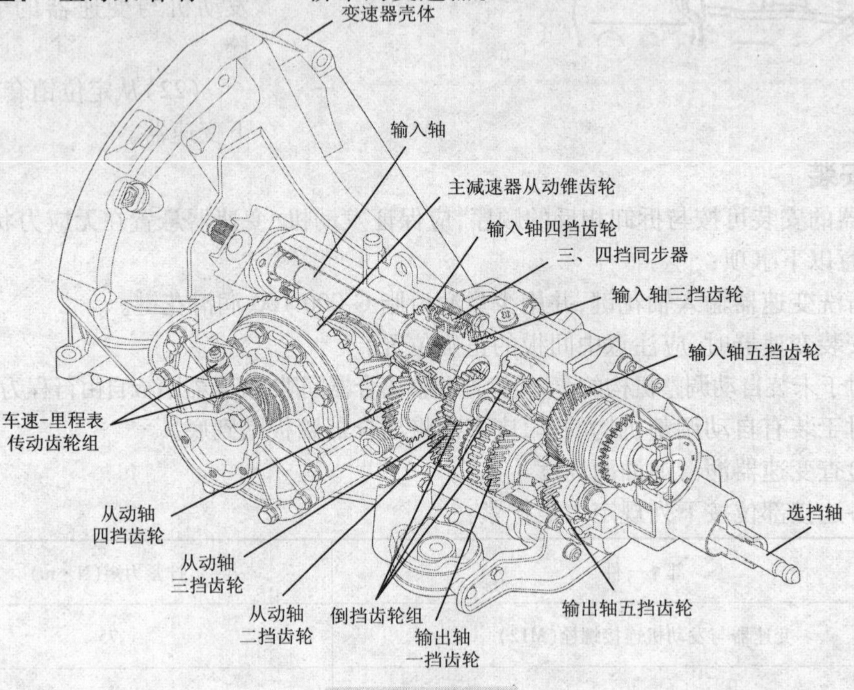

变速器壳体
输入轴
主减速器从动锥齿轮
输入轴四挡齿轮
三、四挡同步器
输入轴三挡齿轮
输入轴五挡齿轮
车速-里程表
传动齿轮组
选挡轴
从动轴
四挡齿轮
从动轴
三挡齿轮
从动轴
二挡齿轮
倒挡齿轮组
输出轴
一挡齿轮
输出轴五挡齿轮

纵置变速器结构图

维修注意事项

一、衬垫、油封

(1)每次修理必须更换密封垫圈和O形圈。

(2)轴油封装入前,在外径上涂上一层薄油,在唇形密封圈之间的空隙内填满润滑油脂。轴油封装入后,检查变速器的油面,必要时须添加到注油口边缘。

(3)接合面须保持清洁。密封剂应涂均匀,不要太厚,且通气孔应保持通畅。

二、调整垫片

(1)用千分尺多点检测调整垫片不同的公差,可以精确地测出所需的垫片的厚度。

(2)检查边缘是否有损坏。只准装入完好的调整垫片。

三、挡圈、锁圈

(1)修理中须调整挡圈及锁圈。不要将挡圈拉开过度。

(2)安装时必须将挡圈、锁圈放在规定的槽内并且就位。

(3)每次修理应更换弹簧销,其安装位置在纵向槽内。

(4)敲进或敲出换档拨叉夹紧套筒时要用锤子顶住,以免拨叉轴滑槽变形。

四、螺栓、螺母

(1)固定盖和罩壳的螺栓和螺母应交叉拧紧和拧松。对于特别易损的部件,例如:离合器压盘要摆正,并逐步对角拧紧和拧松。

(2)按规定的力矩拧紧自锁螺栓和螺母。

五、轴承

(1)将有标志的一面的滚针轴承(壁厚较大)朝向安装工具。

(2)在轴与轴承之间涂一层润滑油。

(3)变速器内的全部轴承都要使用变速器油。摩擦力矩应予以检查,注油时要特别小心。

六、润滑油

该变速器不需换油,只有当进行某些需放油修理时,才更换。

项目4　变速器减振垫的更换

•0.5 学时•

目　　的: 学习变速器减振垫的更换方法。
车　　型: 上海桑塔纳2000GSi轿车的变速器。
设备与工具: 组合扳手、螺丝刀、钳子、扭力扳手。

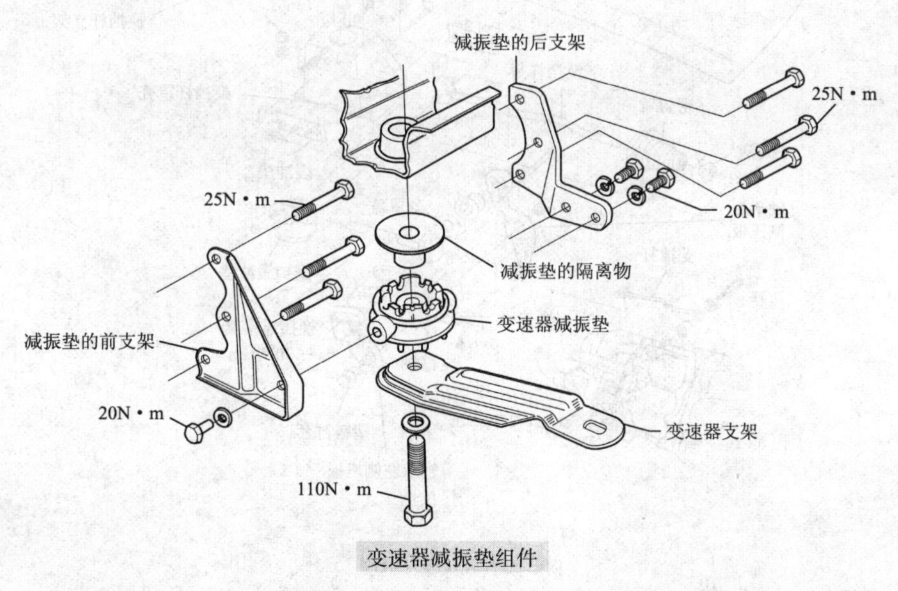

变速器减振垫组件

(1)拆下减振垫固定在前后支架上的螺栓。

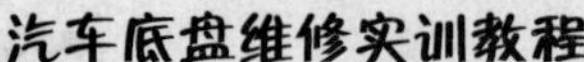

(2)装上新的减振垫,但不要将固定螺栓旋紧。

(3)用螺栓将减振垫固定在车身上,用 110N · m 的力矩旋紧。

(4)清洁中间的扭矩销,将其粘在螺栓上。装上变速器支架与横梁上的固定螺栓,并用 70N · m 的力矩旋紧。

(5)用 25N · m 力矩将减振垫固定在支架上的螺栓旋紧。

项目 5 变速器操纵机构的维修

•1 学时•

目　　的: 学习变速器操纵机构的维修方法。
车　　型: 上海桑塔纳 2000GSi 轿车的变速器。
设备与工具: 组合扳手,螺丝刀,钳子,扭力扳手,锤子,专用工具 VW5305/7。

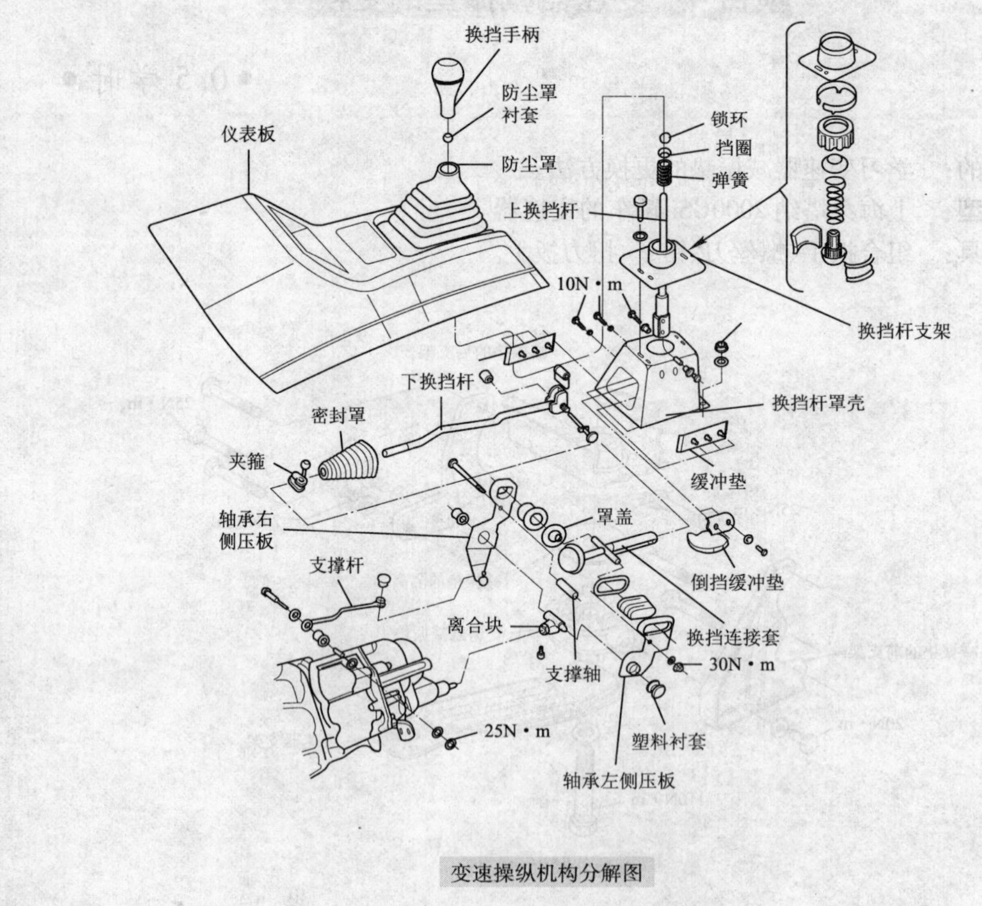

变速操纵机构分解图

一、变速器操纵机构的调整

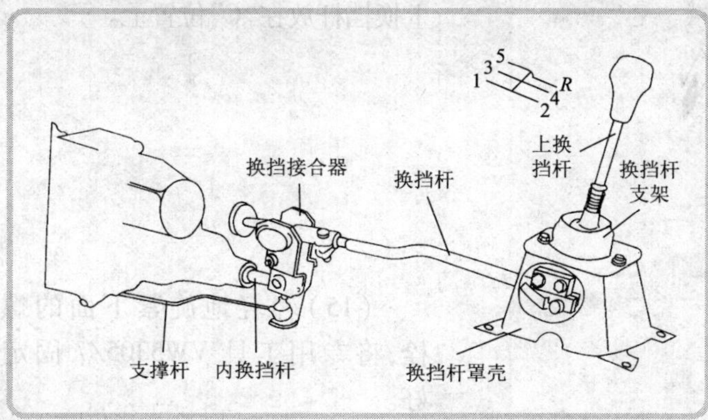

(1)挂入一挡。

◀(2)将上换挡杆向左推至缓冲垫处。

(3)慢慢松开上换挡杆,上换挡杆朝右返回约5~10mm。

(4)挂入五挡。

(5)将上换挡杆向右推至缓冲垫。

(6)慢慢松开上换挡杆,上换挡杆朝左返回约5~10mm。

(7)当上换挡杆朝一挡和五挡压去时,上换挡杆大致返回同样的距离,如有必要,可通过移动换挡杆支架的椭圆形孔进行调整。

(8)检查各挡齿轮啮合是否平滑。

(9)如果啮合困难,要进行调整。

(10)将上换挡杆置于极限位置上。

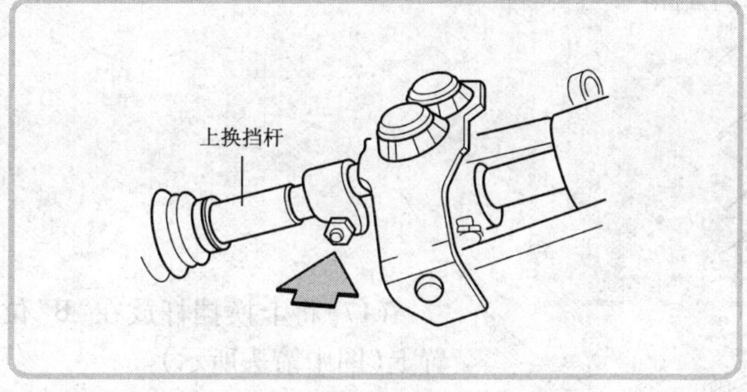

◀(11)旋松夹箍的螺母,移动上换挡杆,要求下换挡杆在连接时自由滑动。

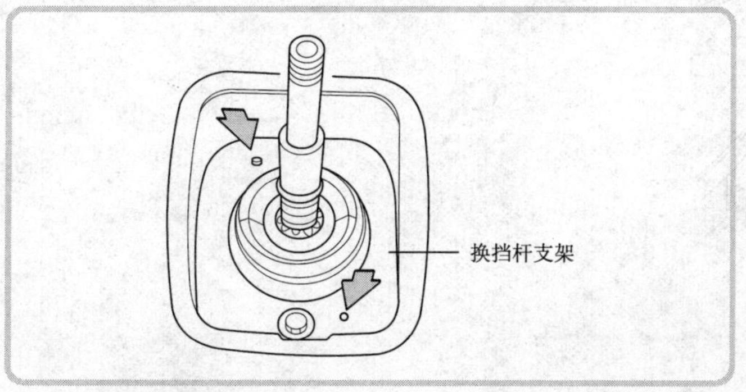

(12)取下换挡手柄和防尘罩。

◀(13)将换挡杆支架孔与变速杆罩壳的孔对准,并旋紧螺栓。

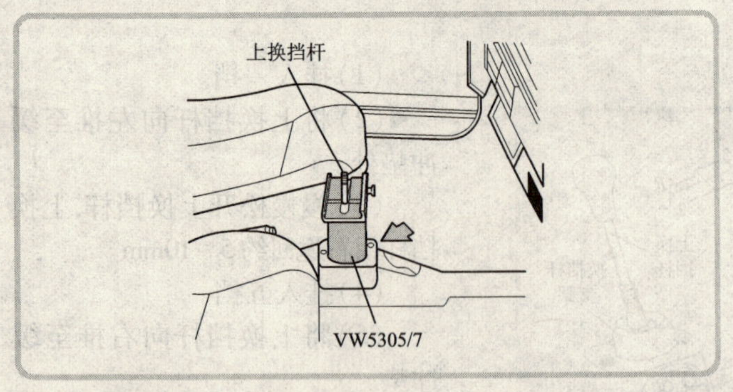

（14）安装专用工具 VW5305/7，将其嵌入换挡杆支架前孔中，将上换挡杆放在“C”位置上。

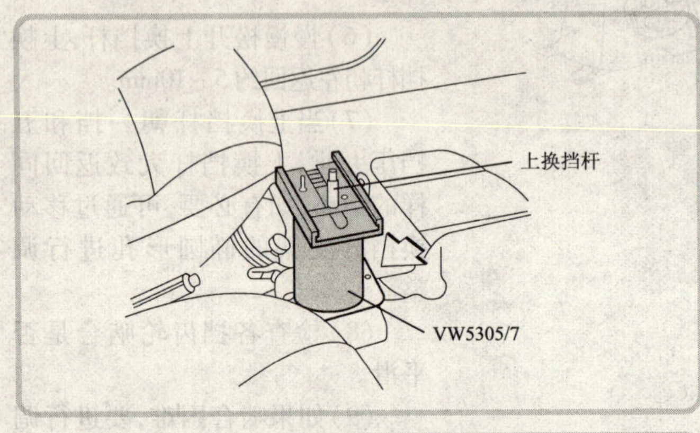

（15）轻轻地旋紧下面的螺栓，将专用工具 VW5305/7 固定好。

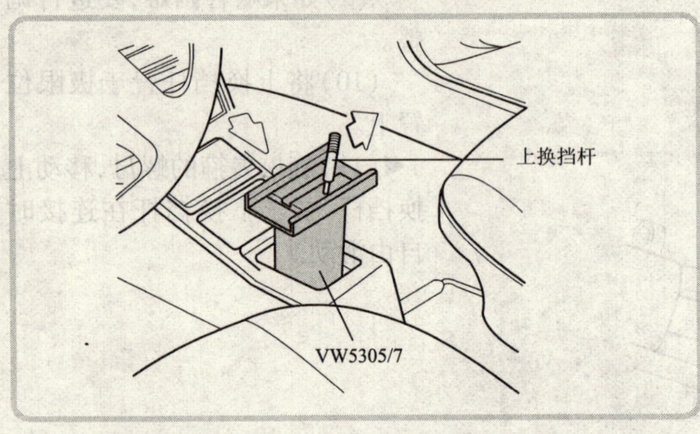

（16）将上换挡杆放到最右面，直至缓冲垫，旋紧定位器螺栓。

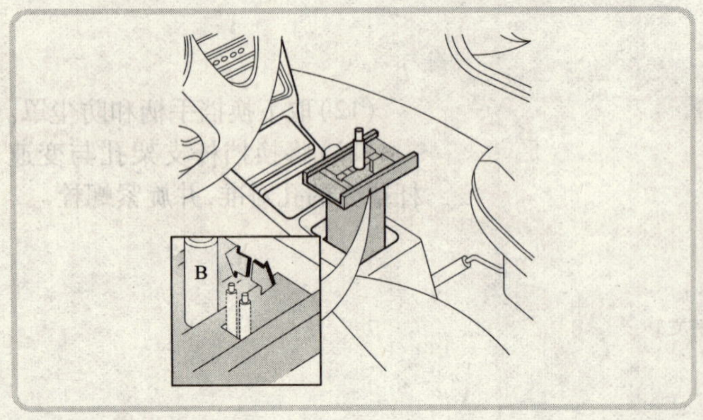

（17）将上换挡杆放在“B”位置上（图中箭头所示）。

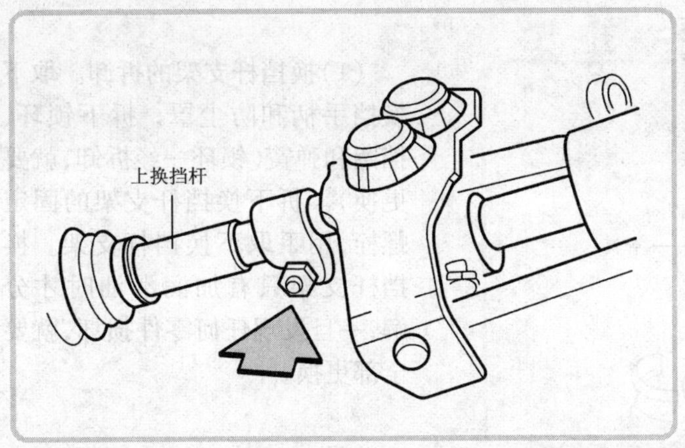

◀(18)用20N·m的力矩旋紧夹箍螺母。

(19)取下专用工具VW5305/7。

(20)挂入一挡,将上换挡杆向左压到底。

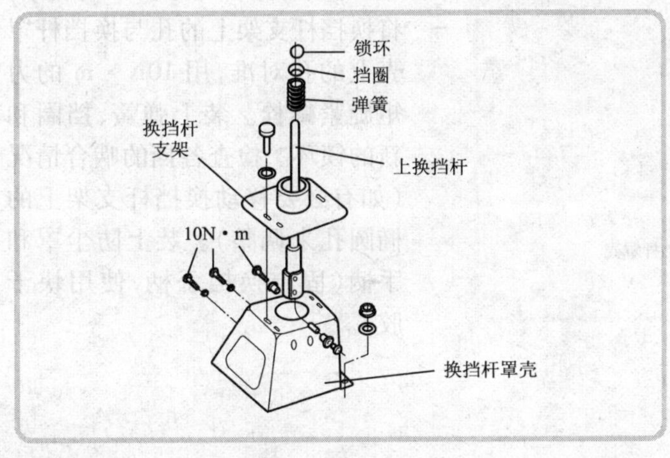

◀(21)松开上换挡杆,由于弹簧的作用上换挡杆返回到右边。

(22)挂入五挡,将上换挡杆向右压到底。

(23)松开上换挡杆,由于弹簧的作用上换挡杆返回到左边(在挂入一挡和五挡时,上换挡杆大致返回相同的距离。如果不是这样,可移动换挡杆支架上的椭圆形孔来修正)。

(24)先后挂入所有的挡位,特别要注意倒挡的锁止功能。

(25)装上仪表板、防尘罩和换挡手柄。

二、上换挡杆的拆卸和安装

(1)上换挡杆的拆卸。拆下换挡手柄,取下防尘罩。取下仪表板。拆下固定在上换挡杆的弹簧锁环(注意锁环一经拆卸,就要更换),取下挡圈和弹簧。拆下换挡杆支架。拆下换挡杆罩壳,使上、下换挡杆脱离。

(2)上换挡杆的安装。上换挡杆的安装按照与拆卸相反的顺序进行安装,但注意以下事项:①检查所有零件的完好情况,更换已经损坏的零件;②润滑衬套和挡圈;③调整上换挡杆;④固定换挡手柄使用快干胶。

三、换挡杆支架的拆卸和安装

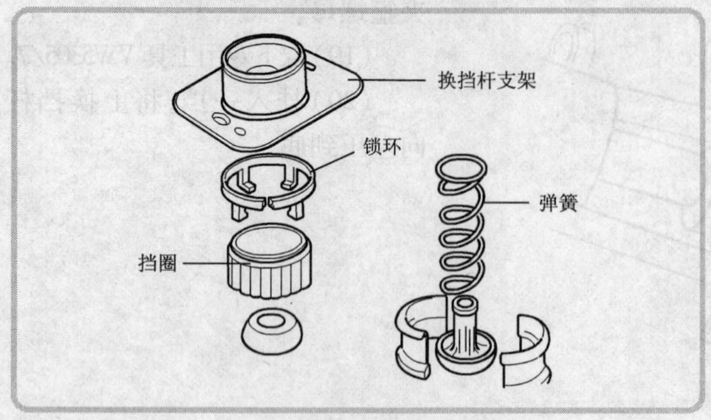

（1）换挡杆支架的拆卸。取下换挡手柄和防尘罩。拆下锁环、挡圈和弹簧（锁环一经拆卸，就要更换）。拆下换挡杆支架的固定螺栓，用手取下换挡杆支架。换挡杆支架只有加润滑油时才分解，一旦发现任何零件损坏，就要全部更换。

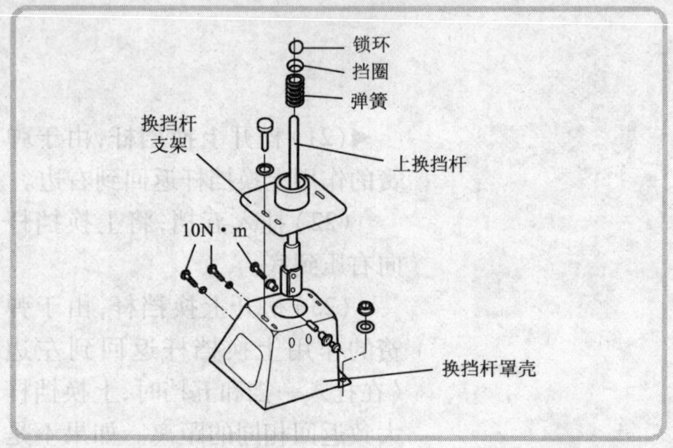

（2）换挡杆支架的安装。用润滑脂润滑换挡杆支架内部件，装上换挡杆支架，螺栓不用旋紧，将换挡杆支架上的孔与换挡杆罩壳上的孔对准，用 10N · m 的力矩旋紧螺栓。装上弹簧、挡圈和新的锁环。检查各挡的啮合情况（如有必要移动换挡杆支架上的椭圆孔来调整）。装上防尘罩和手柄（固定换挡手柄，使用快干胶）。

如何更换变速器油

更换手动变速器油时，与更换发动机机油类似，将旧油从排放塞处排出，从注入口注入新油，但变速器的位置较低，应尽可能高地顶起车身进行操作，如果没有合适的工具注油会很困难。

有手压泵是最理想的，如果没有也可以采用漏斗、软管，利用重力自然流动进行注入。这时最好准备弯好形状可挂在注入孔内的管子。

排放塞和注油塞经常使用方榫或四方孔的螺栓，与发动机用的不同，需要配套的工具。有些注油塞使用锥形螺栓，拧紧时注意不要拧过了。

项目6 变速器壳体的维修

•1 学时•

目　　的： 学习变速器壳体的维修方法。
车　　型： 上海桑塔纳 2000GSi 轿车的变速器。
设备与工具： 组合扳手，螺丝刀，钳子，扭力扳手，锤子，专用工具 VW540、VW643/1、VW643、VW681、VW431、CW207、VW295、VW5062、VW295a、VW291b、VW294、VW416b、VW5241C、VW412、VW439、VW401、VW5059/2、VW402、VW472/1、VW519、VW432、VW411、VW437a、VW045Z、VW045Za、VW5456、VW447h、VW433、VW407、VW408a、VW222a、VW426、VW224b，水泵钳。

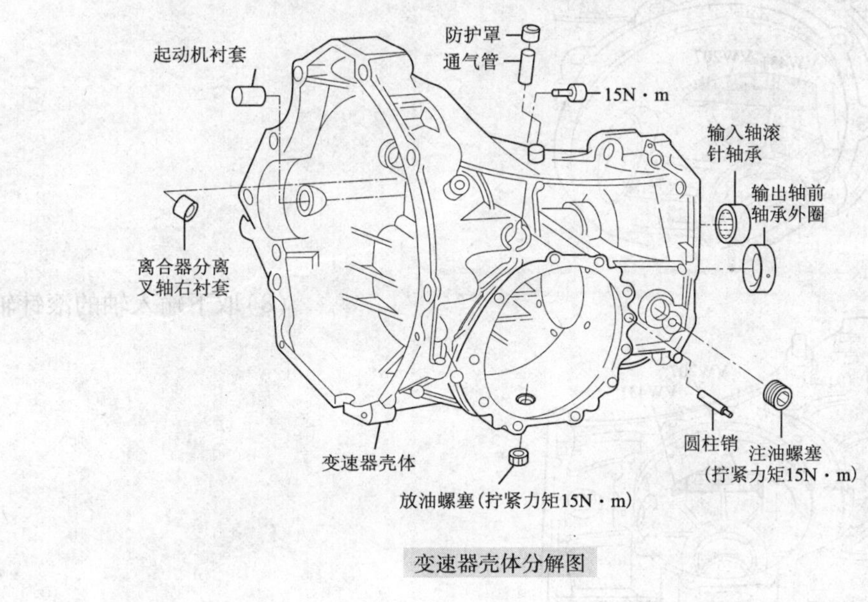

变速器壳体分解图

一、变速器壳体的更换

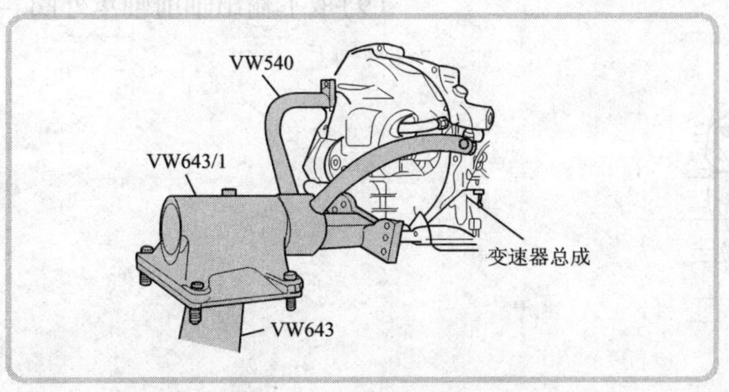

(1)拆卸变速器，将其固定在支架上。

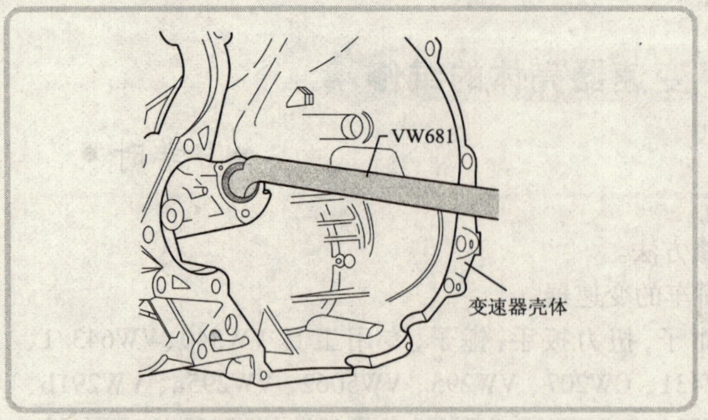

(2)将变速器的油全部放光。

(3)拆下变速器的后盖,轴承支座。

(4)拆下离合器分离叉轴。

(5)旋下加油螺塞。拆下差速器。

◀(6)拆下输入轴的密封圈。密封圈一经拆卸,就应更换。

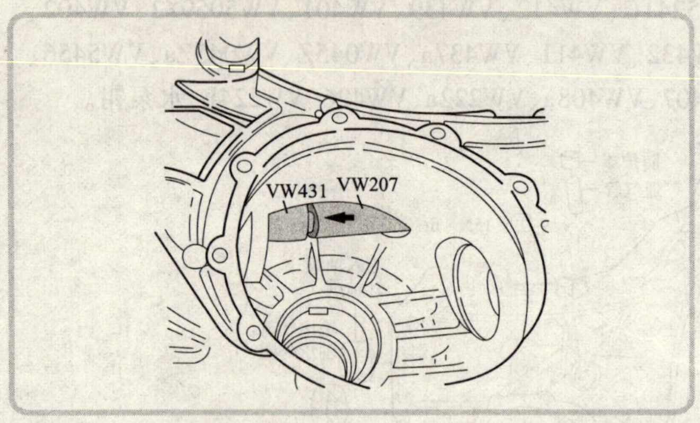

(7)小心取下输入轴的挡油圈。

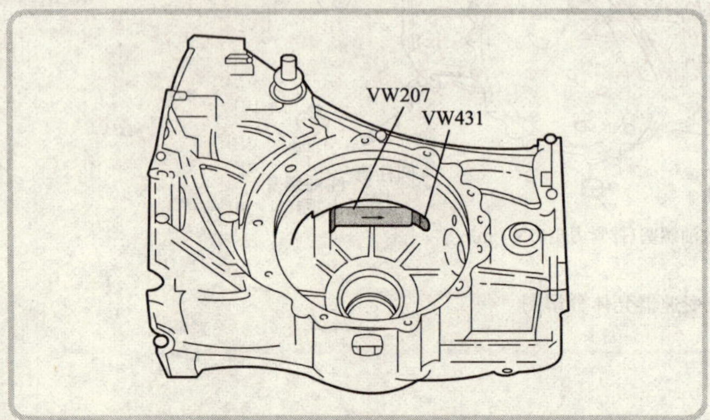

(8)取下输入轴的滚针轴承。

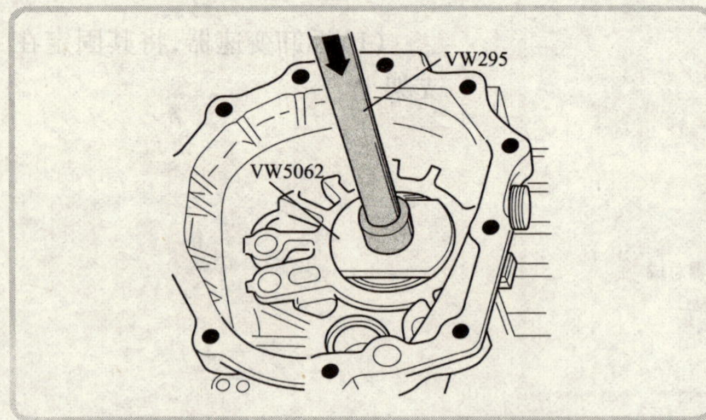

(9)取下输出轴前轴承外圈。

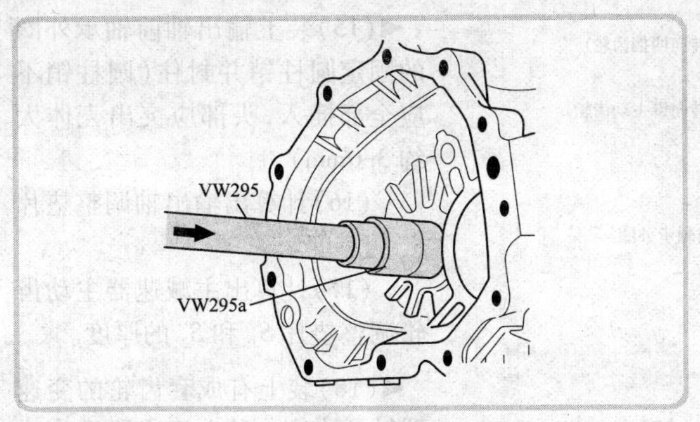

(10)装上输入轴的滚针轴承。

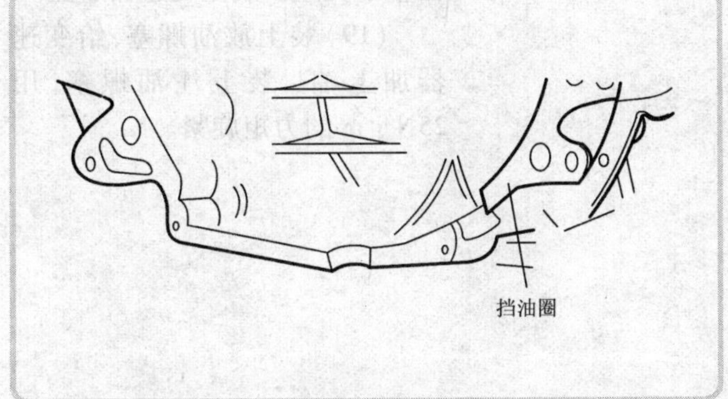

(11)装上输入轴的挡油圈。

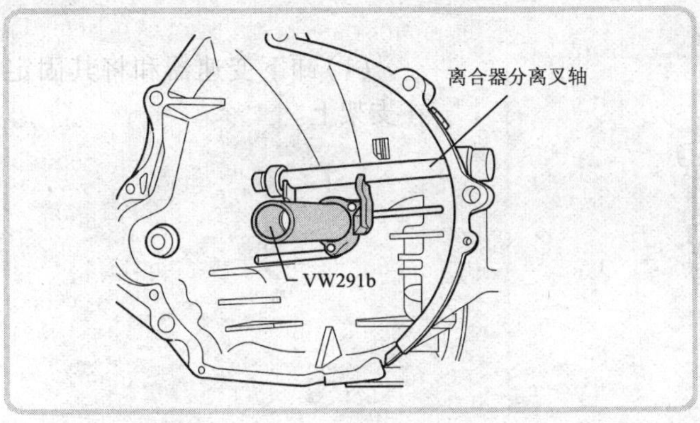

(12)用润滑脂润滑衬套。装上离合器分离叉轴。装上左衬套,橡胶衬套和锁环。

◀(13)装上输入轴的密封圈。装上分离套筒和分离轴承。

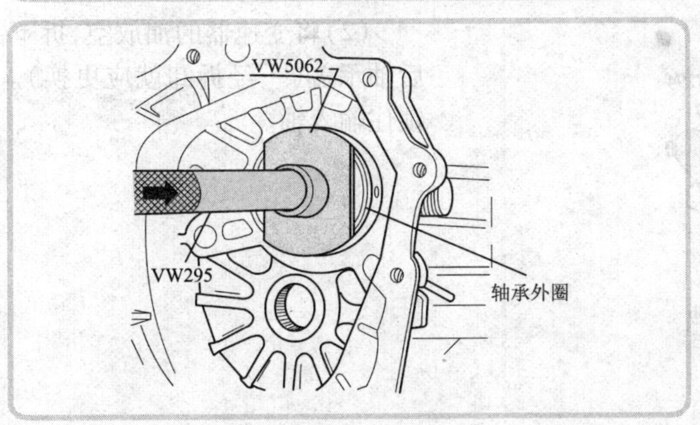

(14)装上输出轴前轴承的外圈。在装上输出轴前轴承外圈时,注意要将外圈上的小孔与壳体上的小孔对准。

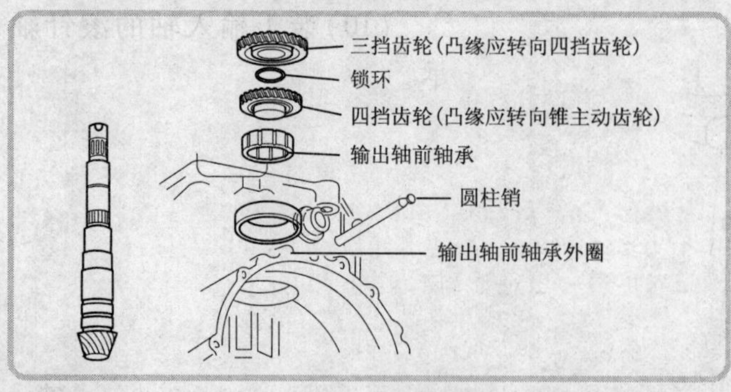

◀(15)装上输出轴前轴承外圈的固定圆柱销并封住(圆柱销不应全部插入,头部应突出壳体大约3.0mm)。

(16)计算出输出轴调整垫片S_3的厚度。

(17)计算出主减速器主动齿轮调整垫片S_1和S_2的厚度。

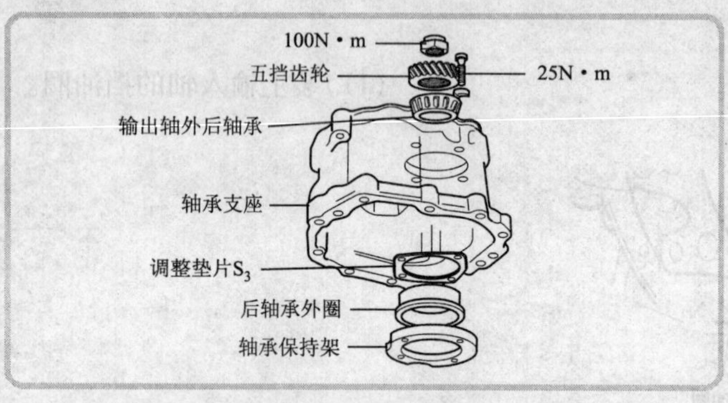

◀(18)装上有成套齿轮的变速器轴承支座。装上变速器后盖。

(19)装上放油螺塞,给变速器加上油。装上注油螺塞,用25N·m的力矩旋紧。

二、变速器后盖的拆卸和安装

1 变速器后盖的拆卸

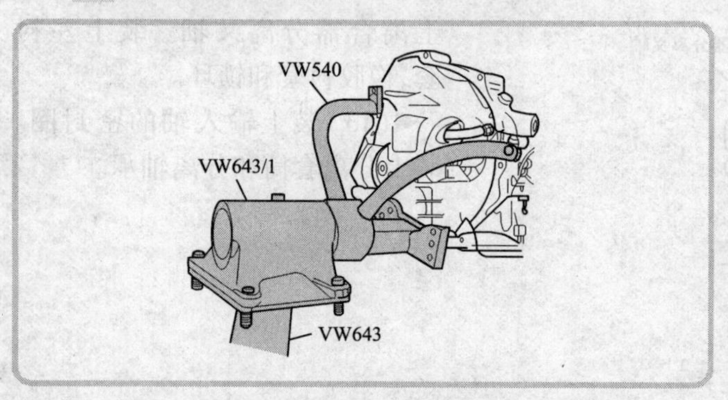

(1)卸下变速器和将其固定在支架上。

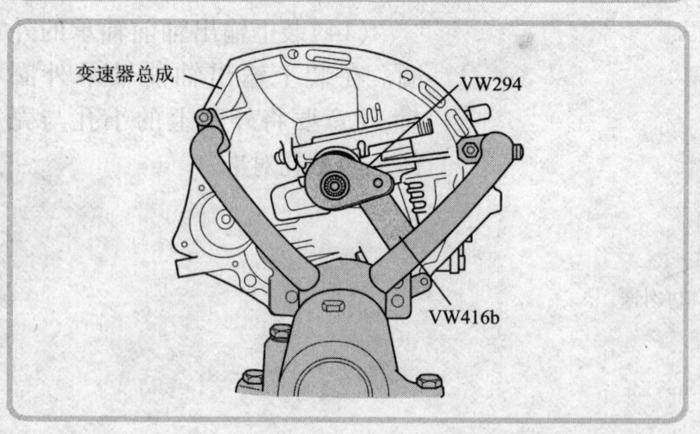

(2)将变速器的油放空,拆下后轴承盖(一经拆卸就应更换)。锁住输入轴。

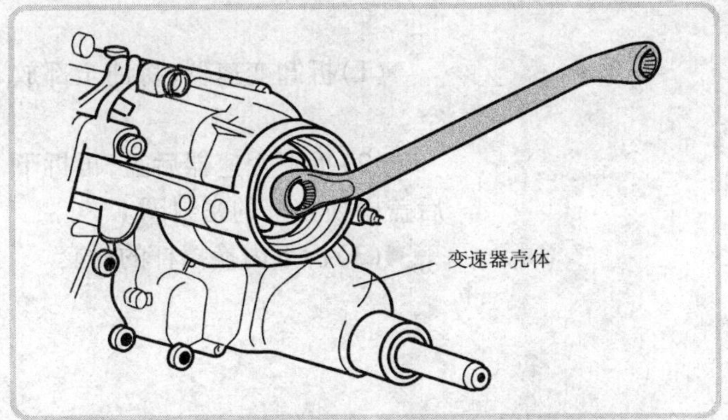

(3)拆下输入轴的固定螺栓。

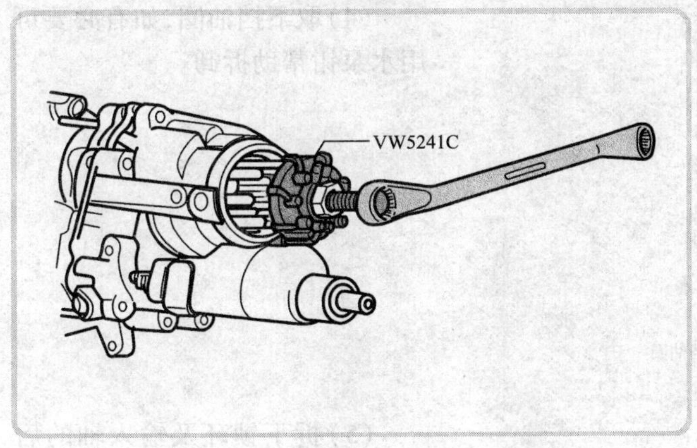

(4)拆下变速器后盖的固定螺栓,取下后盖。

(5)如有轴承防护罩,需小心取下,并重新装在轴承上。

2 变速器后盖的安装

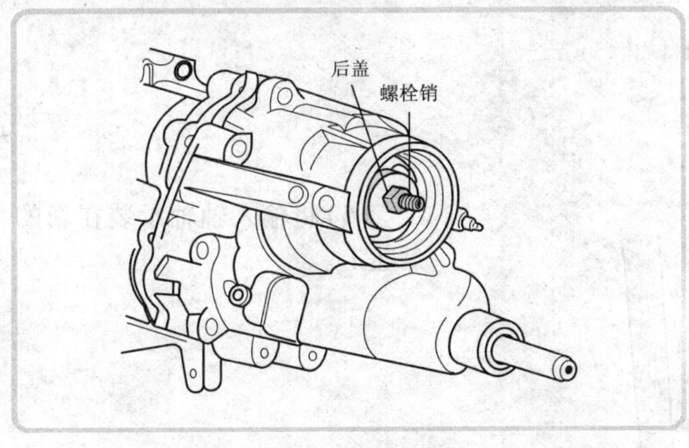

(1)在变速器轴承支座和后盖之间装上新的衬垫。

◀(2)将罩盖放在适当位置,插进带螺母的螺旋销(M10mm × 70mm),旋紧螺母,直至罩盖完全顶在变速器上。

(3)拆下螺旋销,装上输入轴的固定螺栓,用 45N · m 的力矩旋紧。装上轴承支座和后盖的连接螺栓,用 25N · m 的力矩旋紧螺栓。

三、输入轴后轴承的更换

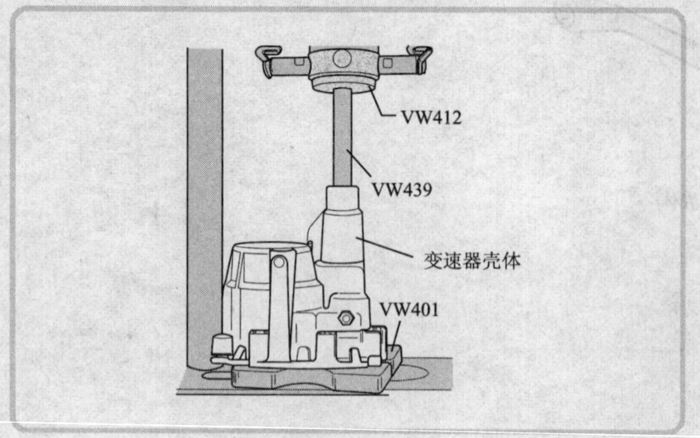

(1)拆卸变速器,将油全部放空。

(2)拆下变速器后盖,再拆下后盖内换挡杆的密封圈。

◀(3)拆下内换挡杆的衬套。

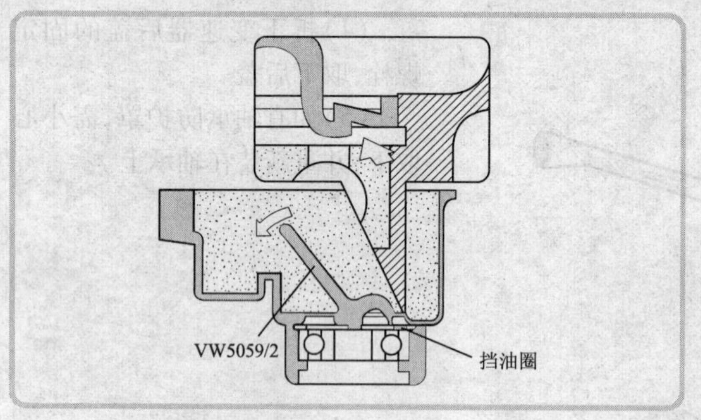

(4)取下挡油圈,如有必要可用水泵钳帮助拆卸。

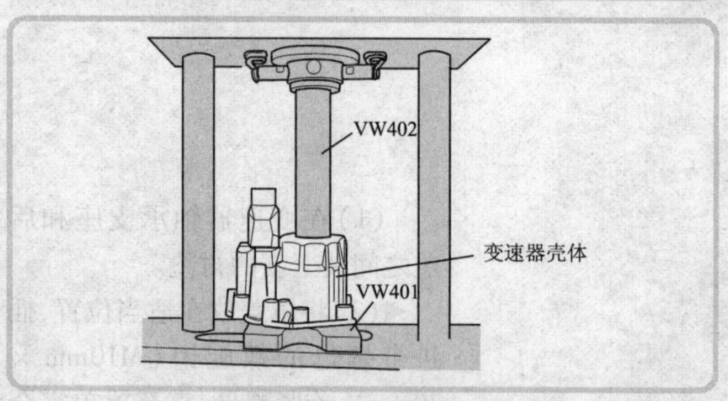

(5)拆下锁环及输入轴的后轴承。

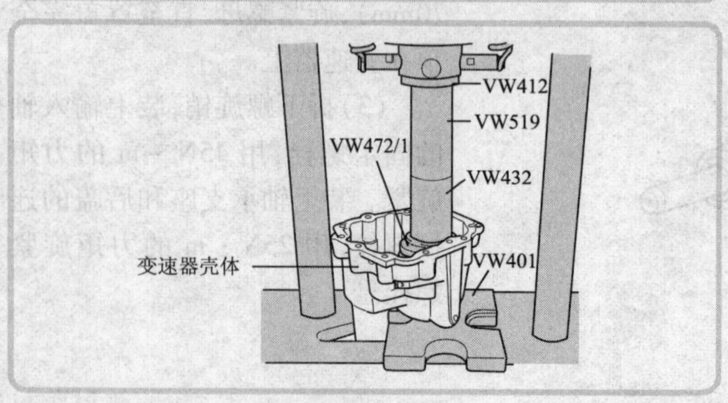

(6)将输入轴轴承装在新的后盖上。

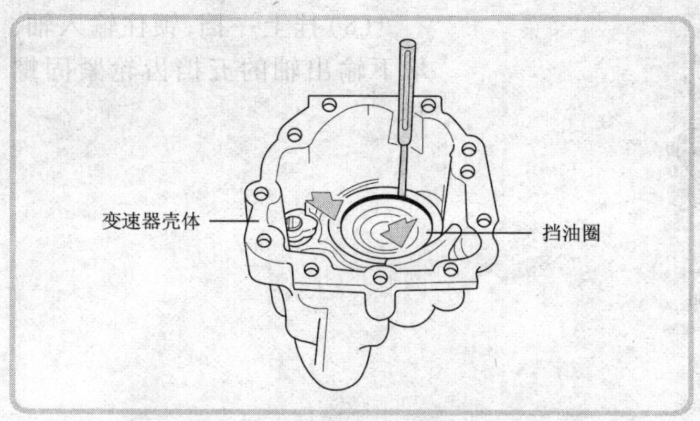

(7)装上锁环及新的挡油圈。挡油圈一经拆卸就应更换,在图中箭头所指的部位冲压将其固定。

(8)装上内换挡杆的衬套,装上衬套的密封圈。

四、变速器轴承支座的更换

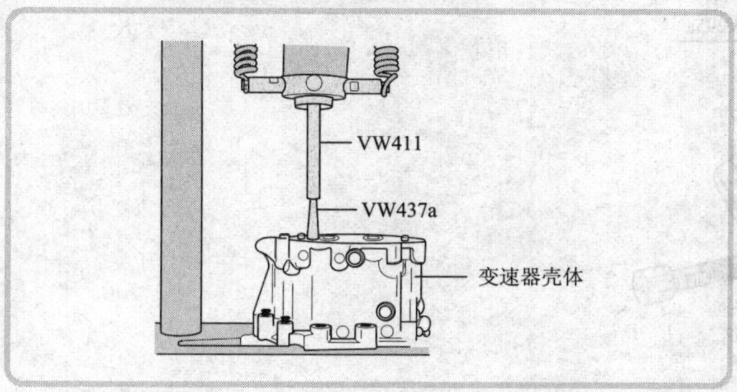

(1)拆下变速器后盖。

(2)拆下一挡和二挡拨叉的锁销;接着把拨叉向左转动。

◀(3)挂入二挡,边转边拉下拨叉轴。

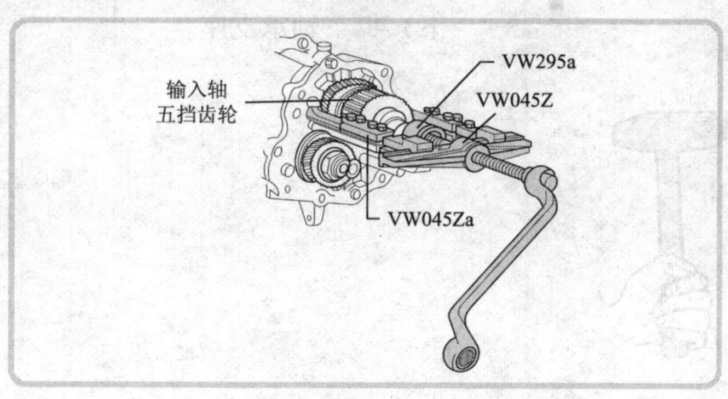

(4)取下一挡和二挡的拨叉。

(5)取出锁销,取下拨叉轴和五挡齿轮的套管。

◀(6)取下同步器和输入轴的五挡齿轮。

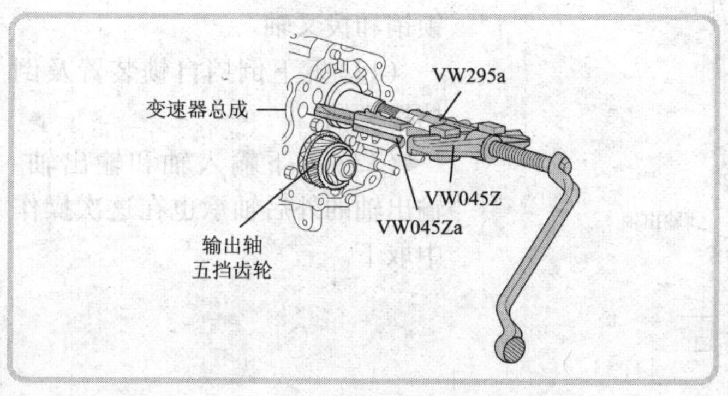

(7)拆下五挡齿轮滚针轴承内圈和固定垫圈。

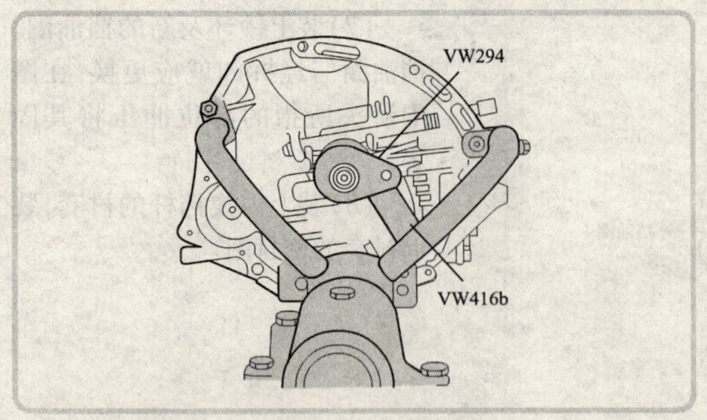

(8)挂上一挡，锁住输入轴，取下输出轴的五挡齿轮紧固螺母。

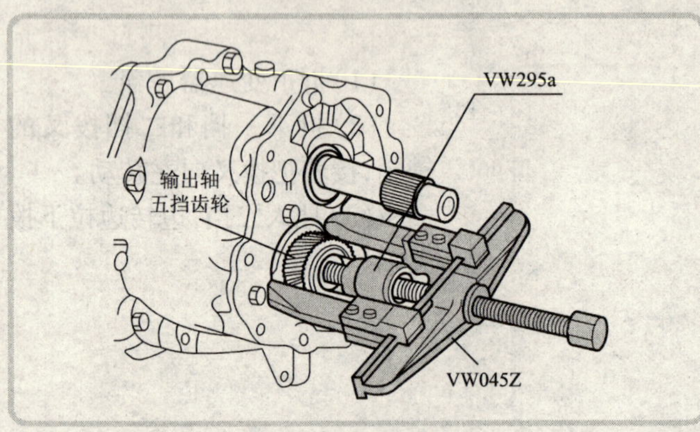

(9)拆下五挡齿轮。

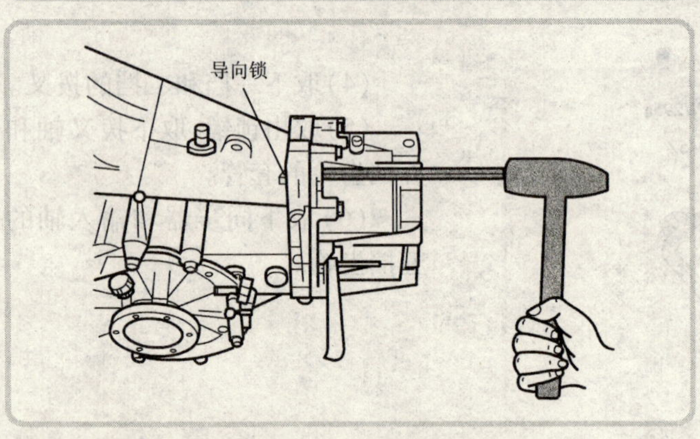

(10)分开导向锁(不用取下)，拆下轴承支座。

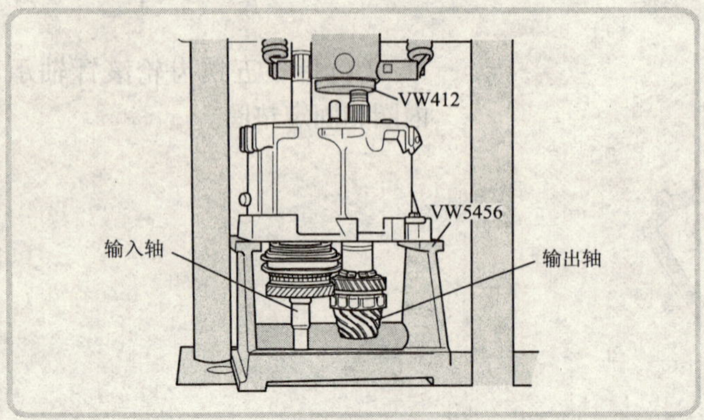

(11)取下三挡和四挡拨叉的锁销和拨叉轴。

(12)拆下倒挡自锁装置及倒挡拨叉轴。

◀(13)拆下输入轴和输出轴。输出轴的外后轴承也在这次操作中取下。

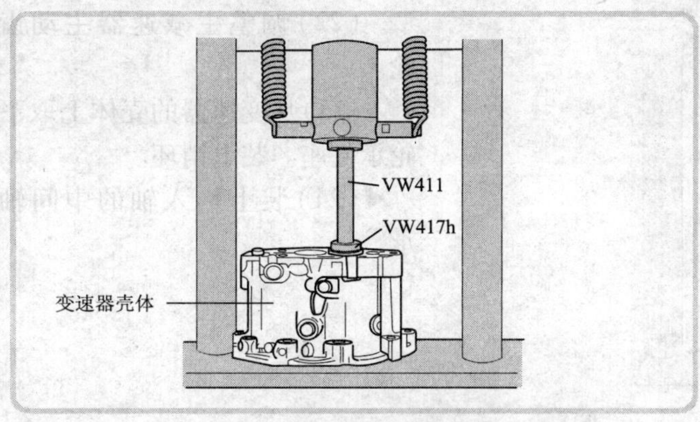

(14)取出倒挡轴和齿轮、倒挡传动臂。

(15)取下输出轴后轴承的止动环。

(16)取下拨叉轴衬套,取下互锁销

◀(17)拆下输入轴中间轴承。

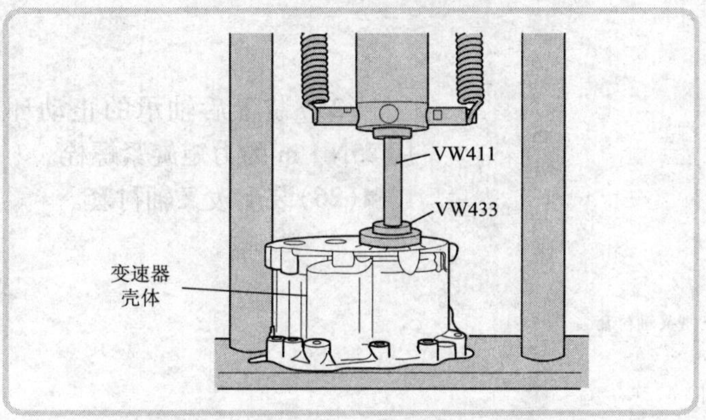

(18)拆下输出轴后轴承外圈。

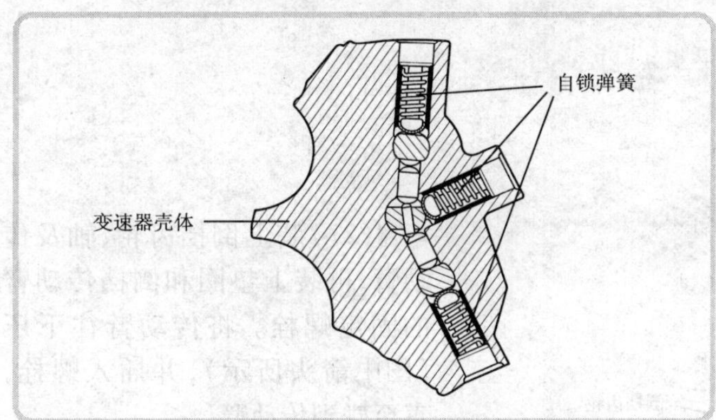

(19)钻一个6mm的螺纹,用螺栓将堵塞拆下。拆下自锁弹簧和分离套筒(只要变速器的罩盖更换了,就必须计算输出轴调整垫片S_3厚度)。

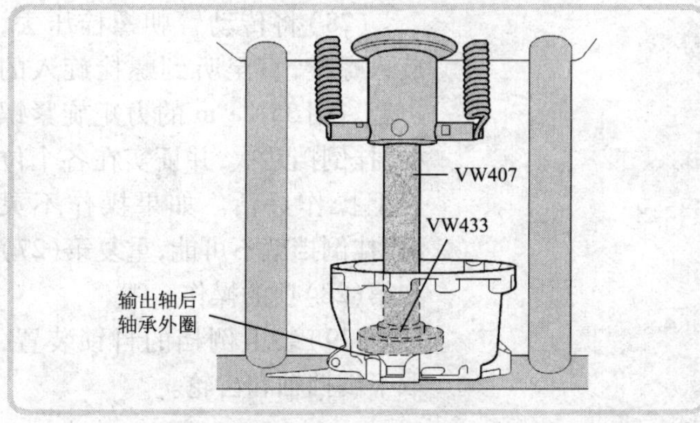

(20)将导向套筒和弹簧装在新的轴承支座上。

◀(21)装上输出轴后轴承外圈。

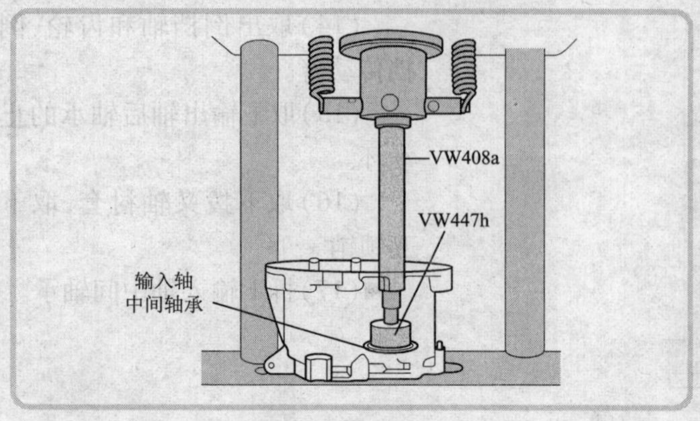

(22)调整主减速器主动齿轮。

(23)从变速器的壳体上取下轮承支座。装上销环。

◀(24)装上输入轴的中间轴承。

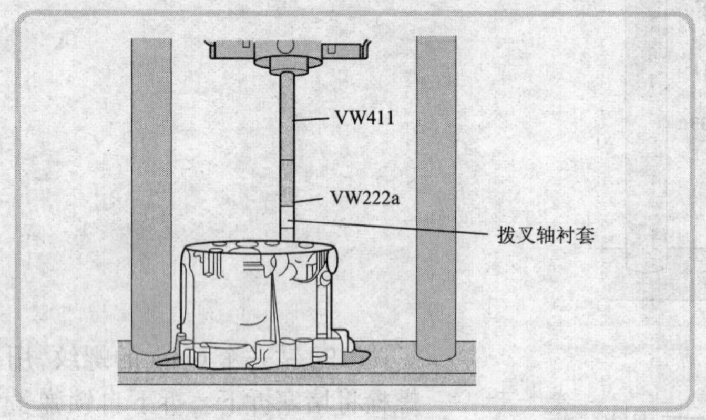

(25)装上后轴承的止动环,用25N·m的力矩旋紧螺栓。

◀(26)装上拨叉轴衬套。

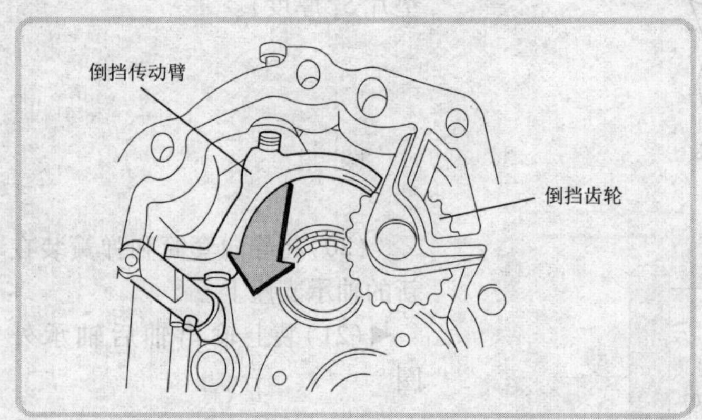

◀(27)装上倒挡齿轮、轴及传动臂,再装上垫圈和倒挡传动臂的固定螺栓。将传动臂往下压(图中箭头所示),并插入螺栓,直至碰到传动臂。

(28)将传动臂朝螺栓压去,旋入螺栓,直至听到螺栓旋入的声音。用35N·m的力矩旋紧螺栓,挂倒挡几次,并证实在各个位置上操作灵活。如果操作不灵活,挂倒挡就不可能,重复第(27)和第(28)项的操作。

(29)装上倒挡的自锁装置,取下倒挡轴和齿轮。

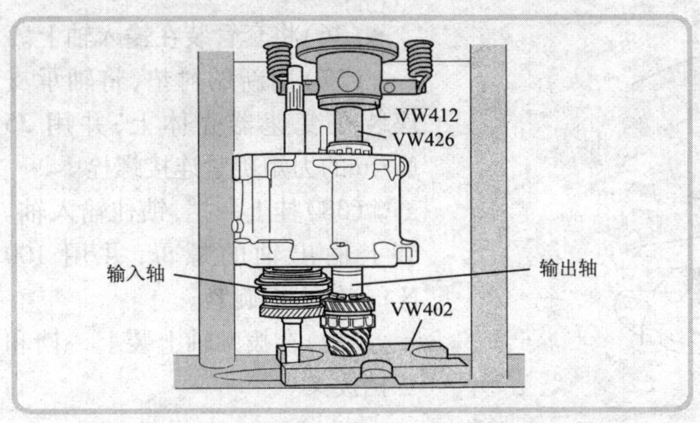

(30)将带拨叉的一挡和二挡拨叉轴及输出轴装在轴承支座上。

◀(31)装上倒挡轴和倒挡齿轮。将带三挡和四挡拨叉的输入轴及输出轴的外后轴承装在轴承支座上。

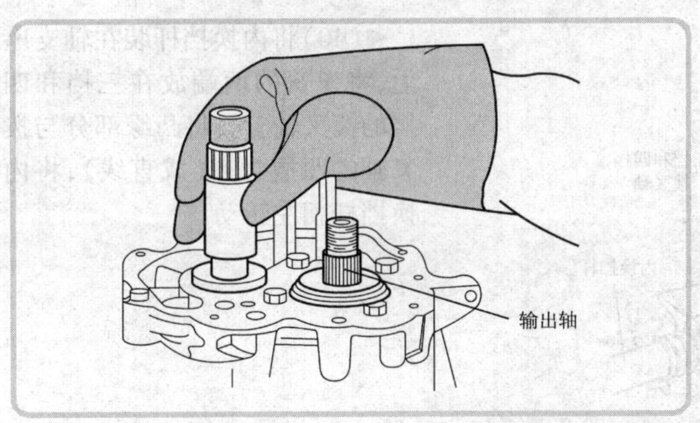

(32)装上三挡和四挡的拨叉轴和拨叉,并用锁销固定。

(33)用120℃的温度给输出轴的五挡齿轮、滚针轴承的内圈和同步器的壳体加热。

◀(34)装上固定垫圈和五挡齿轮滚针轴承的内圈。使用专用工具VW224b和锤子正确地将其放在适当的位置。

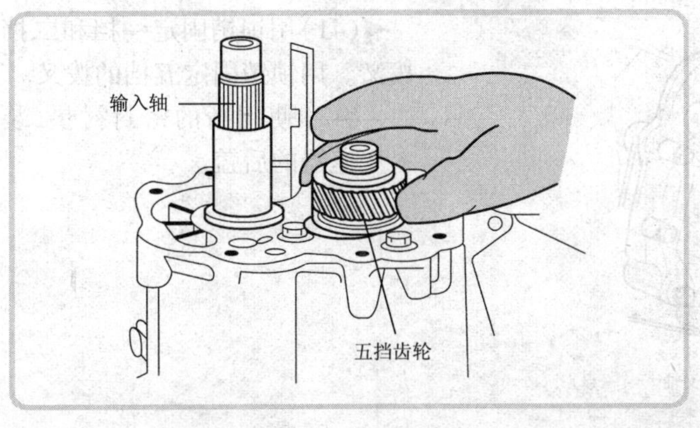

(35)将五挡齿轮装在输出轴上。将同步器和五挡拨叉装在输入轴上。

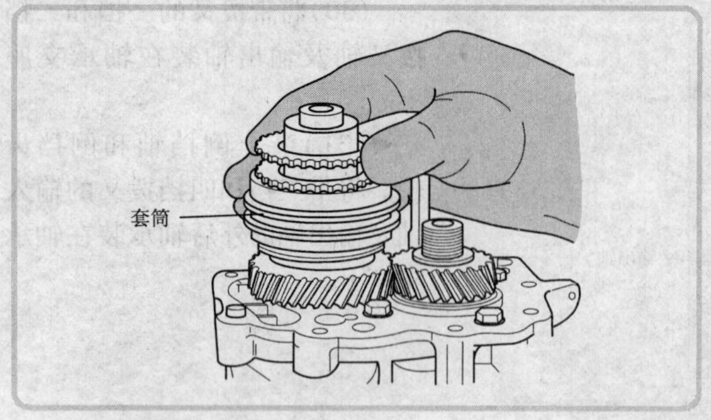

◀(36)将套管装在输入轴上。

(37)用新的衬垫,将轴承支座装在变速器壳体上,并用25 N·m的力矩旋紧连接螺栓。

(38)挂上一挡,锁住输入轴。装上输出轴的螺母,并用100 N·m的力矩旋紧。

(39)在拨叉轴上装上一挡和二挡拨叉。

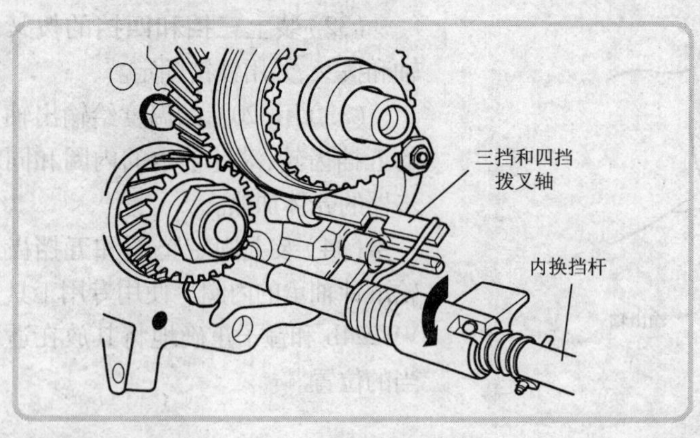

◀(40)将内换挡杆装在轴支座上,将弹簧的两端放在三挡和四挡的拨叉轴上。将凸缘部分与拨叉轴的凹槽对齐(成直线),将内换挡杆朝左转动。

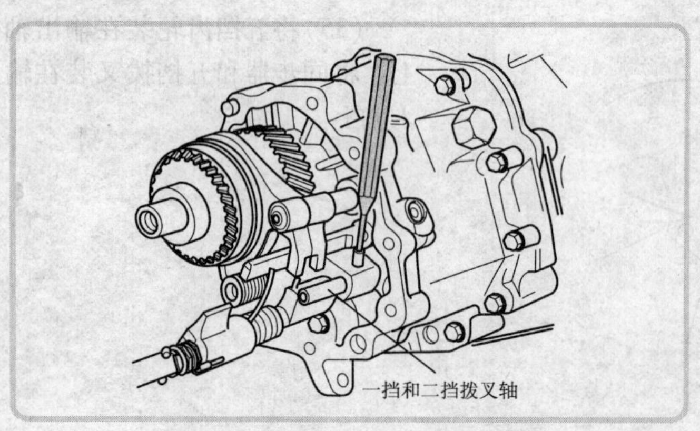

◀(41)用锁销固定一挡和二挡拨叉。用锁销固定五挡的拨叉。

(42)使用新的密封衬垫,装上变速器的后盖。

项目7　变速器传动机构的维修

•2 学时•

目　　的： 学习变速器传动机构的维修方法。

车　　型： 上海桑塔纳2000GSi轿车的变速器。

设备与工具： 组合扳手，螺丝刀，钳子，扭力扳手，锤子，专用工具VW5161a、VW402、VW411、VW5693/2、VW407、VW409、VW447h、VW419、VW401、VW412、VW433a、VW177、VW472/2，钢丝刷，厚薄规。

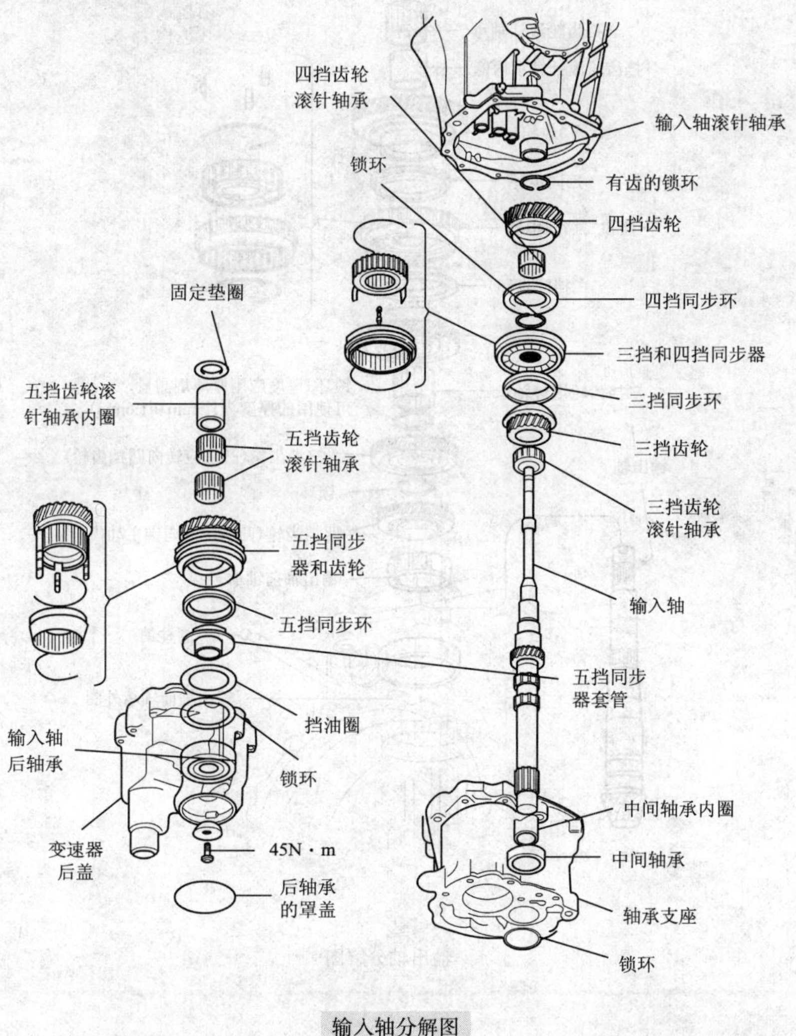

输入轴分解图

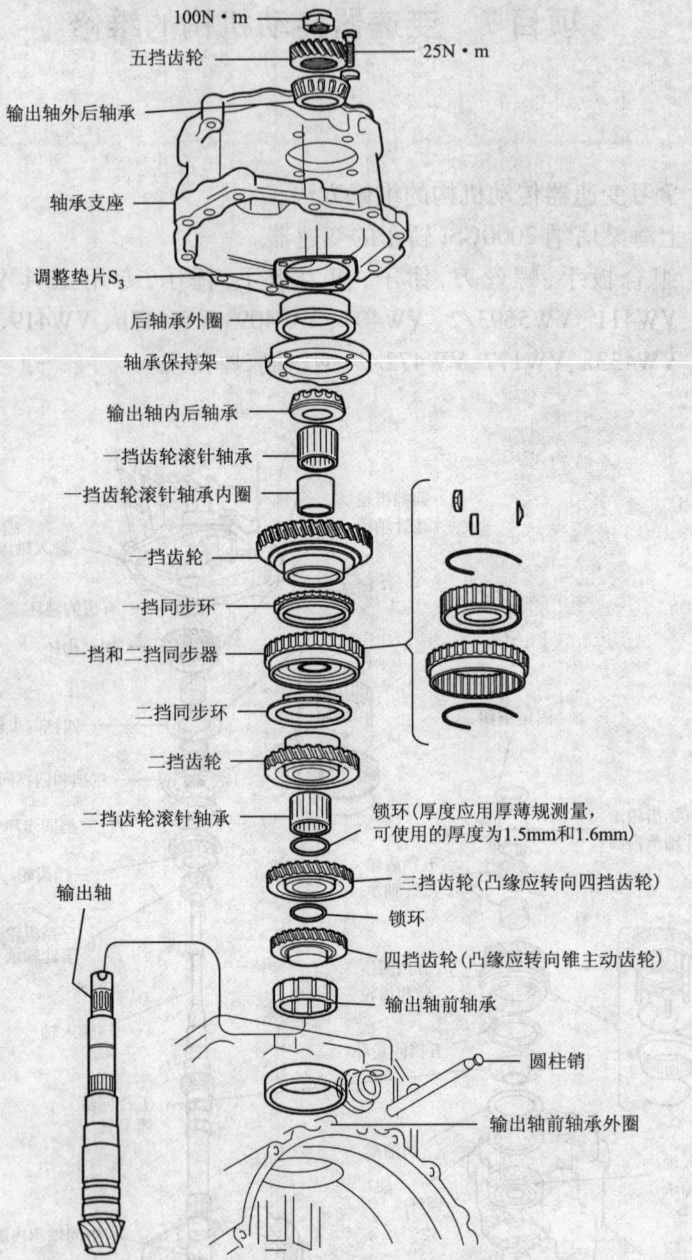

100N·m
五挡齿轮
25N·m
输出轴外后轴承
轴承支座
调整垫片S_3
后轴承外圈
轴承保持架
输出轴内后轴承
一挡齿轮滚针轴承
一挡齿轮滚针轴承内圈
一挡齿轮
一挡同步环
一挡和二挡同步器
二挡同步环
二挡齿轮
二挡齿轮滚针轴承
锁环(厚度应用厚薄规测量,可使用的厚度为1.5mm和1.6mm)
输出轴
三挡齿轮(凸缘应转向四挡齿轮)
锁环
四挡齿轮(凸缘应转向锥主动齿轮)
输出轴前轴承
圆柱销
输出轴前轴承外圈

输出轴分解图

一、整套齿轮的拆卸

(1)拆卸变速器。

(2)拆下变速器后盖。

(3)拆下轴承支座。

(4)拆下整套齿轮。

二、输入轴的拆卸

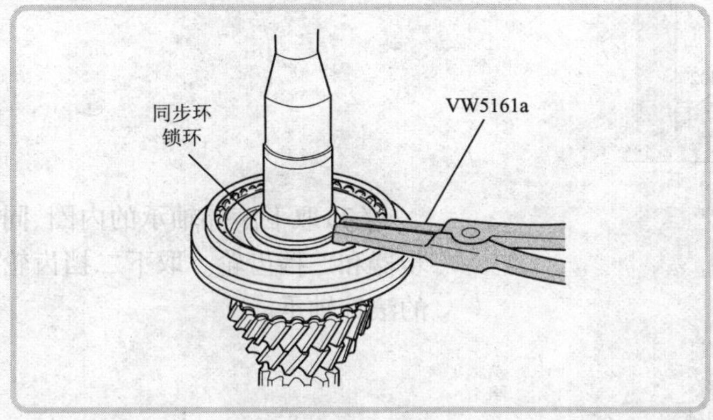

(1)拆下四挡齿轮的有齿锁环。取下四挡齿轮、同步环和滚针轴承。

◀(2)拆下同步器锁环。

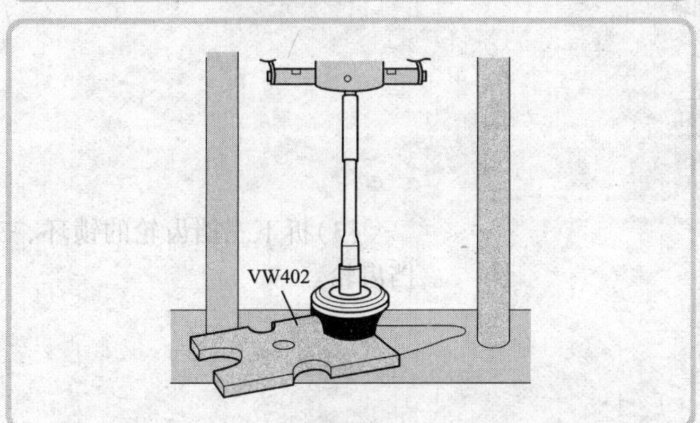

(3)取下三挡和四挡同步器。三挡同步环和齿轮。取下三挡齿轮的滚针轴承。

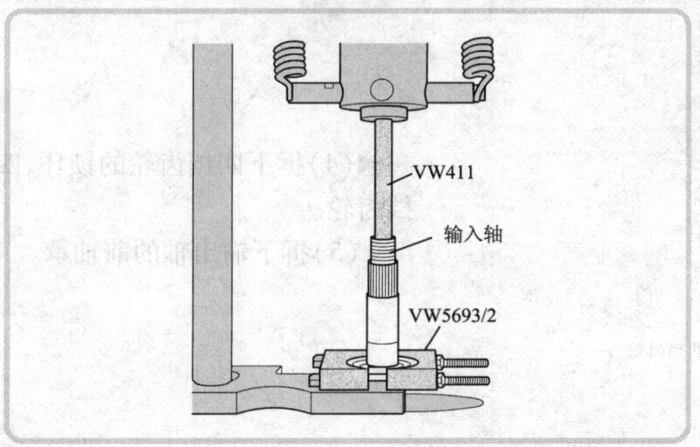

(4)取下输入轴的中间轴承内圈。

三、输出轴的拆卸

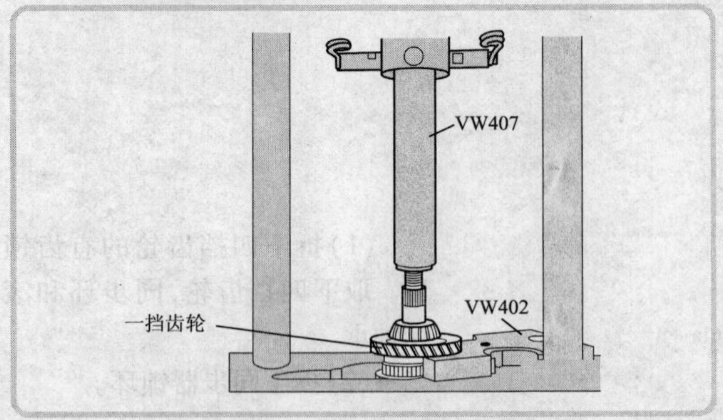

(1)拆下输出轴内后轴承和一挡齿轮。取下滚针轴承和一挡同步环。

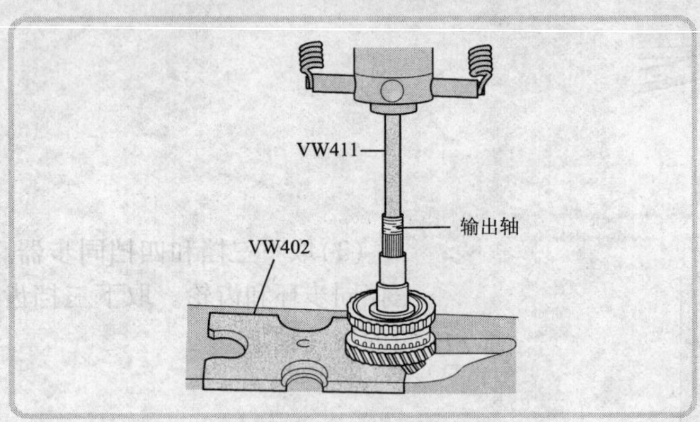

(2)取下滚外轴承的内圈、同步器和二挡齿轮。取下二挡齿轮的滚针轴承。

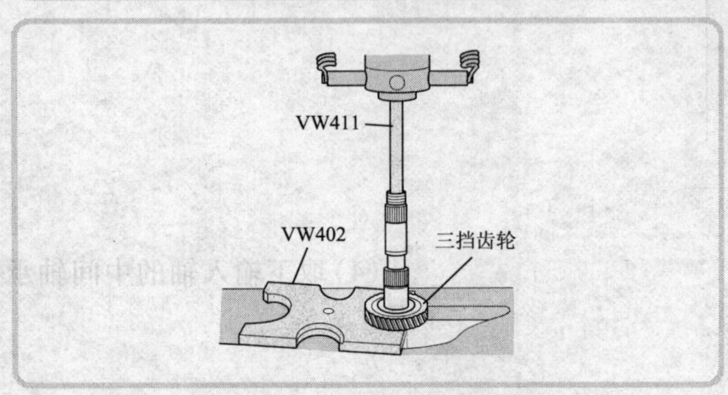

(3)拆下三挡齿轮的锁环、三挡齿轮。

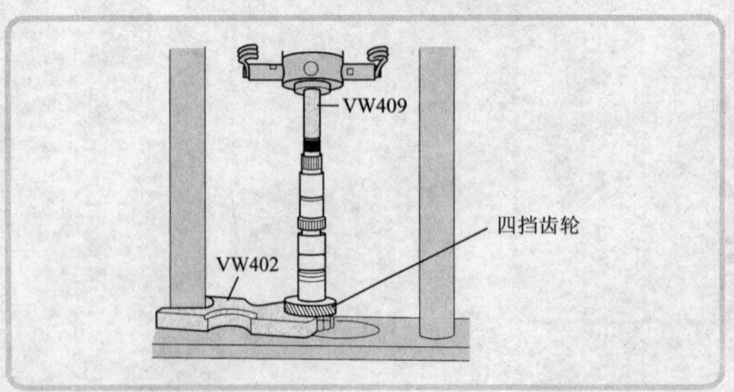

◀(4)拆下四挡齿轮的锁环、四挡齿轮。

(5)拆下输出轴的前轴承。

四、输入轴、输出轴的安装

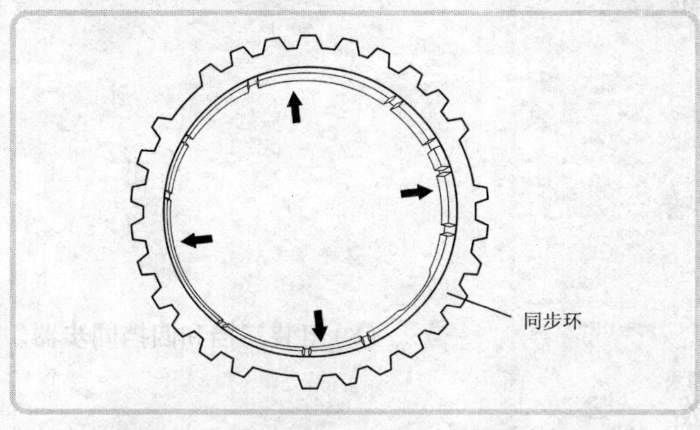

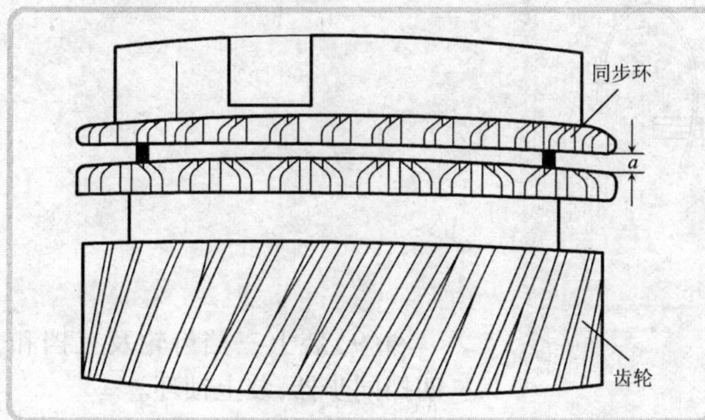

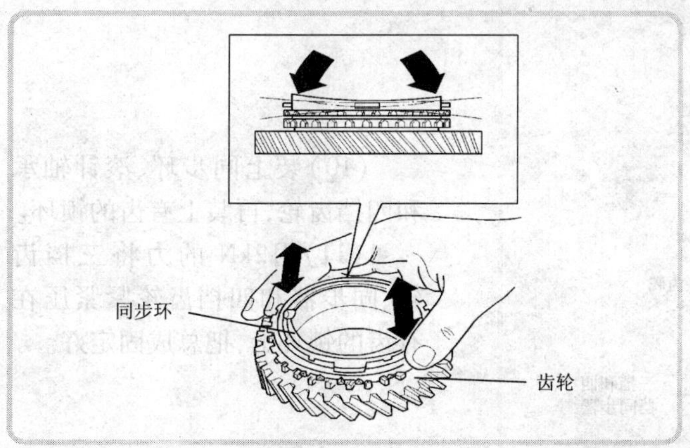

(1)检查主减速器主动锥齿轮的情况。如果已经损坏,同主减速器从动锥齿轮一起更换,并计算从动锥齿轮和主动锥齿轮调整垫片厚度。

(2)检查所有齿轮和轴承的损坏情况。如需要更换,除更换所损坏的外,还需将其他轴上的相应齿轮更换。

◀(3)用钢丝刷清洗同步环的内锥面。

(4)在更换一挡齿轮滚针轴承的内圈或输出轴的后轴承时,计算输出轴的调整垫片厚度。

◀(5)将同步环压在各自齿轮的锥面上,检查间隙 a 值。间隙 a 的规定值见下表:

同步环	间隙 a(mm)	
	新的零件	磨损的限度
一挡和二挡	1.10~1.17	0.05
三挡和四挡	1.35~1.90	0.05
五挡	1.10~1.70	0.05

(6)将同步环贴在极其平滑的表面上(平板、玻璃等)对其扭曲进行分析。用轻度的压力将同步环装在各自齿轮的锥面上,移动齿轮的锥环,对过度的侧面间隙(成椭圆形)进行分析。如果出现上述任何一种不正常现象,就应更换同步环。

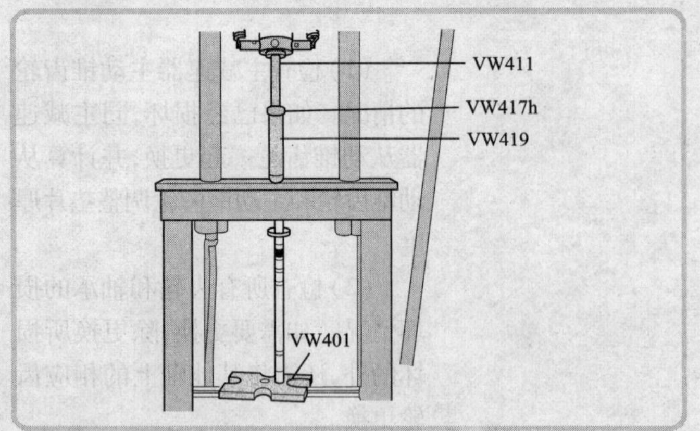

(7)装上中间轴承的内圈。将预先润滑过的三挡齿轮滚针轴承装上,把油槽转向二挡齿轮。

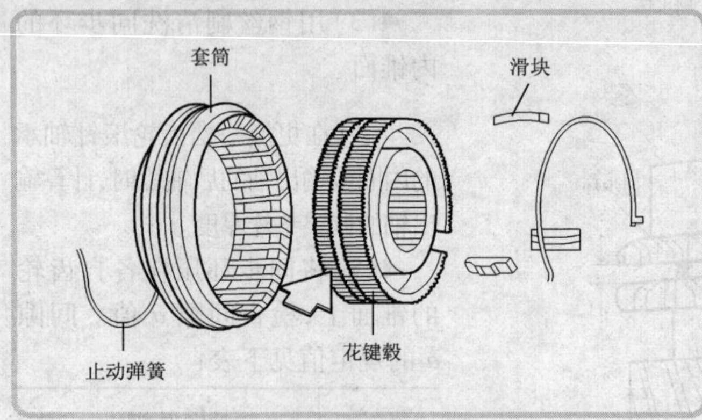

(8)组装三挡和四挡同步器。

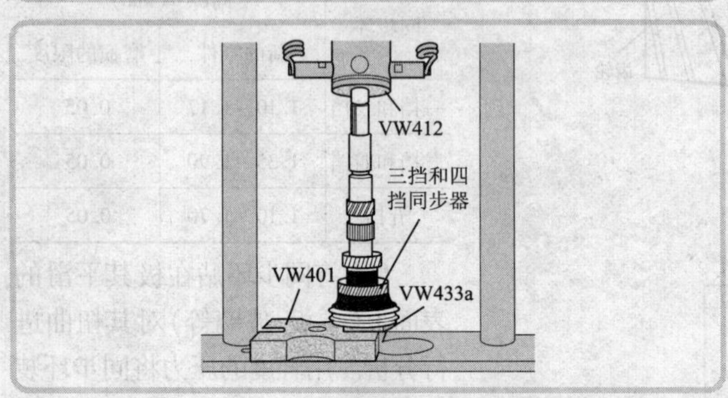

◀(9)装上三挡齿轮及三挡和四挡同步器,装上锁环。

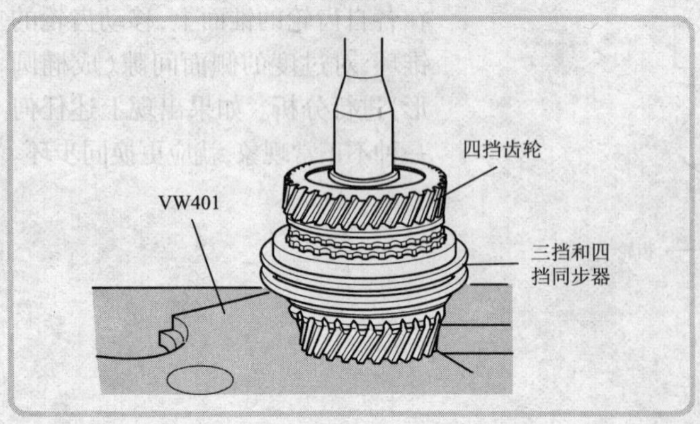

(10)装上同步环、滚针轴承和四挡齿轮,再装上有齿的锁环。

◀(11)用2kN 的力将三挡齿轮、同步器和四挡齿轮紧紧压在有齿的锁环上,把总成固定好。

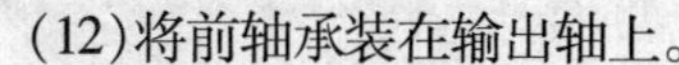

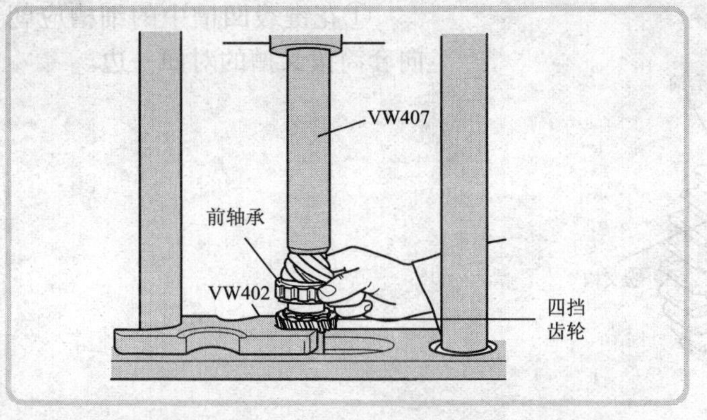

(12)将前轴承装在输出轴上。

◀(13)装上四挡齿轮。用手扶住前轴承,齿轮有凸缘的一边应朝向轴承。

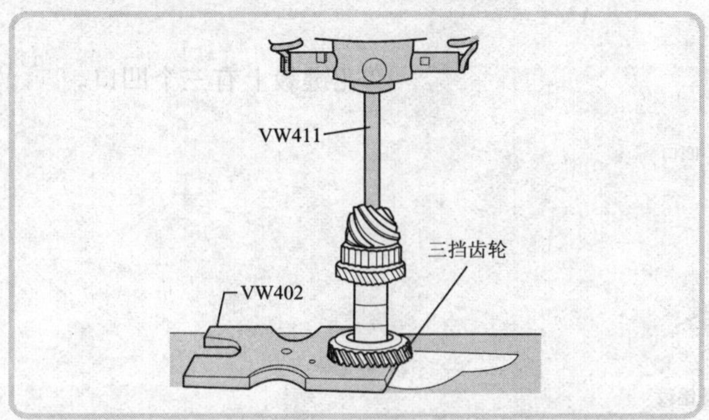

(14)利用可供使用锁环中的一个,将四挡齿轮固定好。先从较厚锁环的开始,锁环厚度有:2.35mm、2.38mm、2.41mm、2.44mm、2.47mm几种。

◀(15)安装三挡齿轮,凸缘应朝向四挡齿轮。

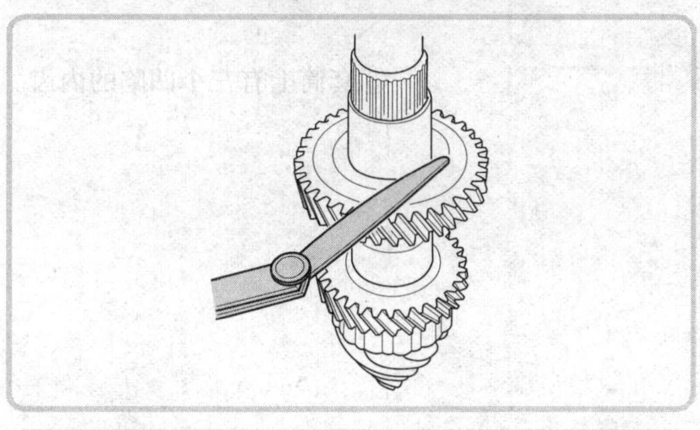

(16)利用厚薄规测量锁环的厚度。根据测得的尺寸,选择适当的锁环装上,锁环厚度的选择见下表:

测得尺寸(mm)	锁环厚度(mm)
小于1.6	1.5
1.6或大于1.6	1.6

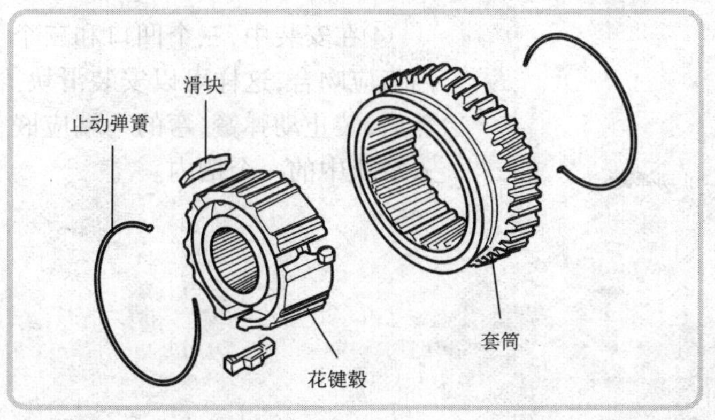

(17)安装二挡齿轮滚针轴承、二挡齿轮和二挡同步环。

◀(18)装配一挡和二挡同步器:

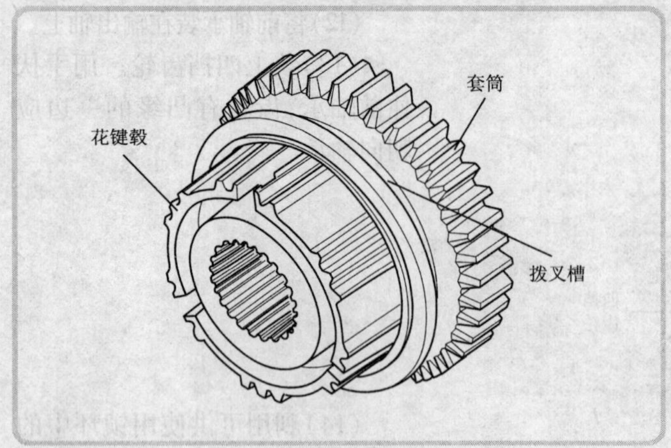

①花键毂凹槽中的细槽应朝向套筒拨叉槽的对面一边。

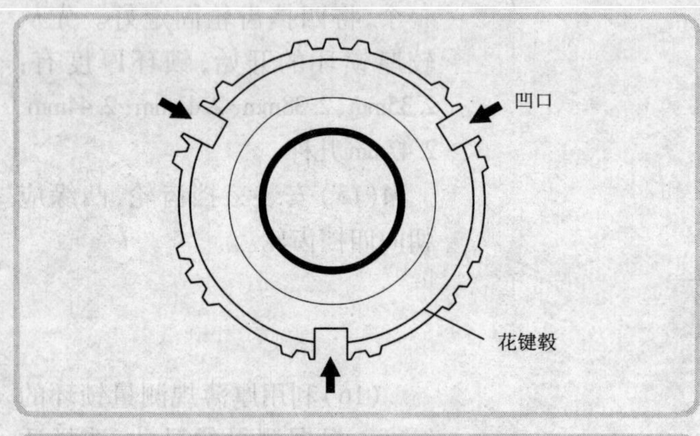

②花键毂上有三个凹口。

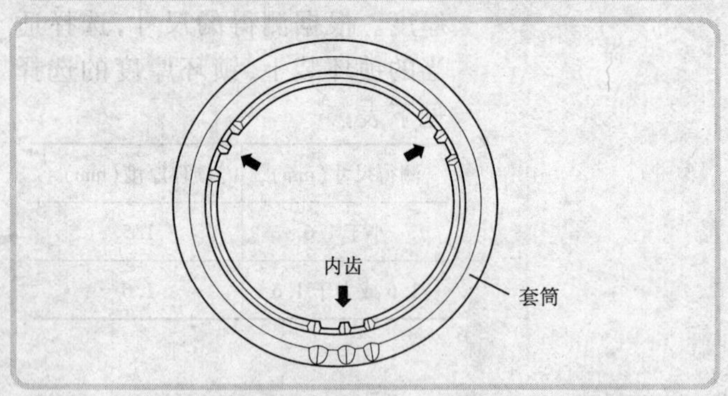

③套筒上有三个凹陷的内齿。

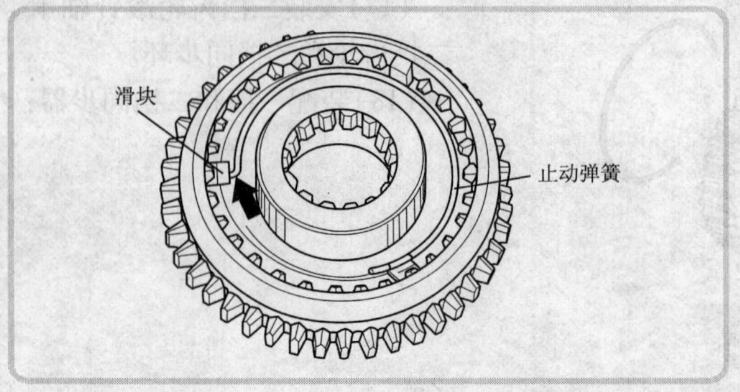

④在安装中,三个凹口和三个内齿应吻合,这样可以安装滑块。然后,装止动弹簧,弯的一端应嵌入滑块中的一个槽内。

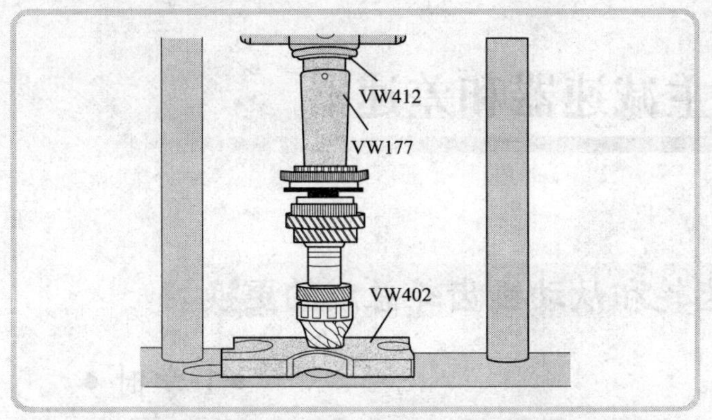

(19)装上一挡和二挡同步器,同步器花键毂上的槽应朝一挡齿轮。

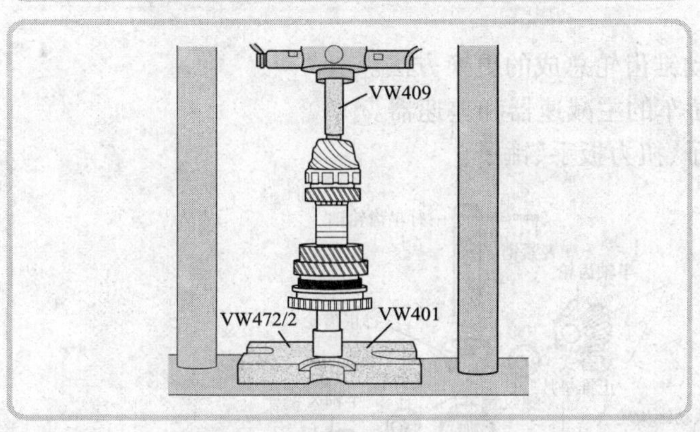

(20)装上一挡齿轮滚针轴承的内圈。装上一挡同步环、一挡齿轮、一挡齿轮滚针轴承。只要更换了轴承支座、输出轴后轴承、一挡齿轮的滚针轴承内圈、主减速器从动锥齿轮和主动锥齿轮总成中的任何一个零件,就要计算调整垫片 S_3 的值。

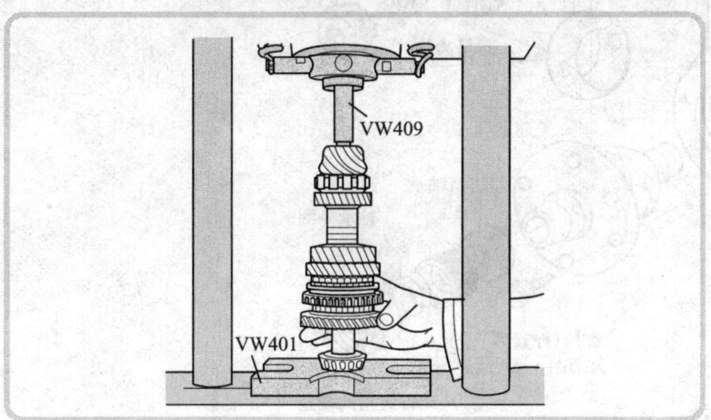

◀(21)装上输出轴内后轴承。

(22)将输入轴和输出轴装在轴承支座上,将轴承支座装在变速器壳体上。

(23)将变速器后盖装在变速器轴承支座上。

单元2 思考题

1. 变速器由哪些主要部件组成?
2. 变速器维修时的注意事项有哪些?
3. 如何更换变速器的减振垫?
4. 对同步环的检查项目有哪些?如何检查?
5. 如何选取锁环?

单元3　主减速器和差速器

项目1　主动锥齿轮和从动锥齿轮总成的更换

•1 学时•

目　　的： 学习主动锥齿轮和从动锥齿轮总成的更换方法。
车　　型： 上海桑塔纳2000GSi 轿车的主减速器和差速器。
设备与工具： 组合扳手、螺丝刀、钳子、扭力扳手、锤子。

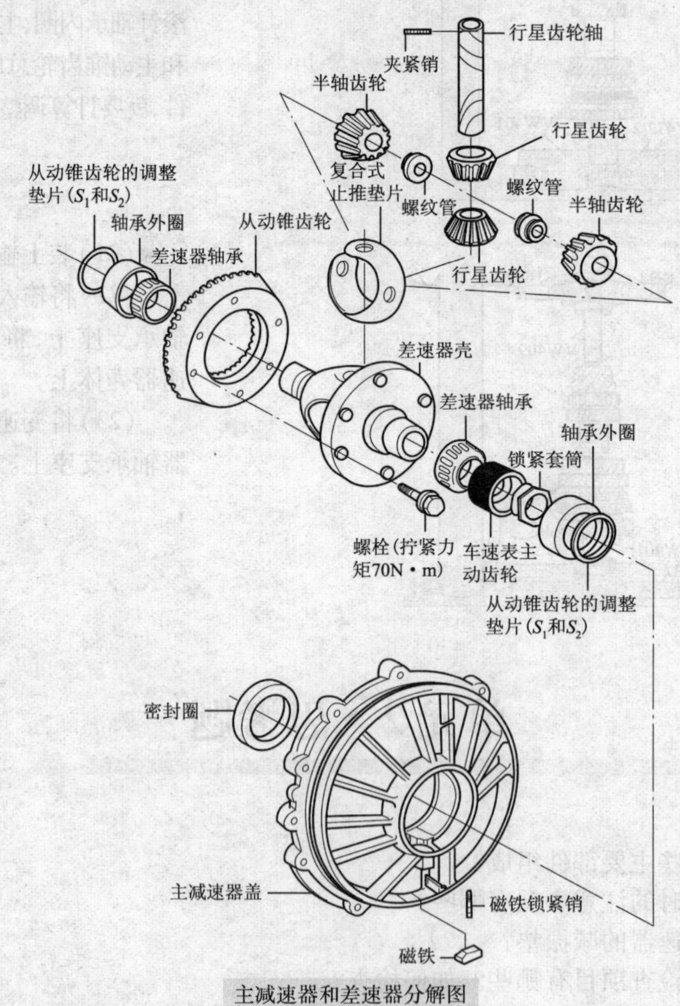

主减速器和差速器分解图

一、主动锥齿轮和从动锥齿轮总成的拆卸

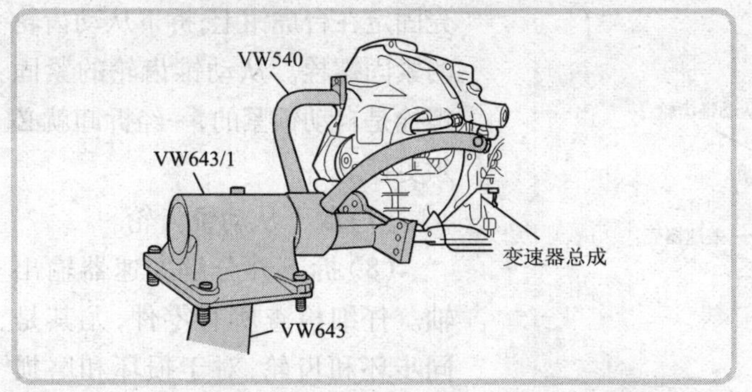

(1)拆卸变速器,将其固定在支架上。拆下轴承支座和后盖。

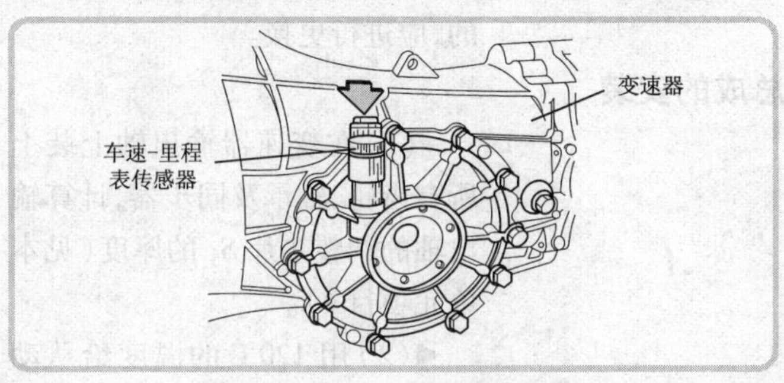

(2)取下车速-里程表的传感器。

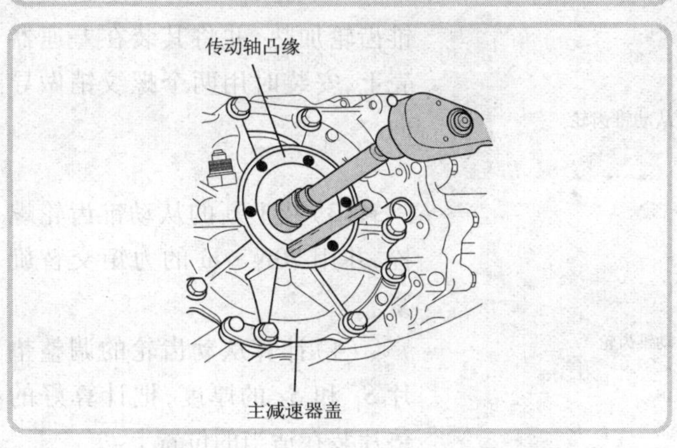

(3)锁住传动轴(半轴)凸缘,拆下紧固螺栓,取下传动轴凸缘。

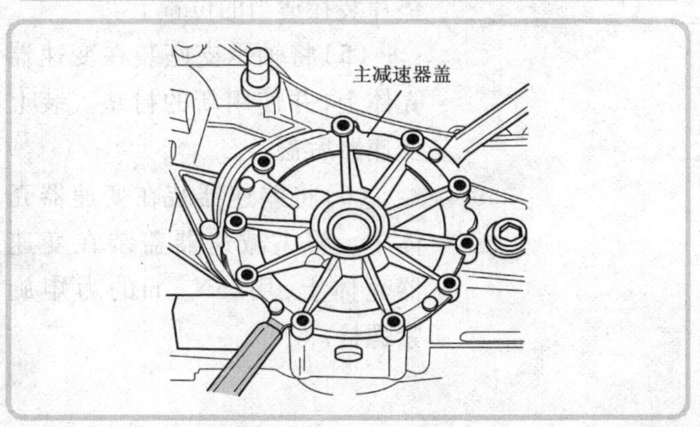

(4)取下车速-里程表的主动齿轮导向器和齿轮。

◀(5)拆下主减速器盖,从变速器壳体上取下差速器。

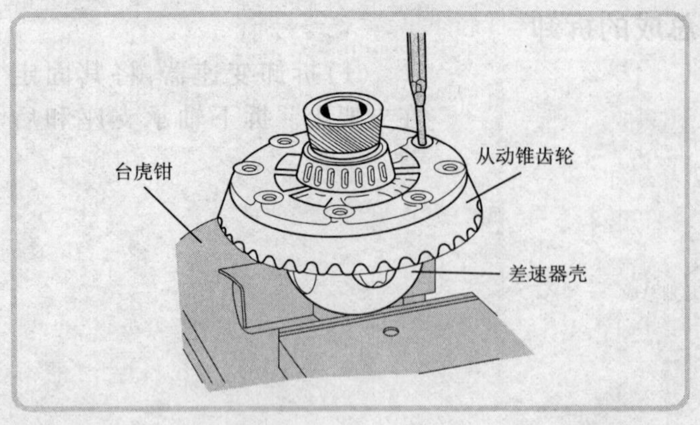

◀(6)用铝质的夹具将差速器壳固定在台虎钳上,拆下从动齿轮的紧固螺栓。从动锥齿轮的紧固螺栓是自动锁紧的,一经拆卸就必须更换。

(7)取下从动锥齿轮。

(8)拆下并分解变速器输出轴。仔细检查所有零件,尤其是同步环和齿轮,对于损坏和磨损的,应进行更换。

二、主动锥齿轮和从动锥齿轮总成的安装

(1)在变速器输出轴上装上所有齿轮、轴承及同步器,计算输出轴的调整垫片 S_3 的厚度(见本单元项目4)。

◀(2)用120℃的温度给从动锥齿轮加热,并将其装在差速器壳上,安装时用两个螺纹销做导向。

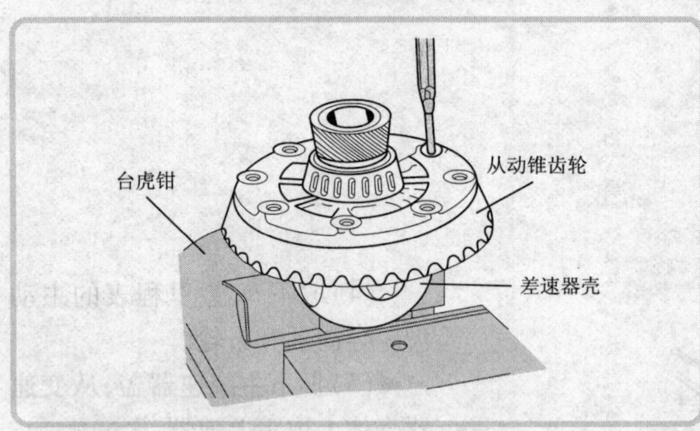

◀(3)装上新的从动锥齿轮螺栓,并用70N·m的力矩交替旋紧。

(4)计算从动齿轮的调整垫片 S_1 和 S_2 的厚度,把计算好的垫片装在适当的位置上。

(5)将轴承支座装在变速器壳体上,并使用新的衬垫。装上变速器后盖。

(6)将差速器装在变速器壳体中。将主减速器盖装在变速器壳体上,用25N·m的力矩旋紧螺栓。

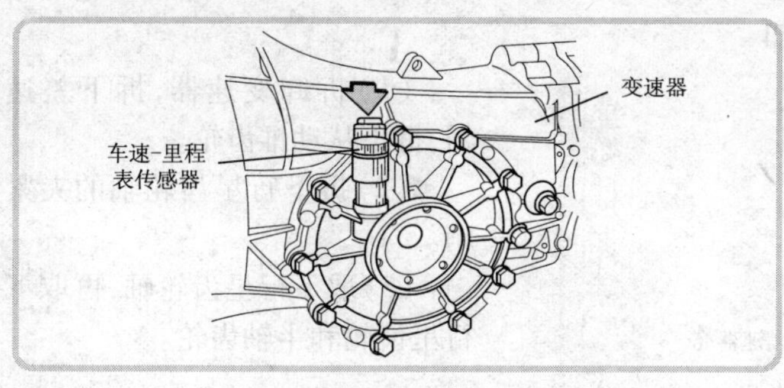

(7)装上车速里程表的主动齿轮和导向器。装上车速里程表的传感器。

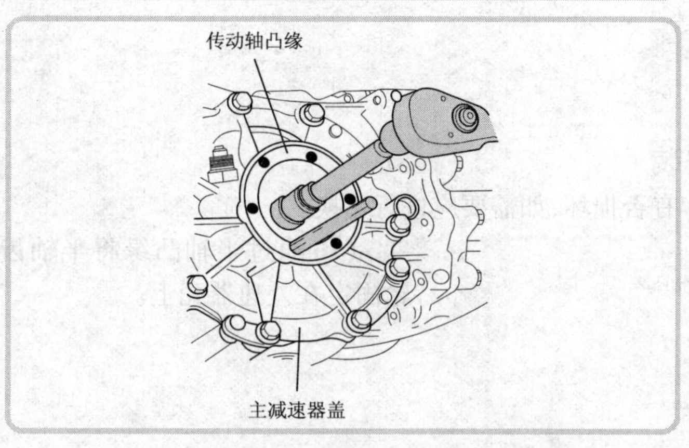

(8)装上传动轴凸缘中的一个,用凿子将它锁住。装上螺栓,用20N·m的力矩拧紧。然后装另一个传动轴凸缘。

(9)加注齿轮油安装变速器。

项目2 半轴齿轮和行星齿轮的更换

•1 学时•

目　　的： 学习半轴齿轮和行星齿轮的更换方法。
车　　型： 上海桑塔纳2000GSi轿车的主减速器和差速器。
设备与工具： 组合扳手、螺丝刀、钳子、扭力扳手、锤子。

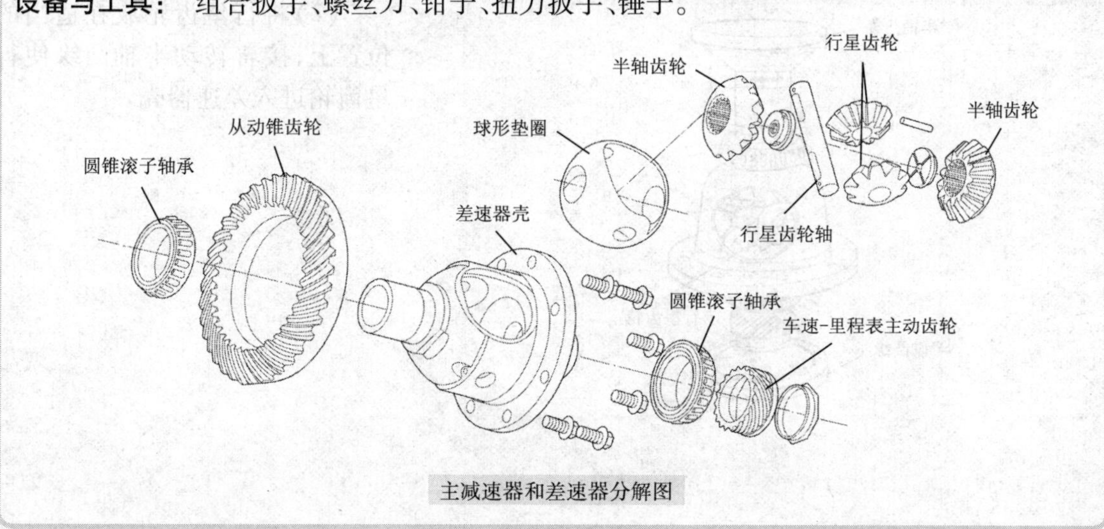

主减速器和差速器分解图

一、半轴齿轮和行星齿轮的拆卸

(1)拆卸变速器,拆下差速器,拆下从动锥齿轮。

◀(2)拆下行星齿轮轴的夹紧销。

(3)取下行星齿轮轴,再取下行星齿轮和半轴齿轮。

二、半轴齿轮和行星齿轮的安装

在安装之前,检查复合式止推垫片有否损坏,如需要应进行更换。

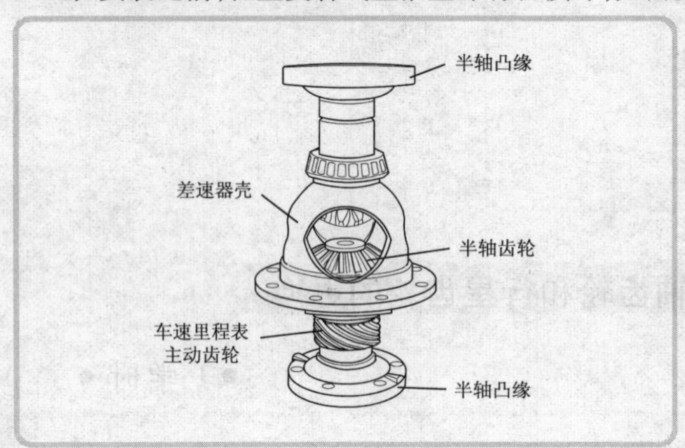

(1)通过半轴凸缘将半轴齿轮固定在差速器壳上。

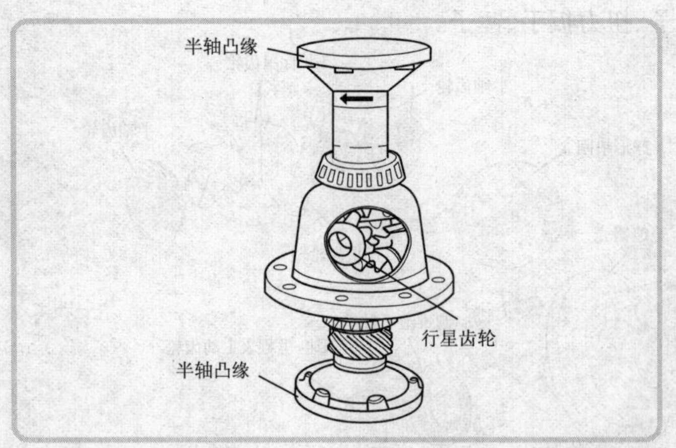

(2)将行星齿轮放在适当的位置上,接着转动半轴凸缘使行星齿轮进入差速器壳。

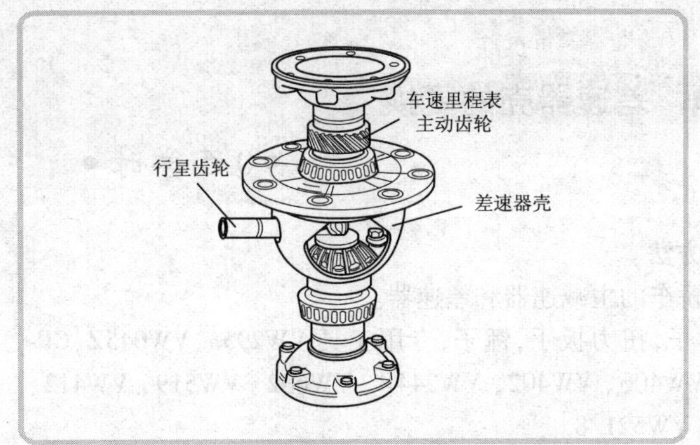

(3)装上行星齿轮轴，在行星齿轮轴装上夹紧销。

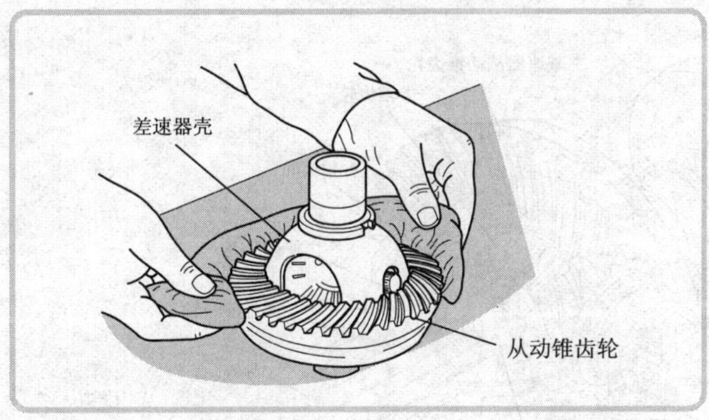

◀(4)取下差速器半轴凸缘。用120℃的温度加热，将从动锥齿轮装在差速器壳上。

(5)将差速器装在变速器壳体内。装上半轴凸缘。

(6)装上变速器。

更换变速器油的工具

变速器通常使用齿轮油。更换变速器油时必要的工具包括，拆卸排放塞、注油塞用的扳手等、装废油的容器、抹布、油泵等，还需要千斤顶。

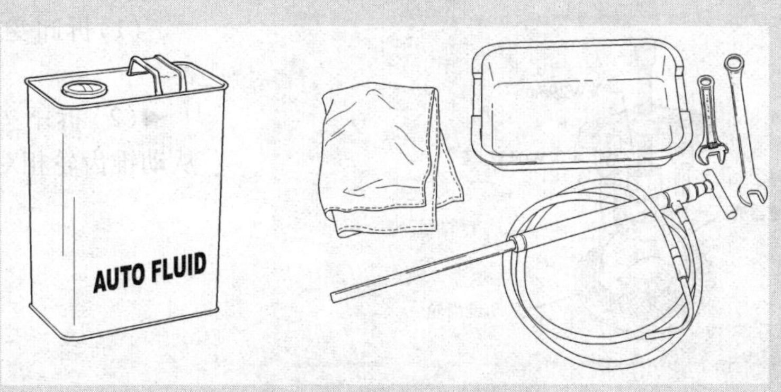

项目3　差速器壳的更换

•0.5 学时•

目　　　的： 学习差速器壳的更换方法。

车　　　型： 上海桑塔纳2000GSi轿车的主减速器和差速器。

设备与工具： 组合扳手，螺丝刀，钳子，扭力扳手，锤子，专用工具VW295a、VW045Z、CP-52、CP-53、VW407、VW406、VW402、VW244B、VW602、VW519、VW412、VW433a、VW521/4和VW521/8。

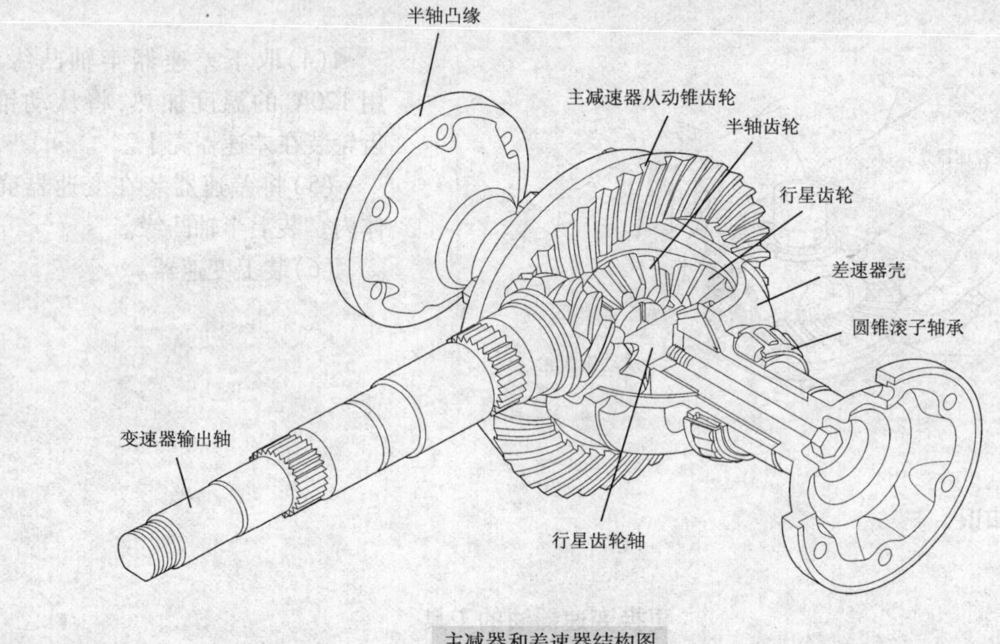

主减器和差速器结构图

一、差速器壳的拆卸

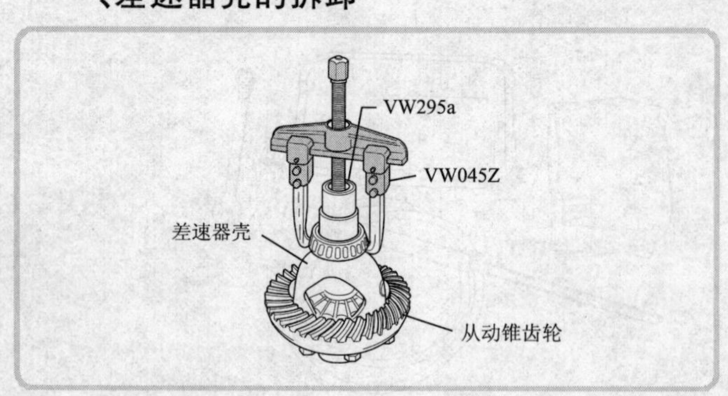

(1)拆卸变速器，拆下差速器。

◀(2)拆下差速器轴承(与从动锥齿轮相对的一边)。

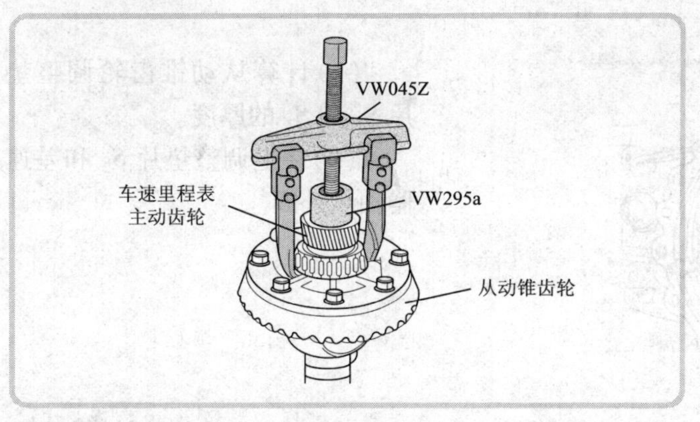

(3)拆下差速器另一边轴承,同时取下车速表主动齿轮和锁紧销。

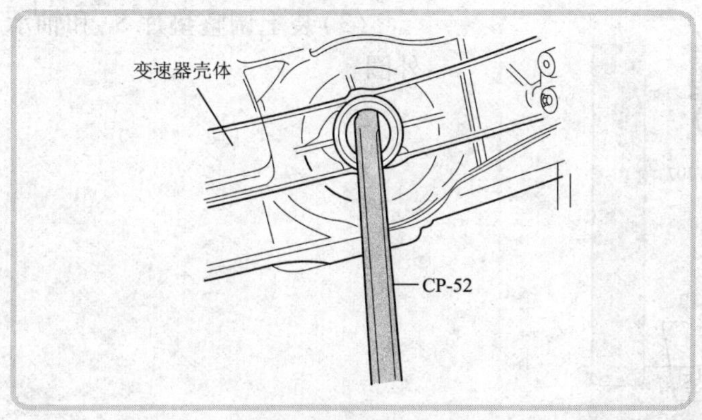

(4)拆下变速器侧面的密封圈。

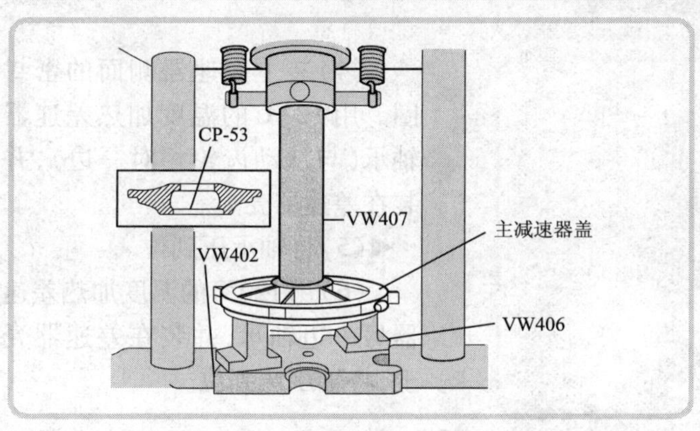

(5)从主减速器盖上拆下差速器轴承的外圈和调整垫片 S_1。

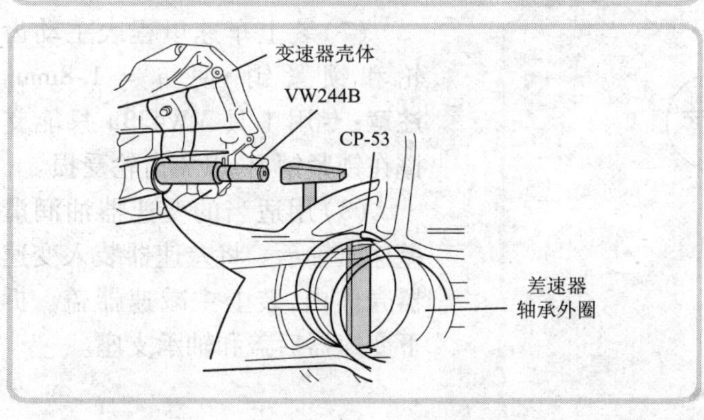

(6)从变速器壳体上拆下差速器轴承的外圈和调整垫片 S_2。**注意:**当更换差速器轴承时,轴承外圈需一起更换,同时必须计算出从动齿轮的调整垫片 S_1 和 S_2 的厚度(见本单元项目4)。

二、差速器壳的安装

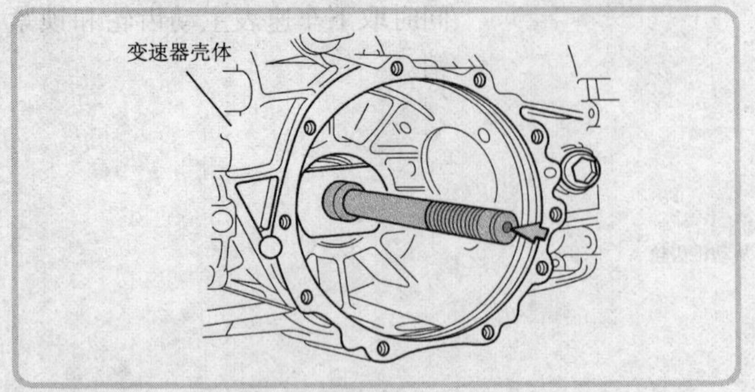

(1)计算从动锥齿轮调整垫片 S_1 和 S_2 的厚度。

◀(2)装上调整垫片 S_2 和差速器轴承外圈。

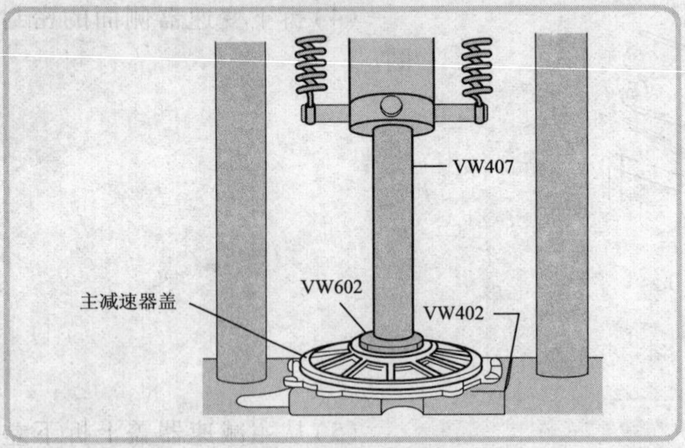

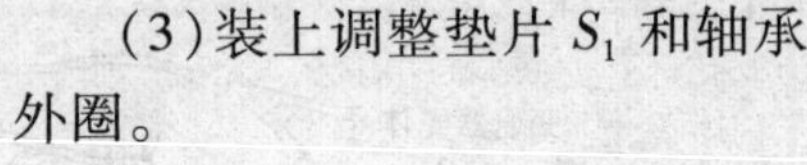

(3)装上调整垫片 S_1 和轴承外圈。

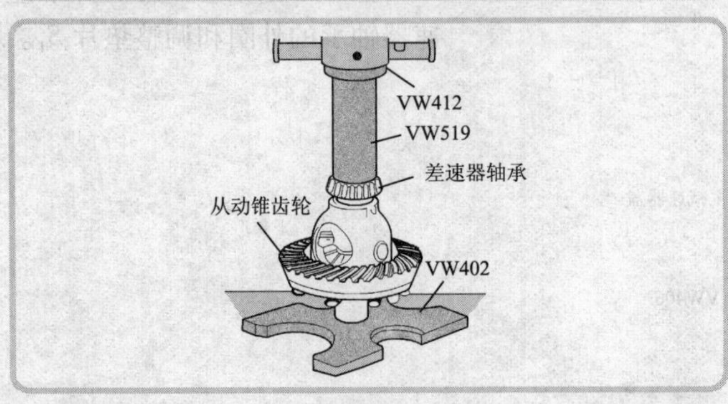

(4)装上变速器侧面的密封圈。用120℃的温度加热差速器轴承(与从动齿轮相对一边),并装在差速器壳上。

◀(5)将轴承压到位。

(6)用120℃的温度加热差速器另一边轴承,并装在差速器壳上,将轴承压到位。

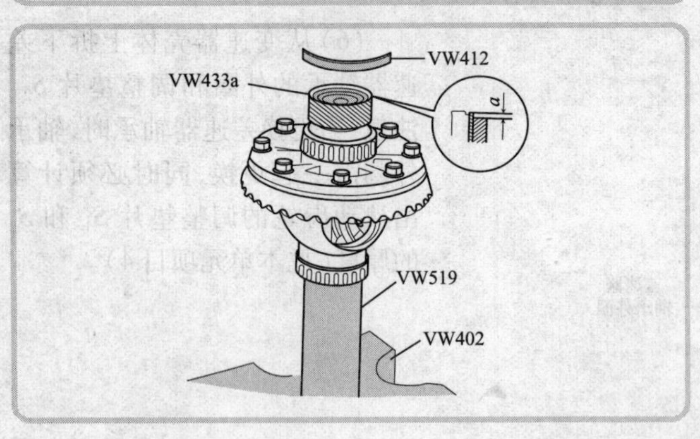

(7)装上车速里程表主动齿轮和锁紧销,使 a = 1.8mm。**注意:**专用工具VW433a只能支撑在锁紧销上,以免齿轮受损。

(8)用适当的变速器油润滑差速器轴承。将差速器装入变速器壳体内,装上主减速器盖。拆下变速器后盖和轴承支座。

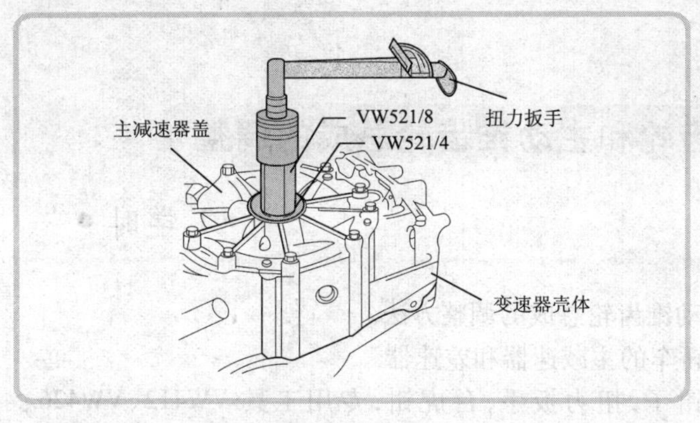

◀(9)用专用工具 VW521/4 和 VW521/8,同扭力扳手一起装在差速器上。

(10)通过扭力扳手转动差速器,检查摩擦力矩,新的轴承最小应为 2.5N·m。**注意:**检查摩擦力矩,必须将差速器轴承用适当的变速器油润滑。

(11)调整从动锥齿轮。装上变速器后盖和轴承支座。

(12)装上半轴凸缘,给变速器加油。装上变速器。

齿轮油的分类

美国石油协会(API)将齿轮油按性能和使用条件进行了分类,并提供了应用部位的参考。GL-1、2 用于低负荷,不适用于现在的车辆。CL-3、4 用于手动变速器,GL-5 用于苛刻工况下的双曲线齿轮。双曲线齿轮主要使用于差速器。有些车型设计可以使用 GL-4,但使用 GL-5 会更安全一些。

分　类	适 用 条 件	使 用 部 位
GL-1	用于低负荷、低速的直齿轮、斜齿轮、蜗轮、伞齿轮	不满足汽车润滑条件,不用于汽车。
GL-2	用于速度、负荷稍微苛刻一点时的蜗轮和其他齿轮(不包括双曲线齿轮)	除特殊情况外不用作汽车润滑剂。
GL-3	用于 GL-1、GL-2 不适用时的齿轮(不适用于双曲线齿轮)	适用于变速器、转向齿轮和要求较低的差速器齿轮(不包括双曲线齿轮)
GL-4	用于双曲线齿轮和极端苛刻条件下的齿轮。可耐高速低力矩、低速高力矩。	用于差速器齿轮、变速器和转向齿轮
GL-5	用于比 GL-4 更苛刻工况下的双曲线齿轮。可耐高速低力矩、低速高力矩、高速冲击负荷。	用于使用条件特别苛刻的差速器齿轮

注:一般用户应使用 GL-3 以上级别的产品。

项目4　从动锥齿轮和主动锥齿轮总成的调整

•1 学时•

目　　的： 学习从动锥齿轮和主动锥齿轮总成的调整方法。
车　　型： 上海桑塔纳2000GSi轿车的主减速器和差速器。
设备与工具： 组合扳手，螺丝刀，钳子，扭力扳手，台虎钳，专用工具VW412、VW426、VW402、VW472/2、VW385/1、VW406、VW385/2、VW5385/D、VW5385/C、VW387、VW382/8、VW521/8、VW521/4、VW382/10、VW388、VW381/11、VW065、VW433a、VW519，专用磁铁VW385/17，百分表。

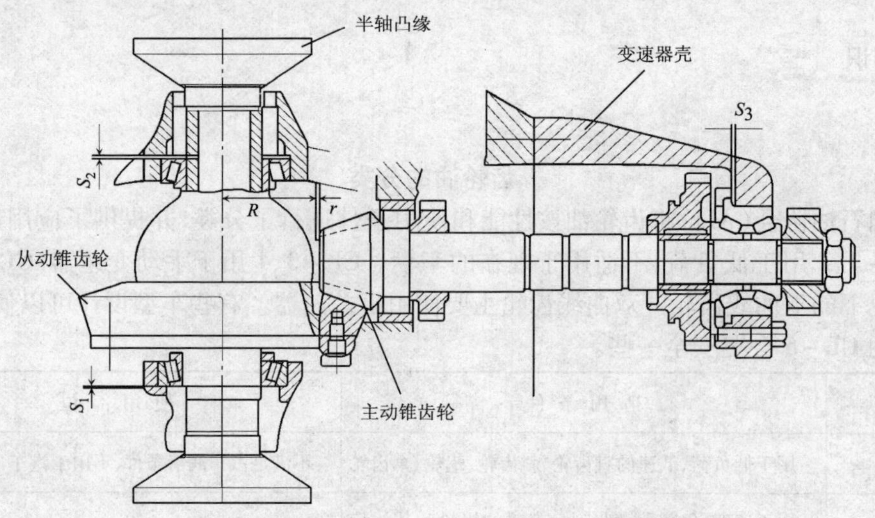

从动锥齿轮和主动锥齿轮总成的调整部位

S_1-调整垫片（从动锥齿轮一边）；S_2-调整垫片（与从动锥齿轮相对的一边）；S_3-输出轴的调整垫片；r-与理论上的尺寸R成比例的偏差（偏差r用1/100mm来表示，例如“25”表明：$r=0.25$mm）；R-主动锥齿轮理论上的尺寸（$R=50.7$mm）

与理论上的尺寸R成比例的偏差r，在生产过程中已经测量好了，并把它刻在从动锥齿轮的外侧。主动锥齿轮和从动锥齿轮只能一起更换。

主动锥齿轮和从动锥齿轮的调整正确与否，对于主减速器的使用寿命和运转平稳性起着决定性作用，主减速器和差速器总成拆装后，特别是更换某些零部件后，必须通过精确的测量、计算，选出合适的调整垫片，通过改变垫片的厚度来轴向移动主动锥齿轮和从动锥齿轮，使其啮合承压表面（啮合印痕）在最佳位置，并使啮合间隙在规定的公差范围。

因此，在拆卸变速器之前，最好测量齿面的平均间隙以及偏差r。只要修理影响到主动锥齿轮和从动锥齿轮位置的零部件，必须重新测定调整垫片S_1、S_2和S_3的厚度。

一、主动锥齿轮的调整

只要轴承支座、主动锥齿轮的后轴承、一挡齿轮的滚针轴承外圈、输出轴的后轴承外圈中的任何一个零件被更换，就必须通过调整垫片 S_3 来调整主动锥齿轮。

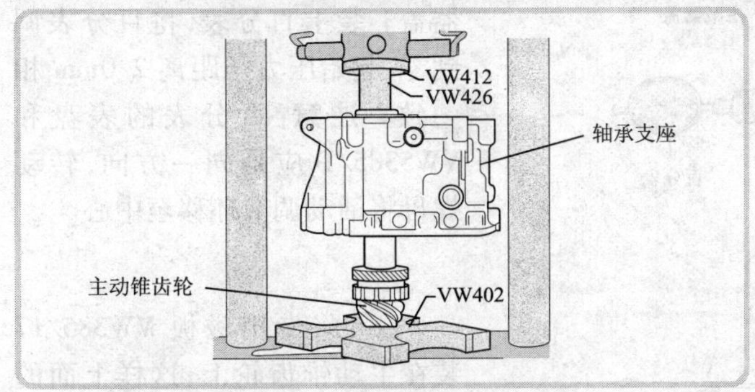

(1)装上轴承支座的后轴承外圈(无调整垫片)。装上轴承的保持架，并用 25 N·m的力矩旋紧螺栓。

◀(2)装上输出轴和外后轴承。

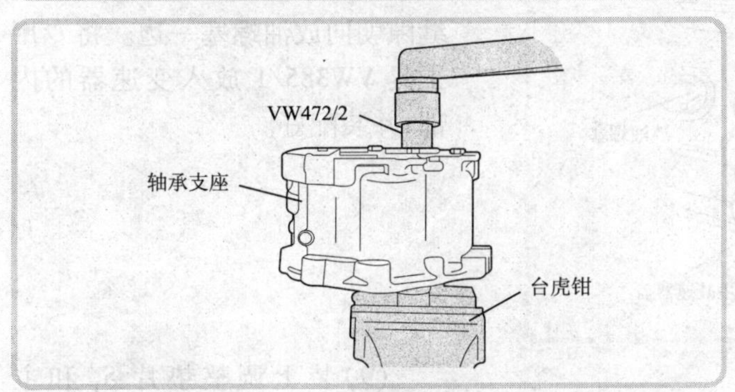

(3)将输出轴用铝质的夹具固定在台虎钳上，装上螺母并用100N·m 的力矩旋紧。

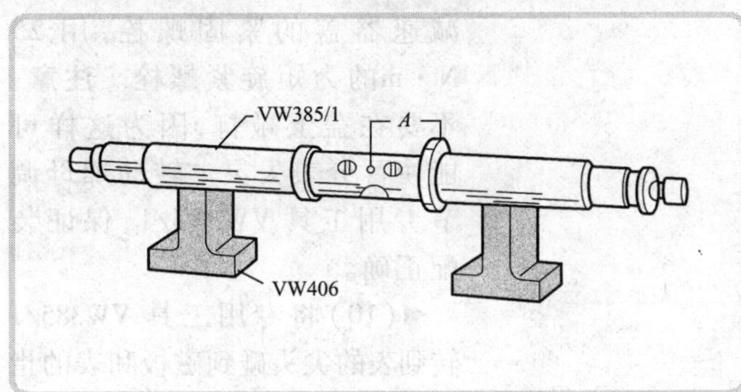

(4)将变速器后盖装在轴承支座上，装上新的衬垫，用 4 个螺栓将其固定。**注意**:后轴承应往里放入至挡块。

◀(5)将专用工具 VW385/1 支撑在 VW406 上，通过调节环测量 *A* 的尺寸。

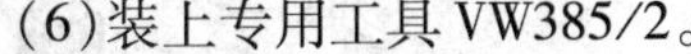
(6)装上专用工具 VW385/2。

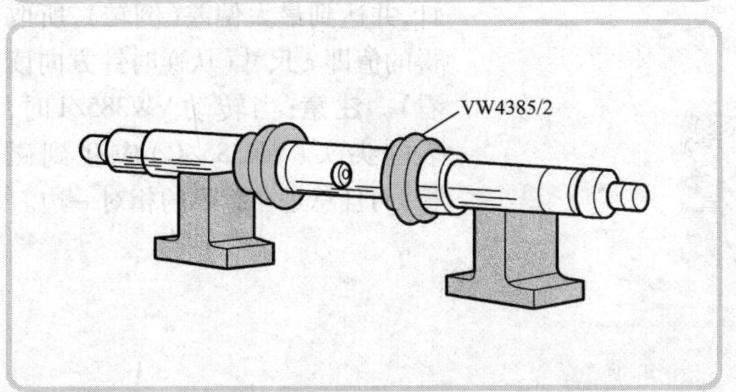

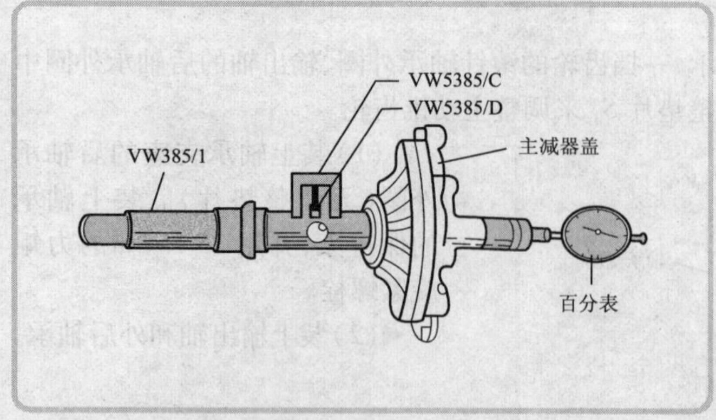

(7)将专用工具 VW5385/D 和 5385/C 装在 VW385/1 上,然后放在无调整垫片 S_1 的主减速器盖。装上百分表,将百分表调到零,起始压力与距离 2.0mm 相一致。**注意:**百分表的表盘和 VW5385/D 应是同一方向,转动螺母将活动调节环移至中心。

(8)将专用磁板 VW385/17 装在主动锥齿轮上,这样上面的缝隙朝向放油螺塞一边。将专用工具 VW385/1 放入变速器的内部,并装配好。

(9)装上调整垫片 S_1 和主减速器盖的紧固螺栓,用 25 N·m的力矩旋紧螺栓。**注意:**不要在盖上敲打,因为这样可能使百分表失灵。转动螺母调节专用工具 VW385/1,保证装配正确。

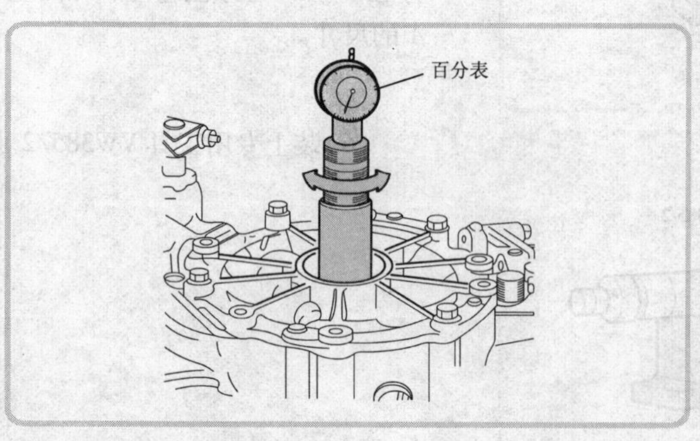

◀(10)将专用工具 VW385/1 转到表的尖头碰到磁板和表的指针,并达到最大偏差(倒转),所取得的值即 e 尺寸(从逆时针方向读看)。**注意:**当转动 VW385/1时,表的尖头(VW385/C)应碰到磁板,而且总是在缝隙的相对一边。

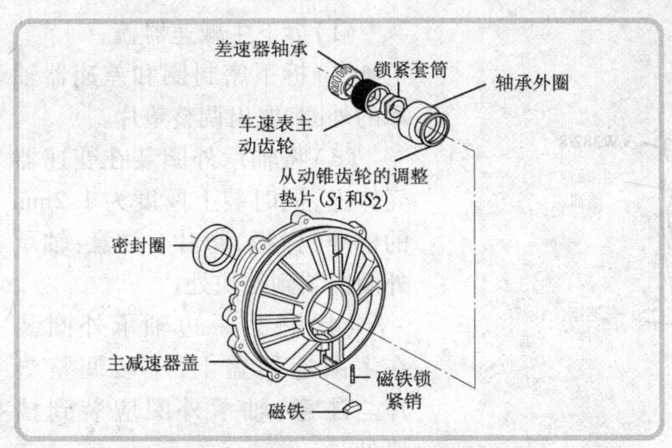

(11)取得 e 尺寸后,取下主减速器盖。将专用工具 VW385/1 放在 VW406 上,以 VW5385/C 为标准(样板)检查表是否在零位上,起始压力与距离 2.0mm 一致。如果在测量中有误,重新进行(5)~(10)项操作。

测量主动锥齿轮调整垫片 S_3 的厚度:

$$S_3 = e - r$$

式中:e——测量的结果(用百分表的的逆时针刻度检验出的指针最大偏差);

r——偏差(用 1/100mm 为单位刻在从动齿轮上)。

r 值只用于新的从动锥齿轮和主动锥齿轮。例如:$e = 0.99$mm,$r = 0.48$mm,则 $S_3 = e - r = 0.99\text{mm} - 0.48\text{mm} = 0.51\text{mm}$。**注意:**如果需要将两个调整垫片放在一起获得需要的厚度,较薄的调整垫片应装在输出轴轴承外圈和较厚的调整垫片之间。

下列厚度的调整垫片可供选择:0.15mm、0.20mm、0.25mm、0.30mm、0.40mm、0.50mm、0.60mm、0.70mm、0.80mm、0.90mm、1.00mm、1.10mm 和 1.20mm。

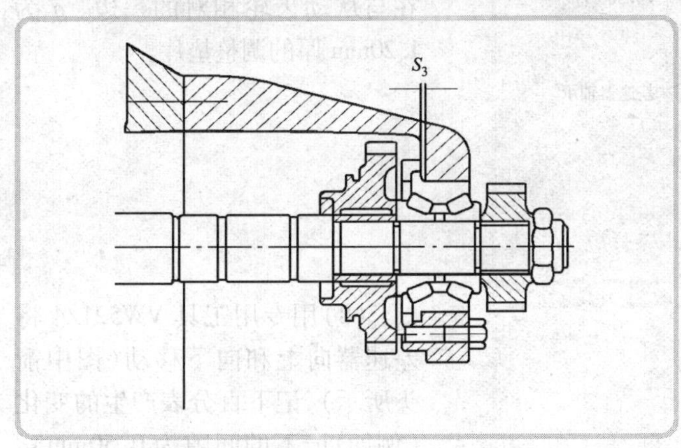

◀(12)装上输出轴和计算好的调整垫片 S_3。根据(5)~(10)项的步骤进行调节测量,如果计算好的调整垫片是正确的,百分表现在应指在偏差 r(刻在从动齿轮)值上,公差为 ±0.04mm。

(13)如果测量在规定的公差范围之内,完成变速器的安装。相反,检查所有零件,更换已损坏的零件,然后重新安装主动锥齿轮。

二、从动锥齿轮的调整

最好在拆卸变速器之前,测量齿面的平均间隙。记下这个值,用于从动锥齿轮调整垫片的计算。当主动锥齿轮、从动锥齿轮总成、变速器壳体、主减速器盖、差速器罩壳或轴承任何一个零件被更换时,必需对从动齿轮进行调整。

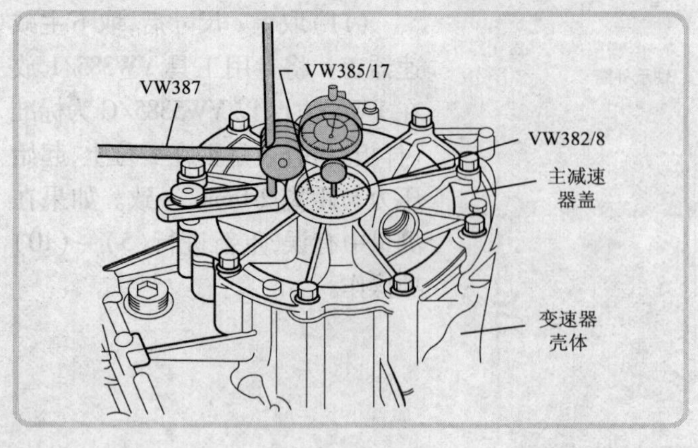

(1)拆下主减速器盖。

◀(2)拆下密封圈和差速器轴承的外圈,取出调整垫片。

(3)将轴承外圈装在变速器壳体上,同时装上厚度为1.2mm的标准(样板)垫片。**注意**:轴承外圈应装到挡块处。

(4)将另一边轴承外圈装在主减速器盖上,不装调整垫片。**注意**:轴承外圈应装到挡块处。

(5)将没有车速里程表主动齿轮的差速器装在变速器壳体上。将主减速器盖装在变速器壳体上,用25N · m的力矩旋紧螺栓。

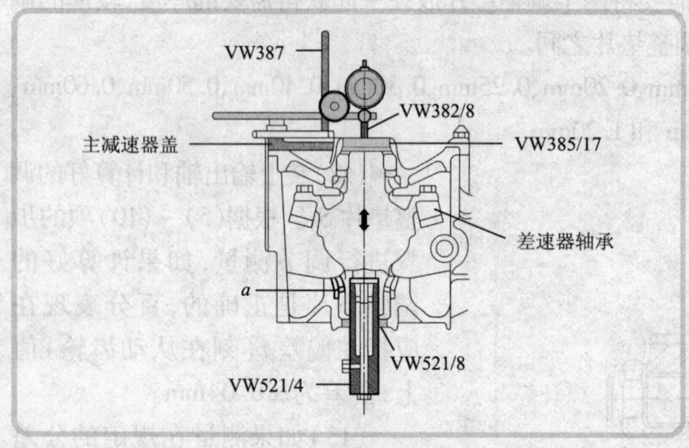

◀(6)装上专用工具,调节百分表,使其预压缩量为1.0mm以上。

(7)将专用工具VW521/8装在与从动齿轮相对的一边。*a*为1.20mm厚的调整垫片。

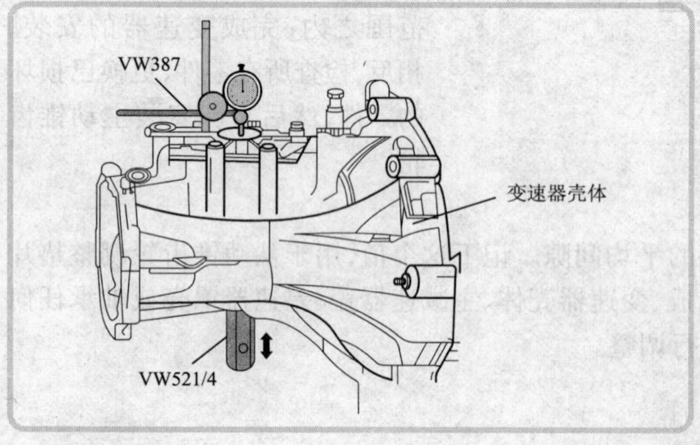

(8)用专用工具VW521/4将差速器向上和向下移动(图中箭头所示),记下百分表产生的变化(例如:记下的间隙为0.50mm)。**注意**:测量时不要转动差速器,因为这样可能影响测量的结果。

将测量的间隙结果记录下来，并加上 0.04mm 的安装压力（稳定值），即 0.50mm + 0.40mm = 0.90mm。这个值再加上标准（样板）调整垫片的厚度（1.20mm）上，结果就是 $S_{合计}$。

$S_{合计}$ = 标准（样板）调整垫片 1.20mm + 测量的间隙值 0.50mm + 安装压力 0.40mm = 2.10mm。

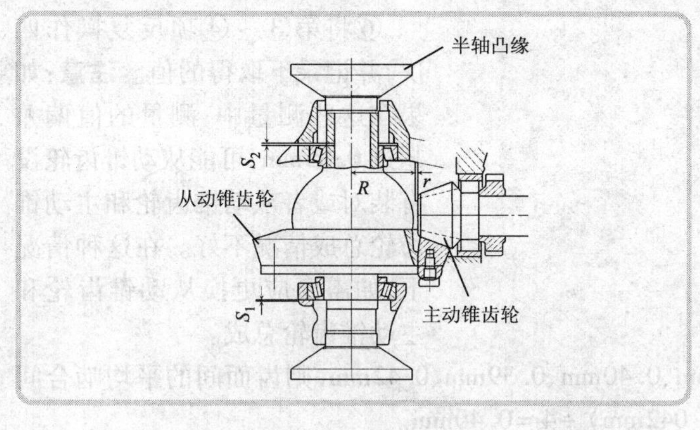

（9）拆下主减速器盖和专用工具。拆下主减速器盖上的轴承外圈。

◀（10）将与测量结果和安装压力的和（0.90mm）一致的调整垫片连同轴承外圈一起装在主减速器盖上。

（11）装上主减速器盖。将装配好的输入轴装入变速器壳体内，用4个螺栓固定，并用 20N·m 的力矩旋紧。

（12）调整从动锥齿轮和主动锥齿轮的齿面间隙，按下列方法进行：

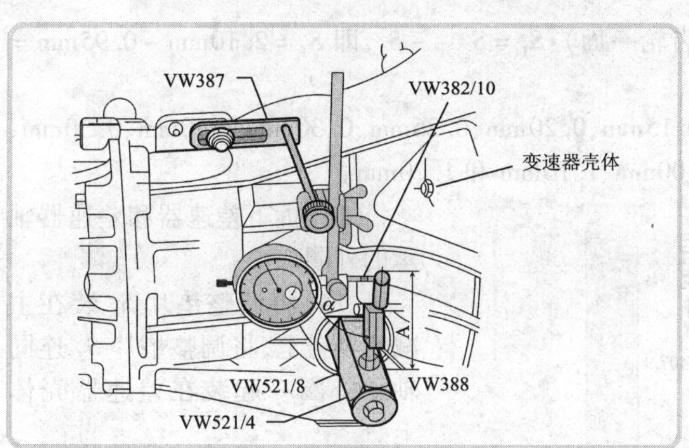

◀①装上专用工具。安装的位置：尺寸 A 为 71mm，角 α 约为 90°。

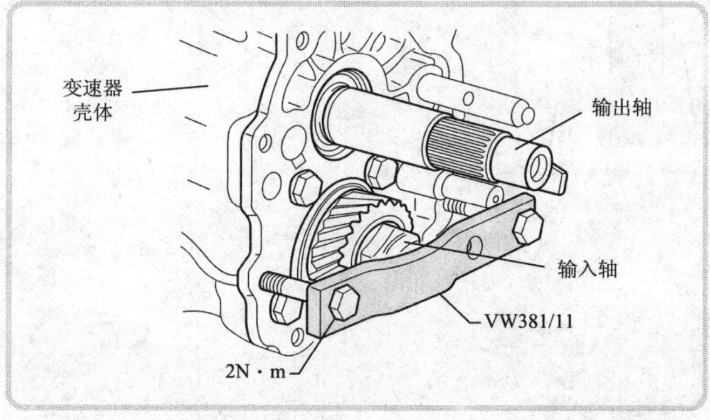

◀②锁住输入轴。

③将从动锥齿轮转至挡块位置，将百分表的指针对准零，倒转从动锥齿轮，读出齿面间实际的间隙，将取得的值记录下来。

④松开输入轴，转动专用工具 VW521/4 和 VW521/8 约 90°，差速器也转动 90°。重新锁住输入轴。

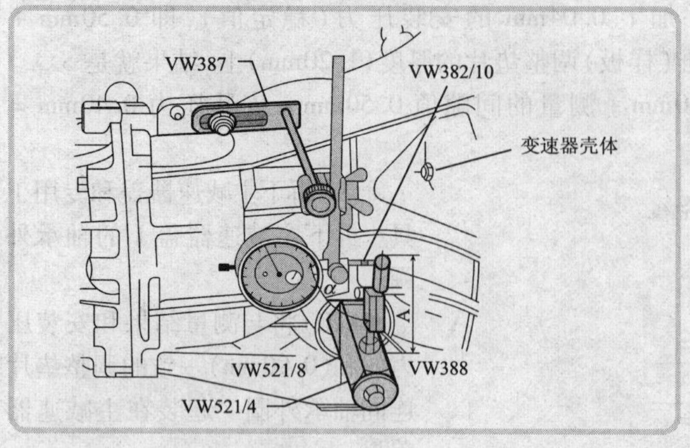

◀⑤旋松专用工具 VW521/4 的螺栓，将其退回约 90°，直至 VW521/8 碰到百分表的尖头，拧紧 VW521/4 的螺栓。

⑥将第③～④项反复操作四次，并记录下取得的值。**注意**：如果在这些测量中，测量的值偏差超过 0.05mm，可能从动锥齿轮没有装对或者从动锥齿轮和主动锥齿轮总成情况不好。在这种情况下，如需要应更换从动锥齿轮和主动锥齿轮总成。

例如：四次测量的值分别为 0.39mm、0.40mm、0.39mm、0.42mm，则齿面间的平均啮合间隙 =（0.39mm + 0.40mm + 0.39mm + 0.042mm）÷ 4 = 0.40mm。

计算调整垫片 S_2 的厚度（与从动锥齿轮相对的一面）：S_2 = 标准（样板）调整垫片 - 平均间隙 + 抬起值（稳定值）。**注意**：如果不更换从动锥齿轮和主动锥齿轮总成，使用在拆下前测得的平均间隙值。例如：S_2 = 标准（样板）调整垫片 1.20mm - 平均间隙 0.40mm + 抬起值（稳定值）0.15mm = 0.95mm。

计算调整垫片 S_1 的厚度（从动锥齿轮一面）：$S_1 = S_{合计} - S_2$，即 S_1 = 2.10mm - 0.95mm = 1.15mm。

下列厚度的调整垫片可供选择：0.15mm、0.20mm、0.25mm、0.30mm、0.40mm、0.50mm、0.60mm、0.70mm、0.80mm、0.90mm、1.00mm、1.10mm 和 1.20mm。

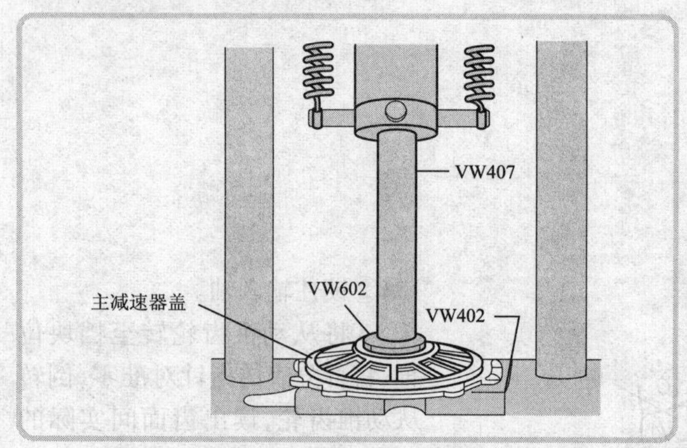

（13）拆下差速器和差速器轴承的外圈。

◀（14）将调整垫片 S_1 装在主减速器盖上，将调整垫片 S_2 连同轴承外圈一起装在差速器壳体上。

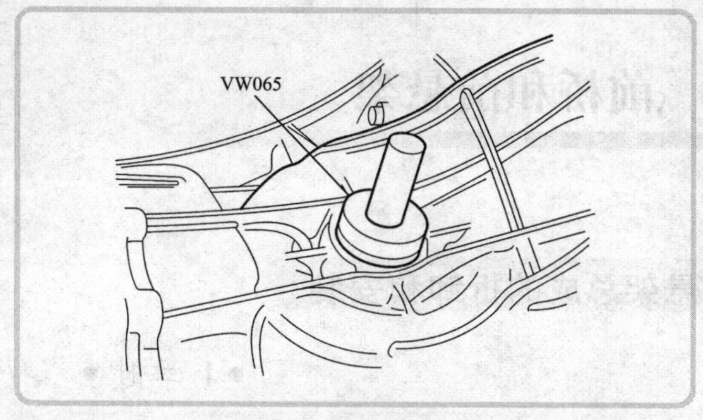

(15)将密封圈装在主减速器盖和壳体上。

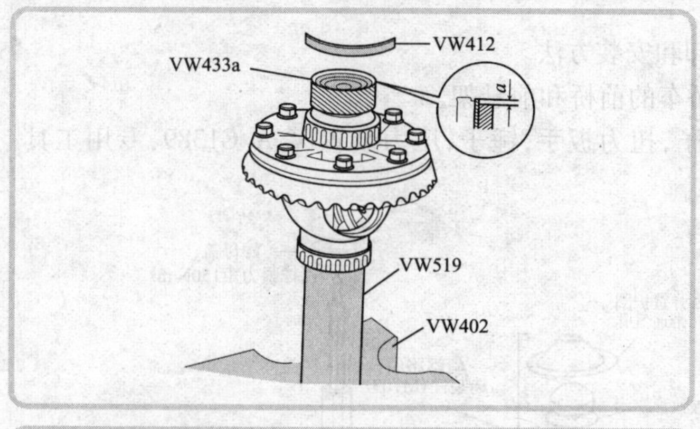

◀(16)装上车速里程表的主动齿轮和锁紧销,并使 a = 1.8mm(大约)。

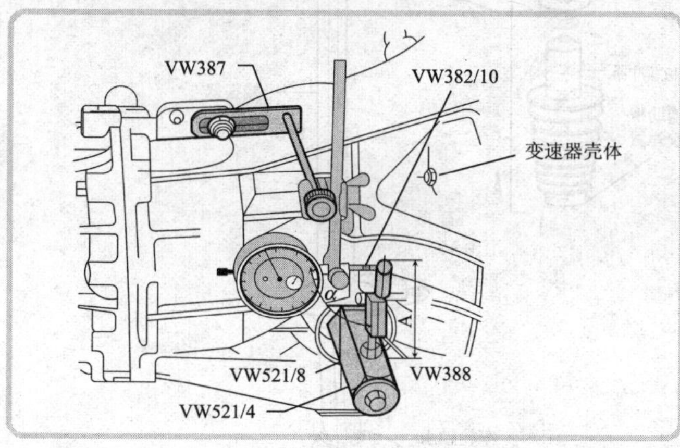

◀(17)装上差速器,重新测量齿面间隙。

(18)根据第(12)项的步骤,检查四个不同位置上的间隙。各次测量的间隙偏差不超过0.05mm。如果调整垫片 S_1 和 S_2 装配正确,齿面间的平均间隙应在0.10~0.20mm之间。

单元3 思考题

1. 主减速器和差速器的结构特点是什么?
2. 如何安装主减速器的主动锥齿轮和从动锥齿轮总成?
3. 如何更换差速器的半轴齿轮和行星齿轮?
4. 简述主减速器主动锥齿轮和从动锥齿轮总成的调整部位和调整方法。

单元4　前桥和前悬架

项目1　前悬架总成的拆卸和安装

•1 学时•

目　　的： 学习前悬架总成的拆卸和安装方法。

车　　型： 上海桑塔纳2000GSi 轿车的前桥和前悬架。

设备与工具： 组合扳手，螺丝刀，钳子，扭力扳手，锤子，压力装置 V. A. G1389，专用工具3078、防护剂D6。

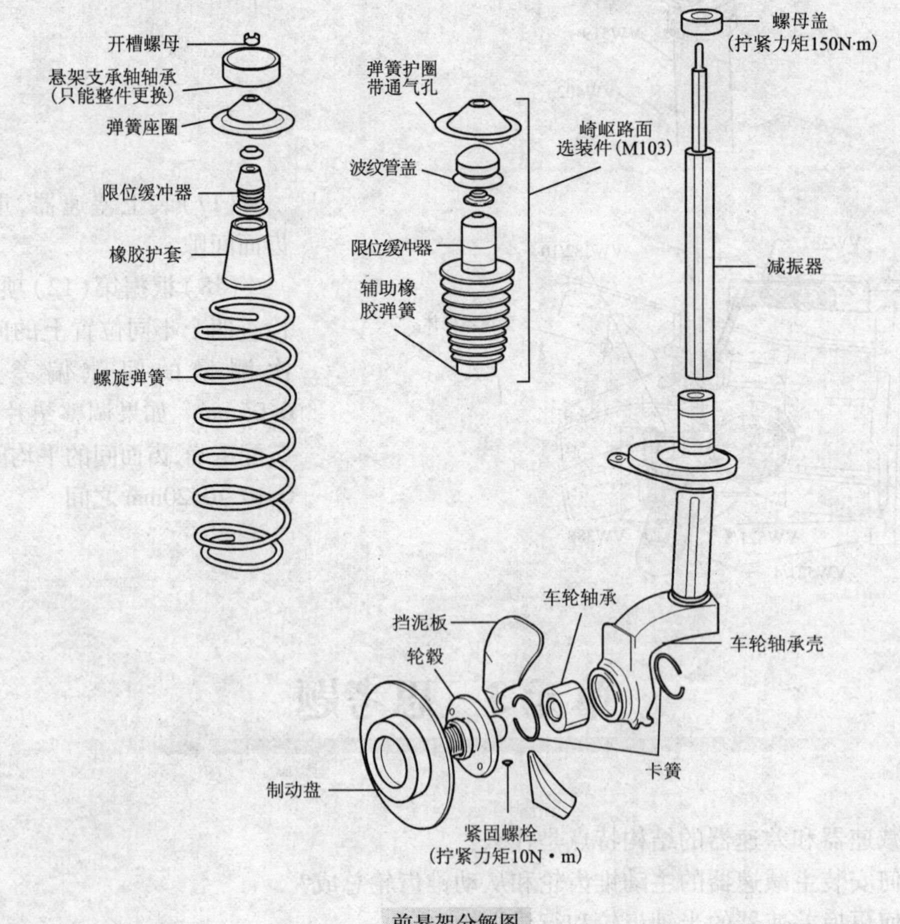

前悬架分解图

一、前悬架总成的拆卸

(1)取下车轮装饰罩。

◀(2)旋下轮毂与传动轴的紧固螺母(拧紧力矩230N·m),车轮必须着地。

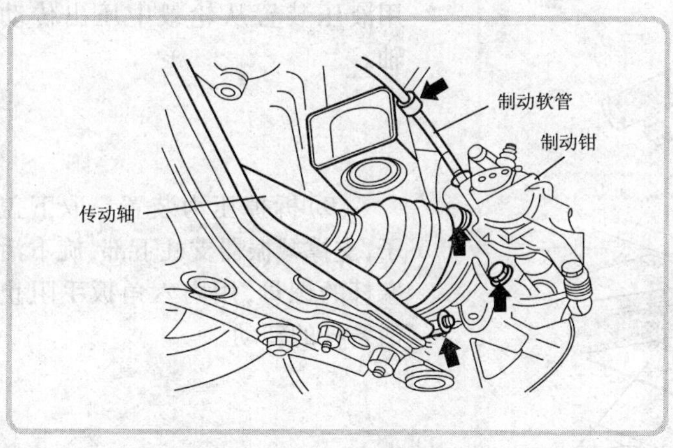

(3)卸下垫圈。旅松车轮紧固螺母(拧紧力矩110N·m),拆下车轮。

(4)旋下制动钳紧固螺栓(拧紧力矩70N·m),旋下制动盘。

◀(5)取下制动软管支架,并用铁丝将制动钳固定在车身上(图中上部箭头所示,注意不要损坏制动软管)。拆下球形接头紧固螺栓(图中下部箭头所示)。

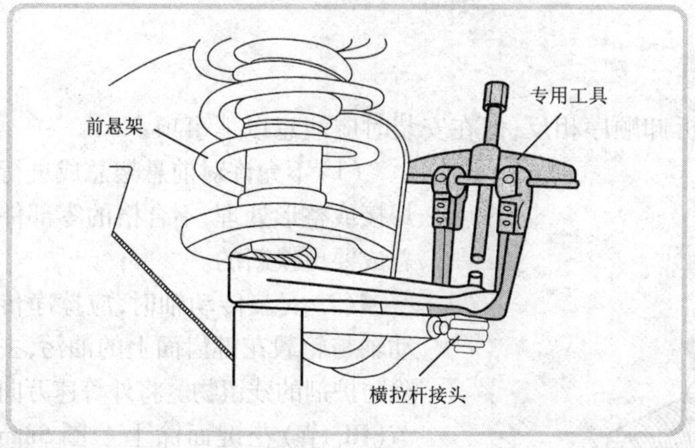

(6)压下横拉杆接头(拧紧力矩30N·m)。

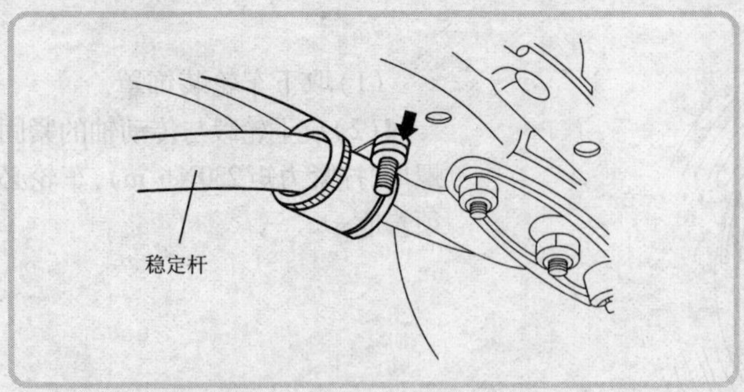

(7)旋下稳定杆的紧固螺栓(拧紧力矩25N·m)。

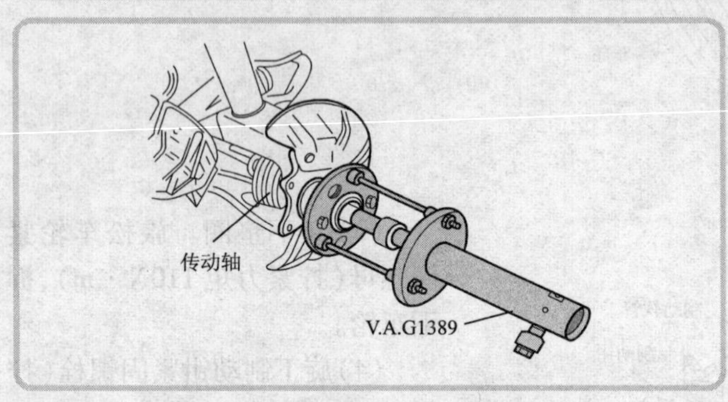

(8)向下掀压下臂,从车轮轴承壳内拉出传动轴。或利用两个固定车轮凸缘上的螺孔,将压力装置V. A. G1389固定在轮毂上,用液压装置从轮毂中压出传动轴。

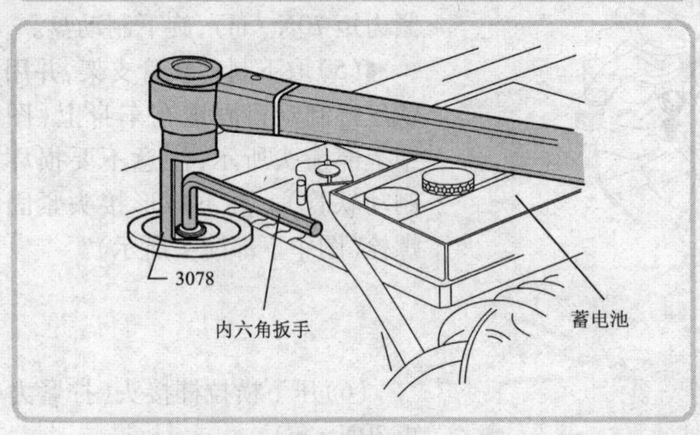

(9)拆掉压力装置。取下盖子,支撑减振器支柱下部,旋下活塞杆的螺母,用内六角扳手阻止活塞杆的转动。

二、前悬架总成的安装

前悬架总成的安装顺序基本上与拆卸顺序相反,但在安装时应注意以下事项:

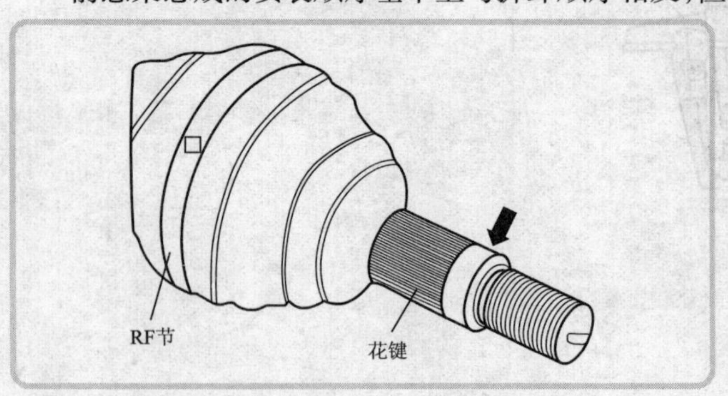

(1)不允许对前悬架总成进行焊接或整形处理,不合格的零部件总成要更换新的。

◀(2)安装传动轴时,应擦净传动轴与轮毂花键齿面上的油污,去除防护剂的残留物。将外等速万向节(RF节)花键面涂上一圈5mm宽的防护剂D6,然后进行传动轴装配。涂防护剂D6的传动轴装车后

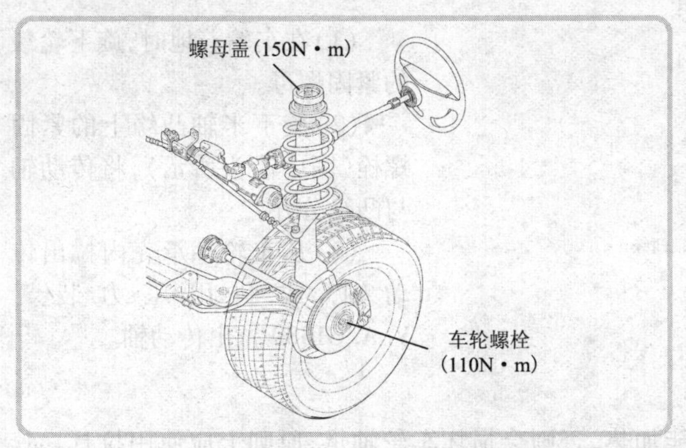

应停车 60min 之后才可使用。

◀(3)安装时,所有螺栓和螺母的紧固力矩应符合规定。所有自锁螺母,必须更换新件。

项目 2　传动轴(半轴)总成的拆卸和安装

•1 学时•

目　　的: 学习传动轴(半轴)总成的拆卸和安装方法。

车　　型: 上海桑塔纳 2000GSi 轿车的前桥和前悬架。

设备与工具: 组合扳手,螺丝刀,钳子,扭力扳手,锤子,压力装置 V. A. G1389,防护剂 D6。

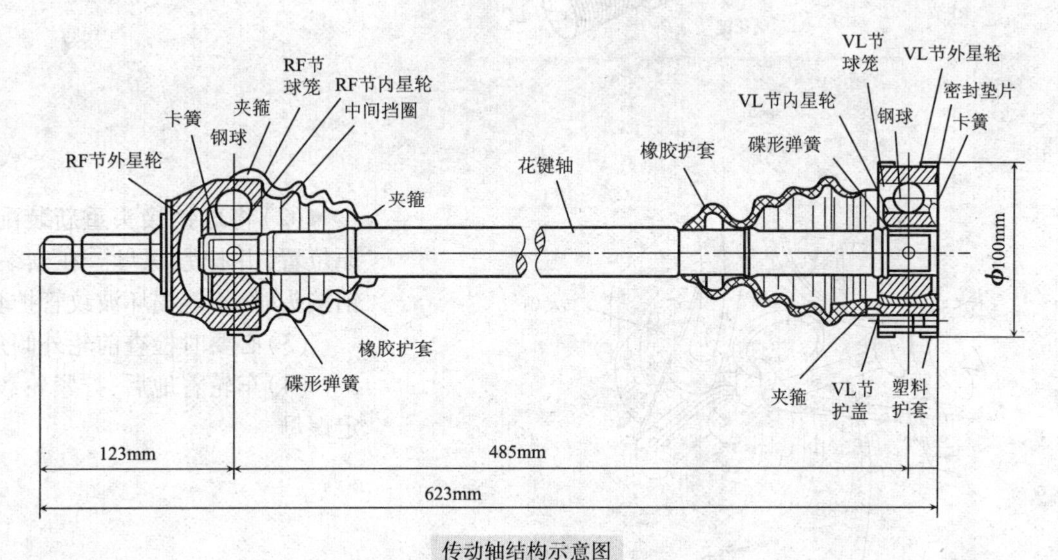

传动轴结构示意图

一、传动轴(半轴)总成的拆卸

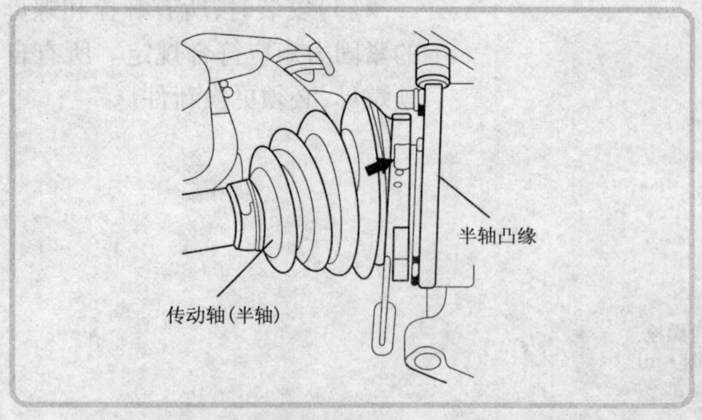

(1)在车轮着地时,旋下轮毂的紧固螺母。

◀(2)旋下半轴凸缘上的紧固螺栓(图中箭头所示),将传动轴与凸缘分开。

(3)从车轮轴承壳内拉出传动轴,或利用压力装置V. A. G1389拉出传动轴。

注意:拆卸传动轴时轮毂绝对不能加热,否则会损坏车轮轴承,原则上应使用拉具。其次,拆掉传动轴后,应装上一根连接轴来代替传动轴,防止移动卸掉传动轴的车辆时,损坏前轮轴承总成。

二、传动轴(半轴)总成的安装

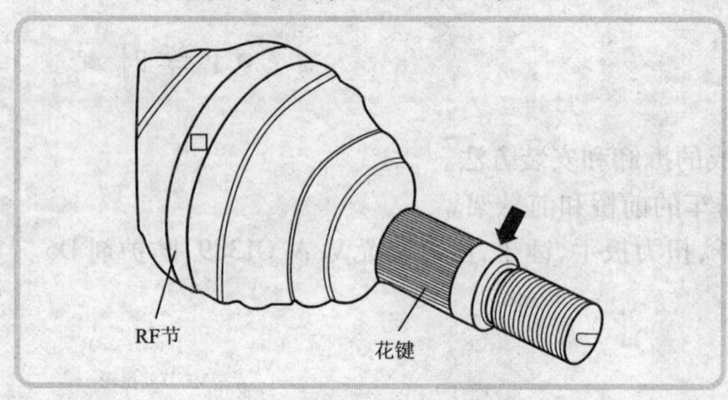

(1)在等速万向节的花键上涂一圈5mm的防护剂D6,然后装上传动轴花键套。涂防护剂D6后的传动轴装车后应停车60min之后才可使用汽车。

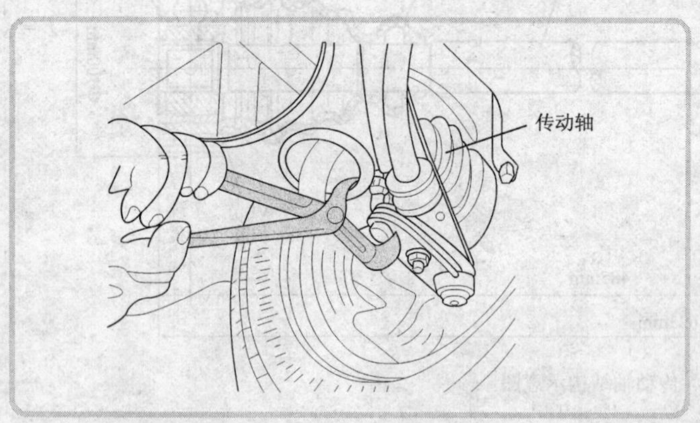

◀(2)将球销接头重新装配在原位置,并拧紧螺母。在安装球销接头时,不能损坏波纹管护套。

(3)必要时检查前轮外倾角。

(4)车轮着地后,拧紧轮毂固定螺母。

项目3 传动轴总成的维修

•1 学时•

目　　的：学习传动轴总成的维修方法。
车　　型：上海桑塔纳2000GSi 轿车的前桥和前悬架。
设备与工具：组合扳手,螺丝刀,钳子,扭力扳手,锤子,专用工具 VW408a、VW402、VW522、VW401、40－204,润滑脂 G－6。

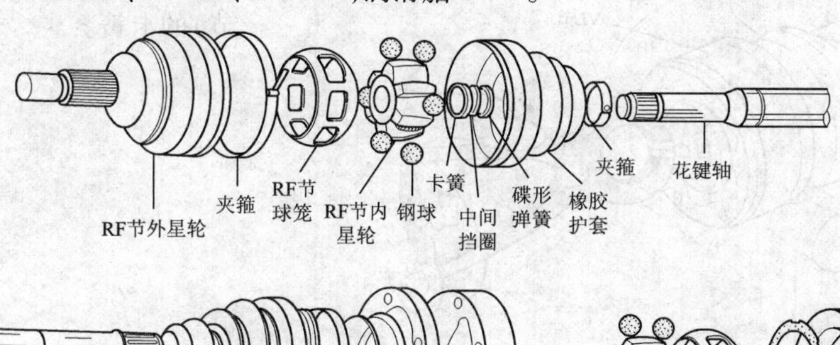

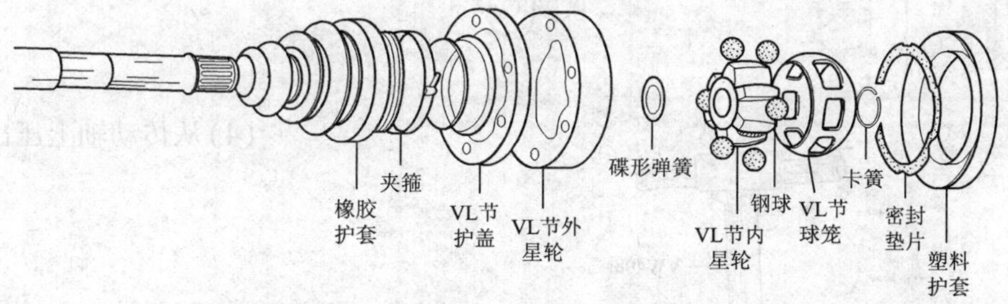

传动轴分解图

一、万向节的分解

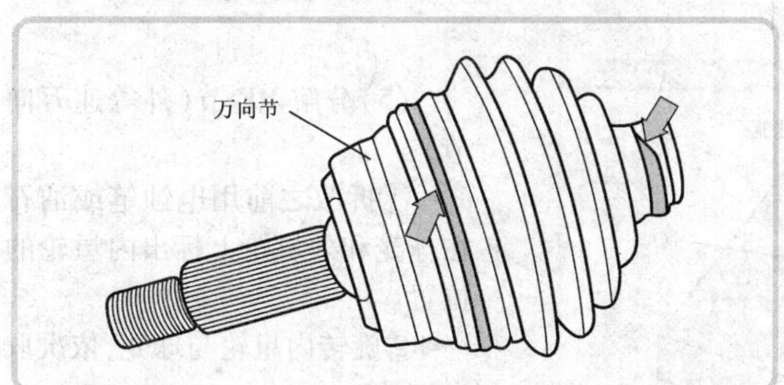

(1)用钢锯将等速万向节上的夹箍锯开(图中箭头处),拆卸橡胶护套。

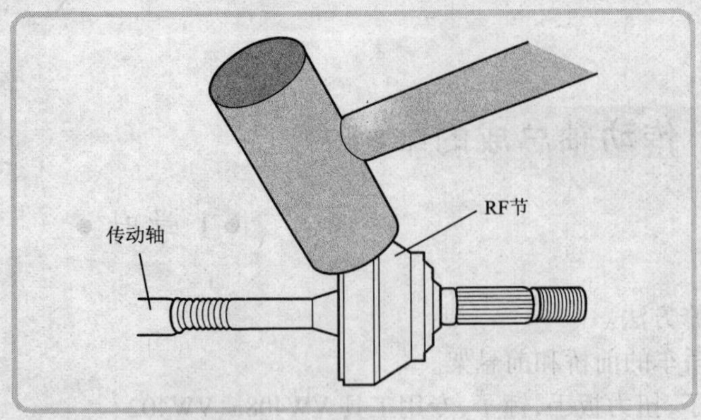

(2)用一把轻金属锤子用力从传动轴上敲下 RF 节(外等速万向节)。

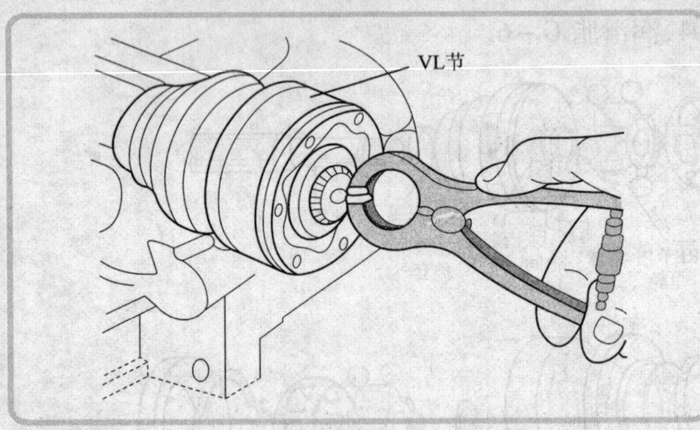

(3)拆卸 VL 节(内等速万向节)的卡簧。

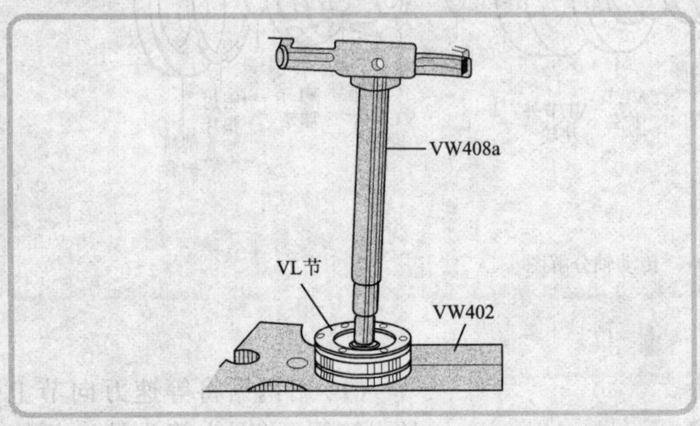

(4)从传动轴上压出 VL 节。

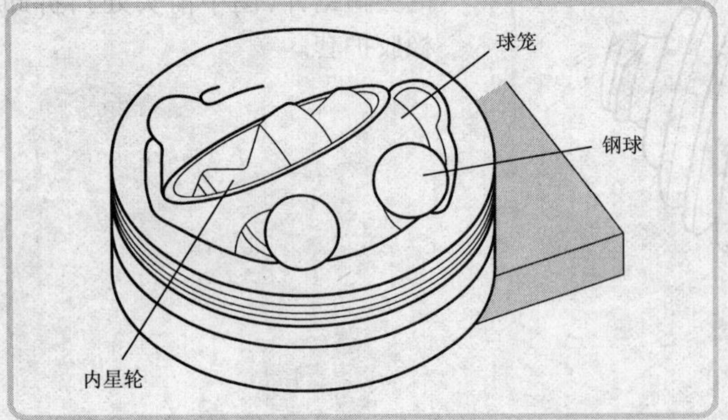

(5)分解 RF 节(外等速万向节):

①拆散之前用电蚀笔或油石在球笼和外星轮上标出内星轮的位置。

◀②旋转内星轮与球笼,依次取出钢球。

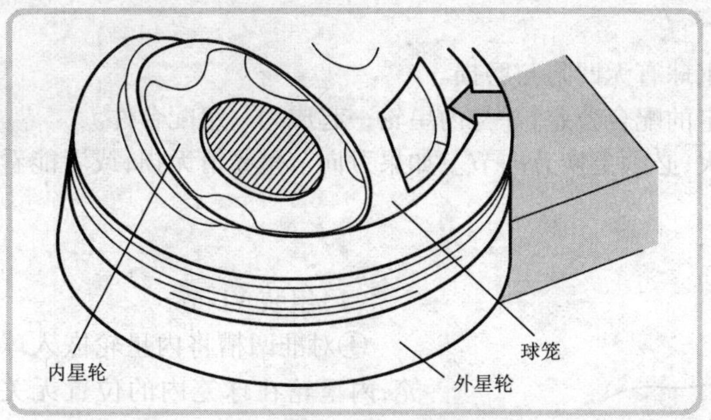

③用力转动球笼直至两个方孔(图中箭头所示)与外星轮对齐,连内星轮一起拆下球笼。

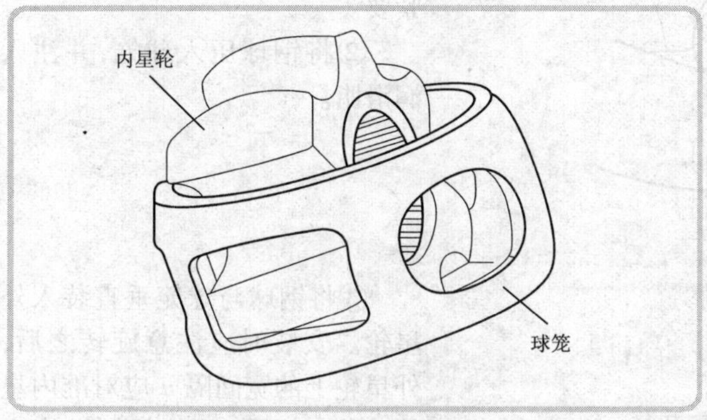

④把内星轮上扇形齿旋入球笼的方孔,然后从球笼中取下内星轮。

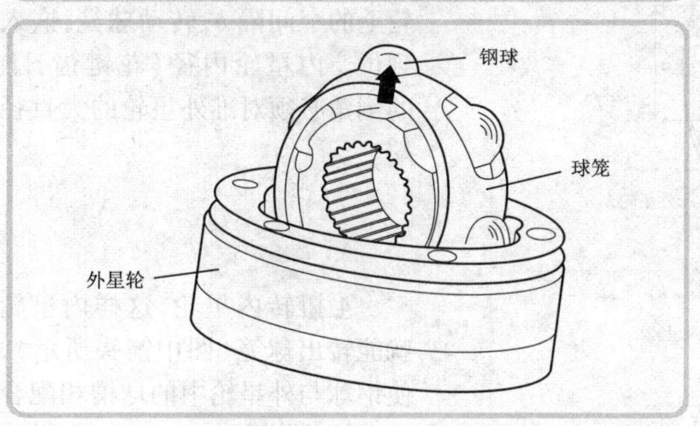

(6)分解 VL 节(内等速万向节):

①转动内星轮与球笼,按图中箭头所示方向压出球笼里的钢球。

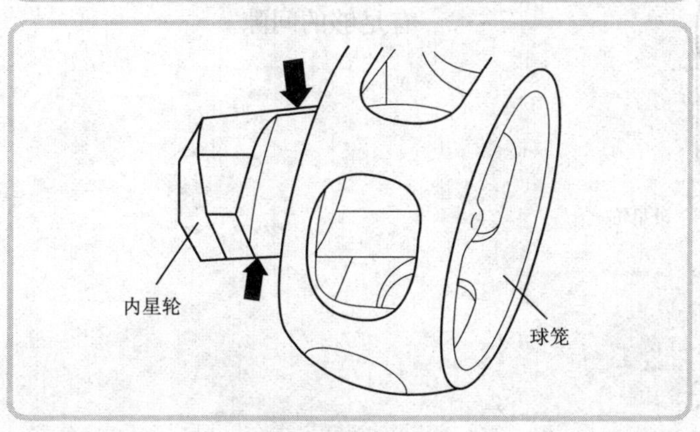

②内星轮与外星轮是一起选配的,不能互换。

◀③从球槽上面(图中箭头所示)取出球笼里的内星轮。

二、万向节的检查

(1)检查外星轮、内星轮、球笼及钢球有无凹陷与磨损。

(2)各球节处的6个钢球要求一定的配合公差,并与内星轮一起成为一组配合件。

(3)如果万向节间隙已经明显过大,必须更换万向节。如果万向节呈光滑无损,或者能看到钢球在运转,则不必更换万向节。

三、万向节的组装

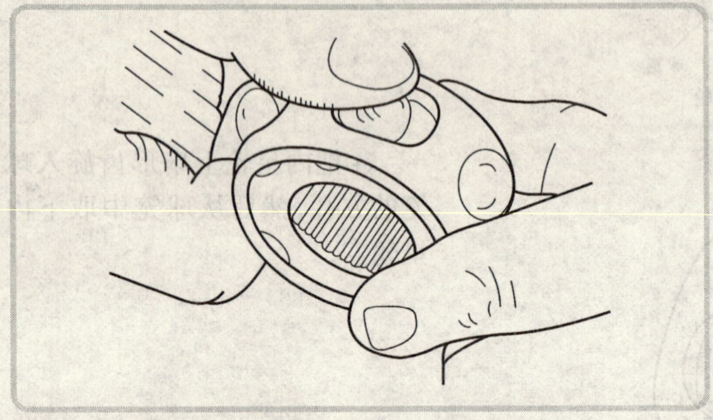

(1)组装VL节:

①对准凹槽将内星轮嵌入球笼,内星轮在球笼内的位置无关紧要。

②将钢球压入球笼,并注入润滑脂。

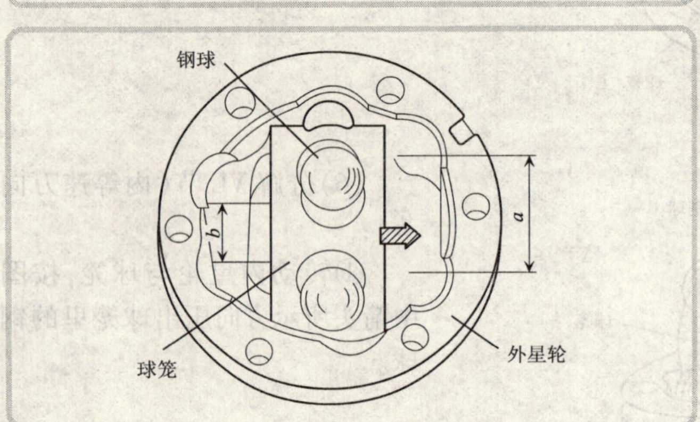

③将钢球与球笼垂直装入外星轮。安装时应注意旋转之后,外星轮上的宽间隔 a 应对准内星轮上的窄间隔 b,转动球笼,嵌入到位。内星轮内径(花键齿)上的倒角必须对准外星轮的大直径端。

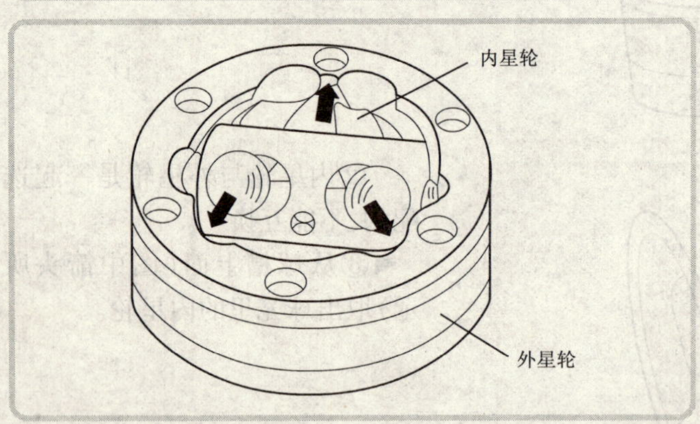

④扭转内星轮,这样内星轮就能转出球笼(图中箭头所示),使钢球与外星轮中的球槽相配合有足够的间隙。

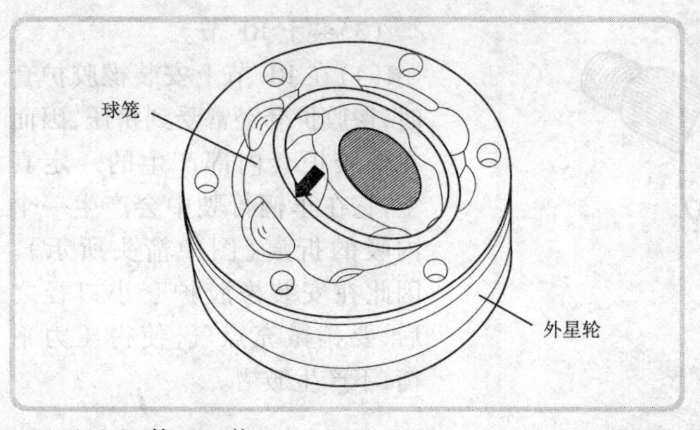

◀⑤用力揿压球笼(图中箭头所示),使装有钢球的内星轮完全转入外星轮内。

⑥用手能将内星轮在轴向范围内来回推动,应灵活。

(2)组装 RF 节:

①用汽油清洗各部件,将 G-6 润滑脂总量的一半(45g)注入万向节内。

②将球笼连同内星轮一起装入外星轮。

③对角交替地压入钢球,必须保持内星轮在球笼以及外星轮内的原先位置。

④将卡簧装入内星轮,将剩余的润滑脂压入万向节。

⑤用手将内星轮在轴向范围内来回推动,检查安装是否正确。

四、万向节与传动轴的组装

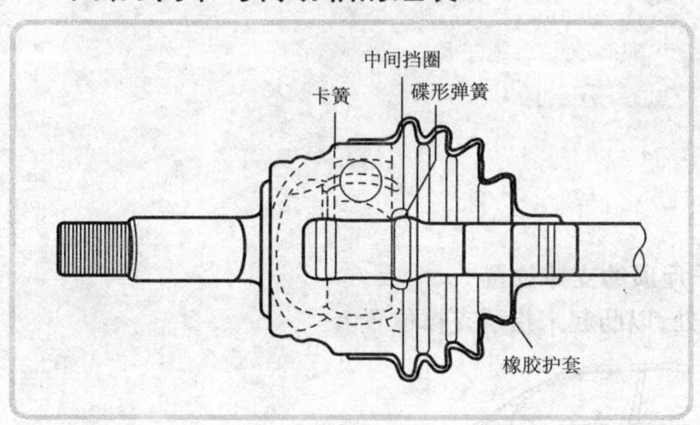

(1)在传动轴上安装橡胶护套,正确安装碟形弹簧。

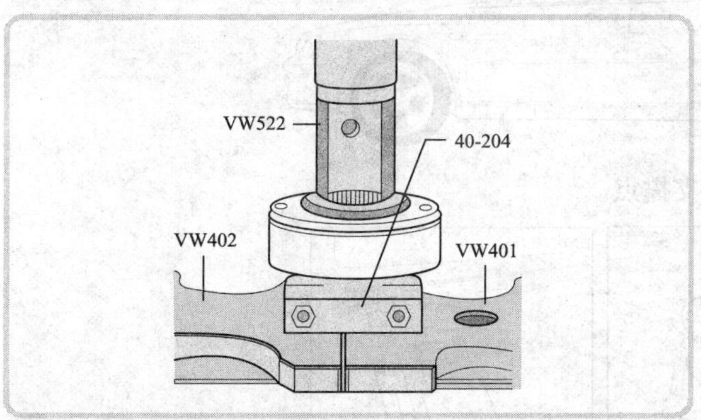

(2)把 VL 节压入传动轴。使碟形弹簧贴合,内星轮内径(花键齿)上的倒角必须面向传动轴靠肩。安装卡簧。

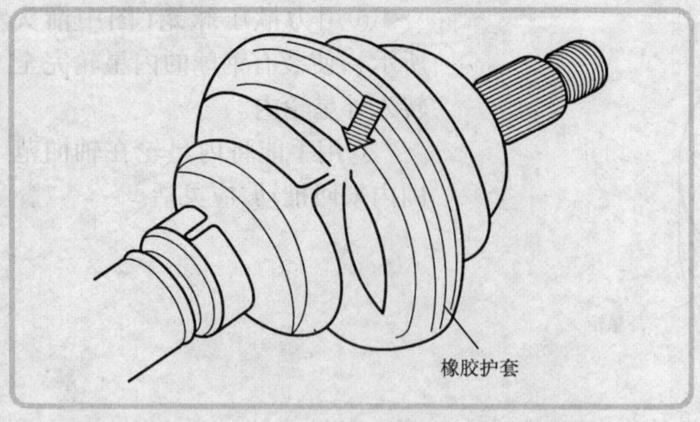

(3)装上 RF 节。

◀(4)在 RF 节上安装橡胶护套时,橡胶护套经常受到挤压,因而在橡胶护套内部产生的一定真空,它在车辆行驶中会产生一个内吸的折痕(图中箭头所示)。因此在安装橡胶护套小口径之后,要稍微充点气,使得压力平衡,不产生皱褶。

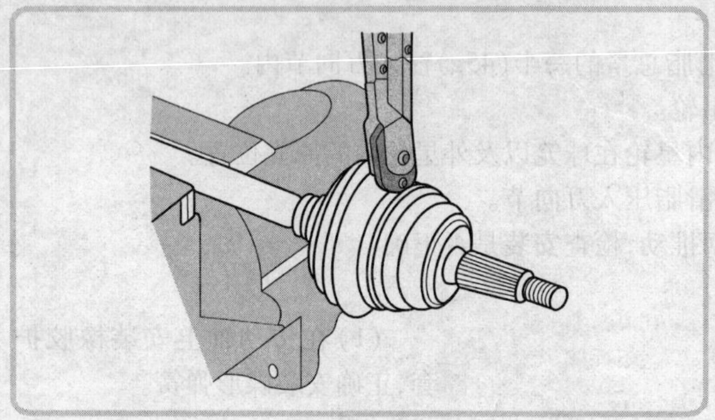

(5)用夹箍夹住橡胶护套。

千斤顶的支撑位置

千斤顶的支撑点在侧门框的前后处,以凸起来指示支撑位置。

以下两个位置不能作为千斤顶的支撑点。

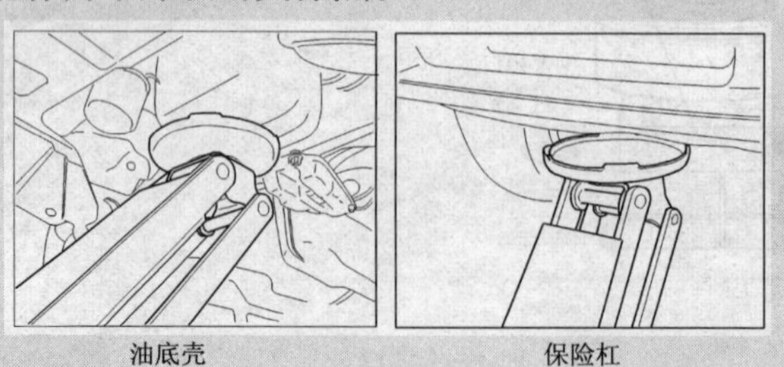

项目4　副车架、下摇臂和稳定杆的拆卸和安装

•0.5 学时•

目　　的：学习副车架、下摇臂和稳定杆的拆卸和安装方法。

车　　型：上海桑塔纳2000GSi轿车的前桥和前悬架。

设备与工具：组合扳手，螺丝刀，钳子，扭力扳手，锤子，专用工具VW411、VW401、40－203/1、VW519、VW409、3039、40－103、VW415a、VW433、VW402、VW412、VW473、VW421。

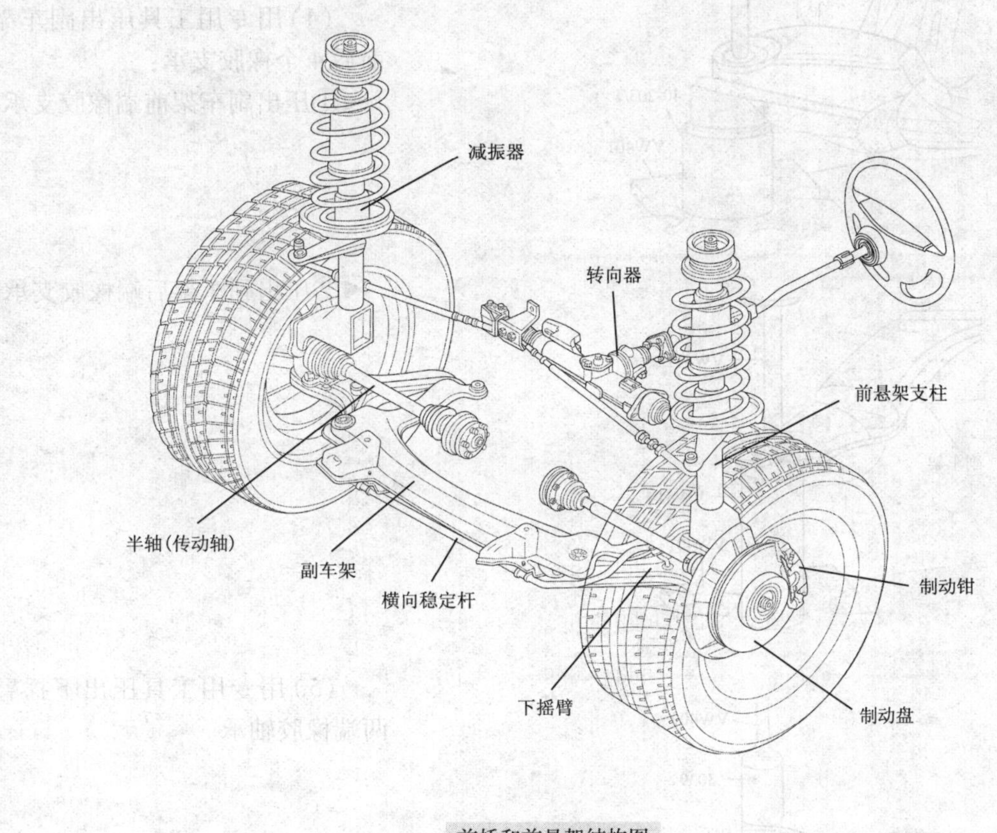

前桥和前悬架结构图

一、副车架、下摇臂和稳定杆的拆卸

(1)旋下副车架与车身固定的前支撑橡胶垫螺栓(拧紧力矩70N·m),拆下副车架下摇臂与稳定杆组合件。

(2)旋松下摇臂与副车架连接橡胶轴承螺栓的紧固螺母(拧紧力矩60N·m),拆下下摇臂。

(3)旋松稳定杆与下摇臂连接螺栓的紧固螺母,并且拆下固定在副车架上的支架螺栓(拧紧力矩25N·m),拆下稳定杆。

(4)用专用工具压出副车架前后4个橡胶支承:

◀①压出副车架前端橡胶支承。

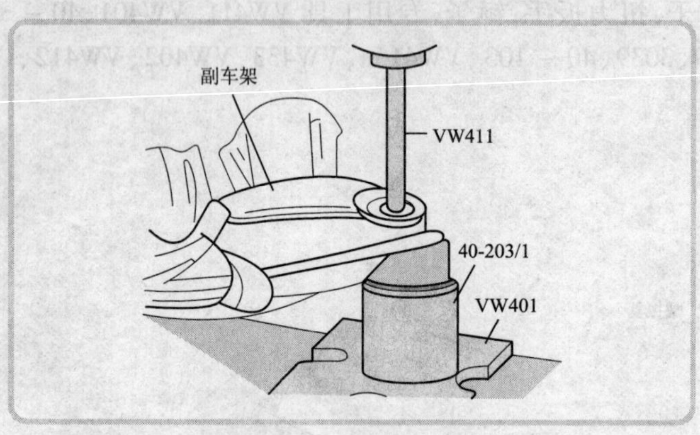

◀②压出副车架后端橡胶支承。

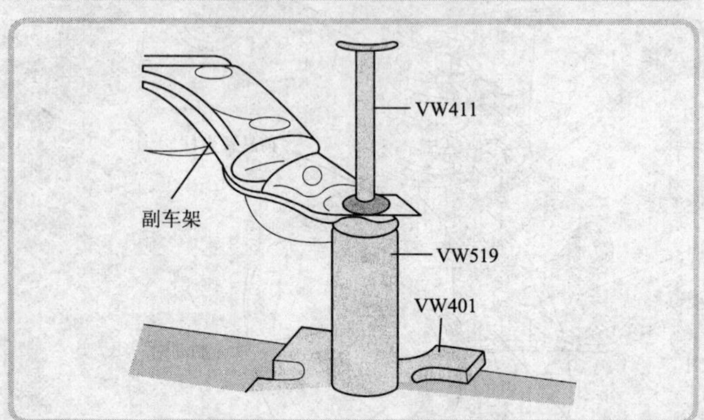

(5)用专用工具压出下摇臂两端橡胶轴承。

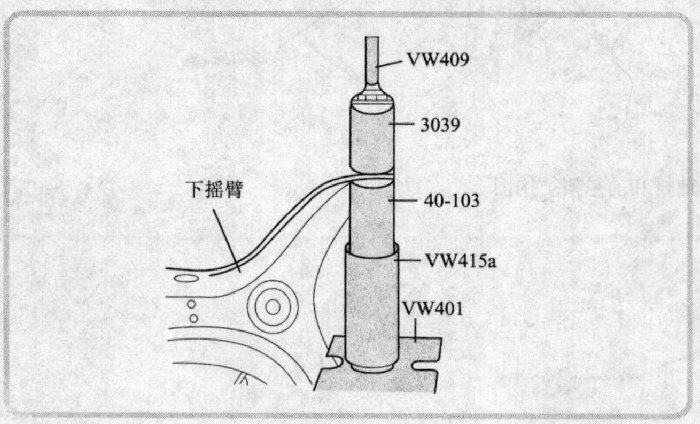

二、副车架、下摇臂和稳定杆的安装

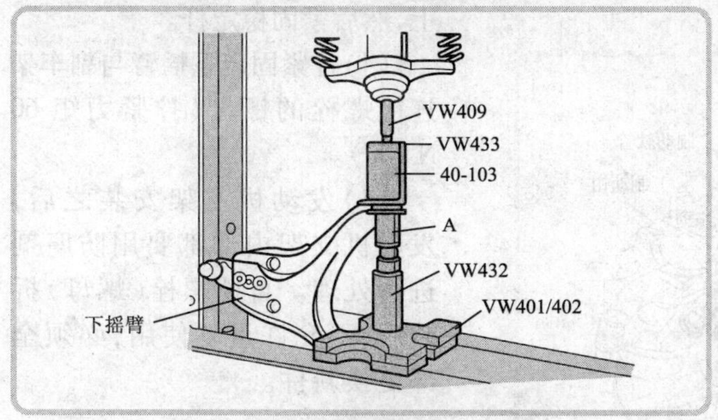

(1)用专用工具压入下摇臂橡胶轴承。

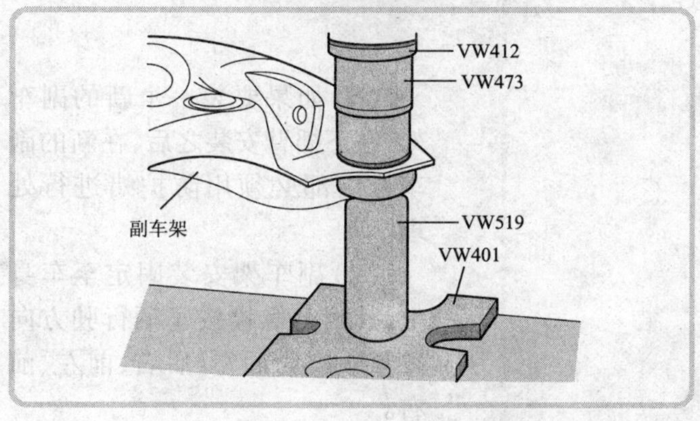

(2)用专用工具压入副车架前后端 4 个橡胶支承:

①压入副车架前橡胶支承。

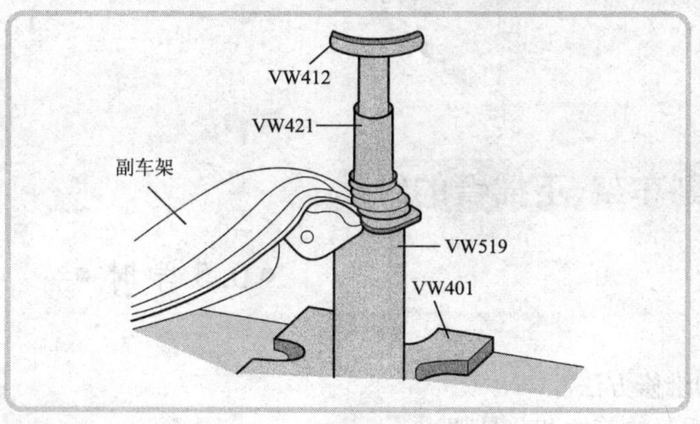

②压入副车架后橡胶支承。

(3)安装稳定杆,正确位置是弯管向下弯曲。如果安装位置不留出适当余量,卡箍就很难装在橡胶支座上。正确的安装方法是先装上较松的卡箍,然后进行短距离试车。这时橡胶支座就会自动滑入规定的位置,然后用 25 N · m的力矩固定螺栓。进一步

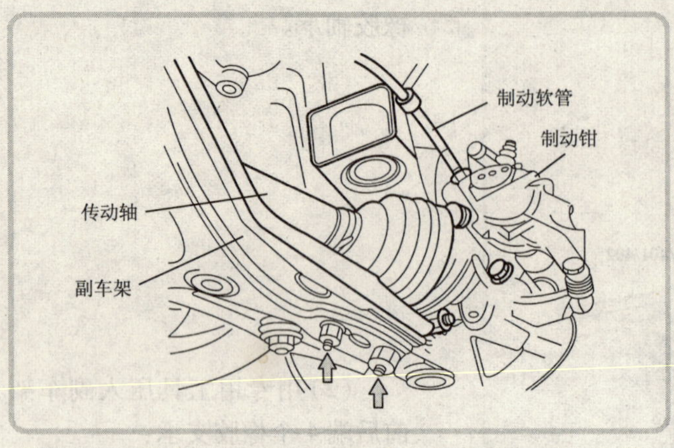

进行调整时应将车辆开到举升台上，然后紧固稳定杆。

◀(4)拧紧固定下摇臂与副车架连接螺栓的螺母（拧紧力矩 60 N·m）。

(5)发动机支架安装之后，发动机支架内部都要用防腐剂进行处理。自锁螺栓（螺母）拆装后，不允许重复使用，必须全部更换新件。

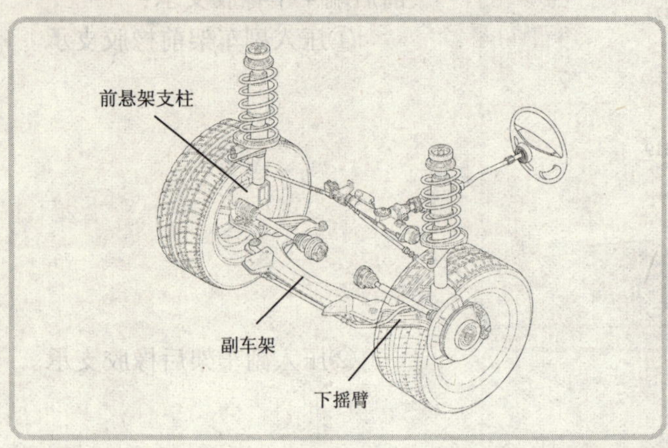

◀(6)如果要装一个新的副车架，在下摇臂安装之后，在新的副车架内部必须用防护蜡进行处理。

(7)副车架安装固定至车身上，其固定螺栓按车辆行驶方向拧紧顺序为后左、后右、前左、前右。

项目5 副车架、下摇臂的维修

•0.5 学时•

目　　的： 学习副车架、下摇臂的维修方法。
车　　型： 上海桑塔纳 2000GSi 轿车的前桥和前悬架。
设备与工具： 组合扳手，螺丝刀，钳子，扭力扳手，锤子，导向管 3039，专用工具 VW542、VW407、VW402、VW401。

副车架、下摇臂和稳定杆拆卸下来后，主要检查各部位橡胶轴承是否损坏，检查零件是否变形，各焊接部位是否有脱焊或裂纹产生。若橡胶轴承损坏，则更换新件。若副车架零件和下摇臂变形和脱焊，也必须更换。不允许对副车架和下摇臂进行焊接或整形处理。

需要更换橡胶轴承，可按以下方法进行：

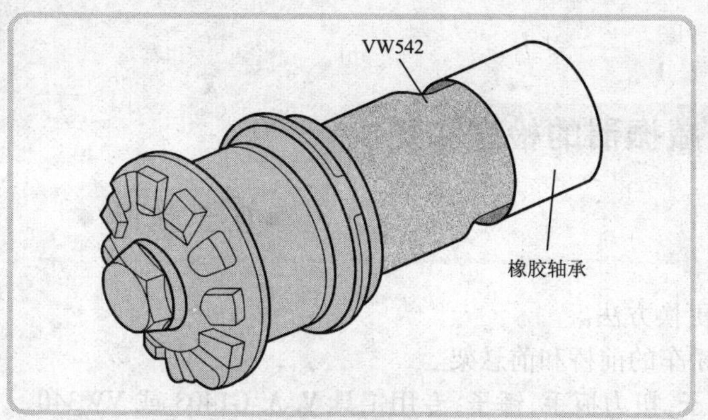

(1)更换下摇臂橡胶轴承。压出下摇臂橡胶轴承，将新的橡胶轴承用螺栓与导向杆紧固成一体。然后在轴承表面涂一些润滑脂，再将其压入下摇臂。当轴承压入深度达3/4左右时，拆下导向管3039，然后继续小心地将轴承压入最终固定位置。

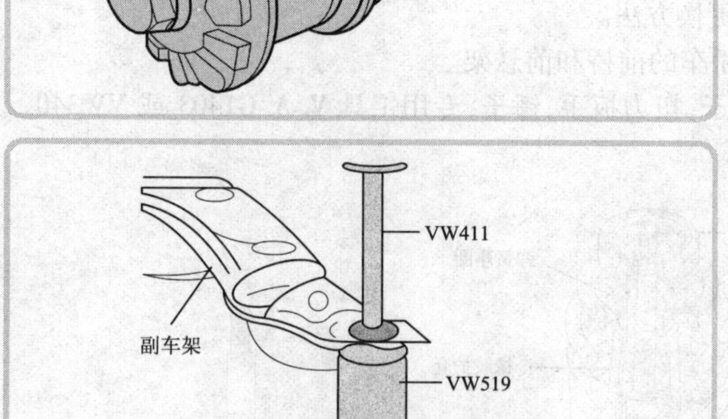
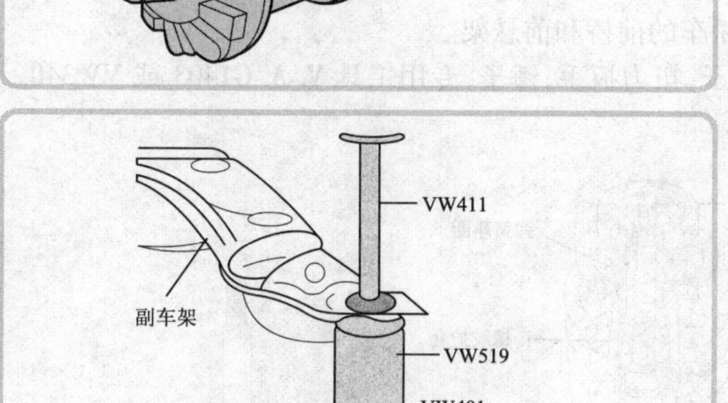

(2)更换副车架前后橡胶轴承(见项目4)。

(3)更换稳定杆橡胶轴承：

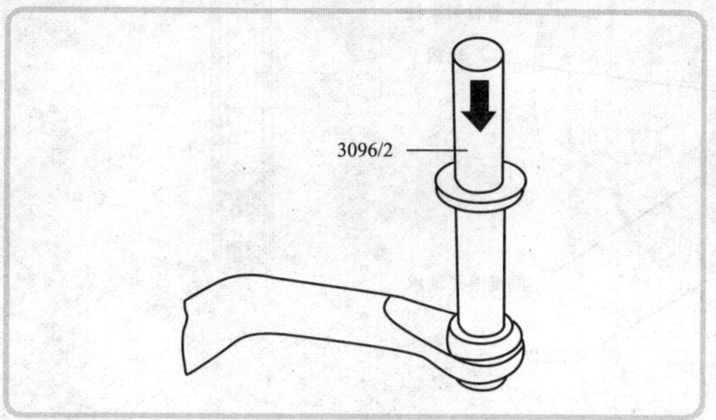

◀①压出稳定杆橡胶轴承。

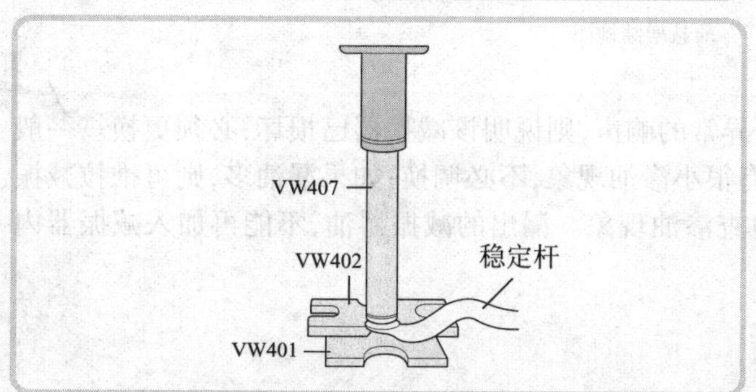

②压入稳定杆橡胶轴承衬套。

项目6　减振器的检查和更换

•0.5 学时•

目　　的： 学习减振器的检查和更换方法。

车　　型： 上海桑塔纳2000GSi轿车的前桥和前悬架。

设备与工具： 组合扳手,螺丝刀,钳子,扭力扳手,锤子,专用工具V. A. G1403或VW340、VW524、VW201A。

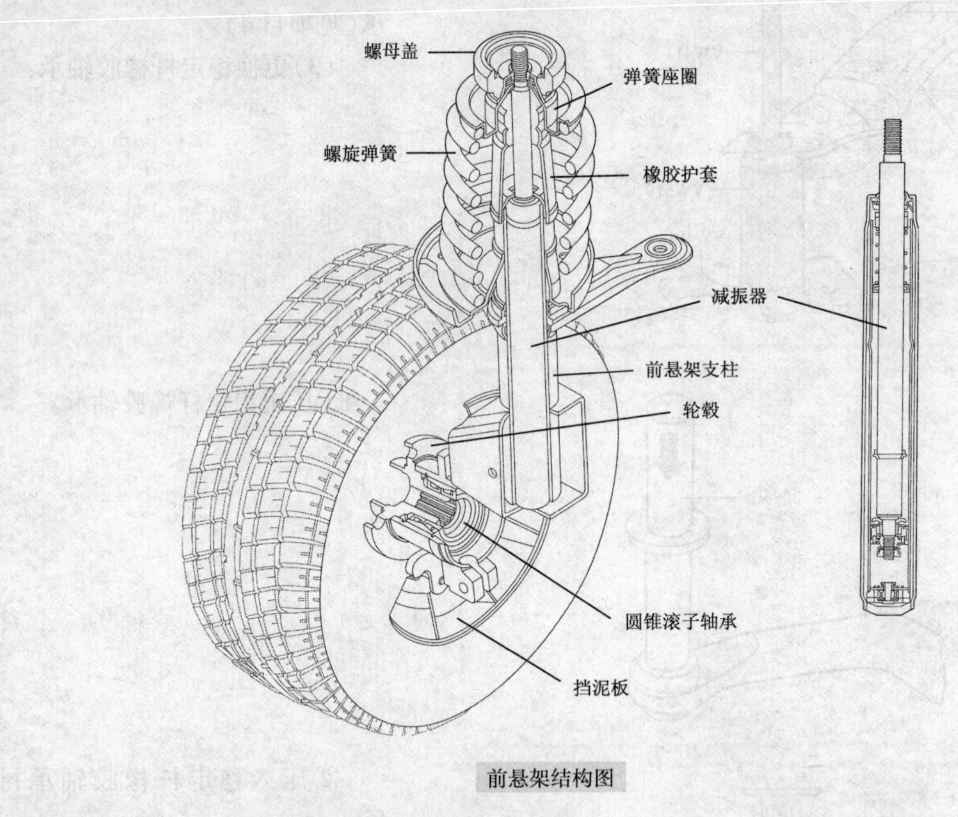

前悬架结构图

在车辆行驶过程中,如减振器发出异常的响声,则说明该减振器已损坏,必须更换。一般减振器是不进行修理的。减振器上如有很小渗油现象,不必调换;如果漏油多,则可推拉减振器活塞杆,通过拉伸和压缩减振器来检查渗油现象。漏出的减振器油,不能再加入减振器内重新使用,漏油的减振器不能再使用。

更换减振器的拆装方法如下:

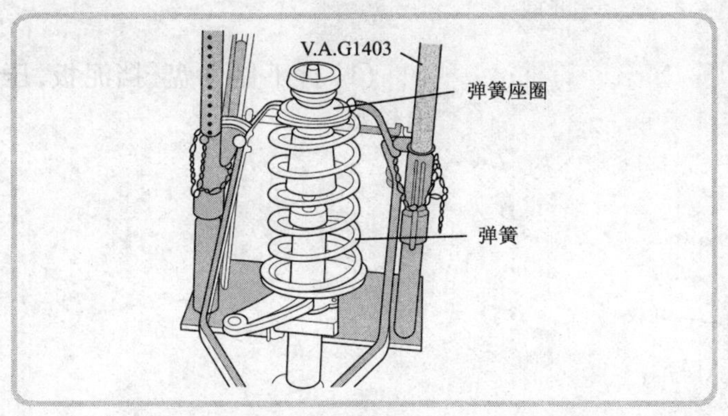

(1)用拉具压住弹簧座圈,压缩压紧弹簧。如果没有专用工具V. A. G1403,可用专用工具VW340代替。

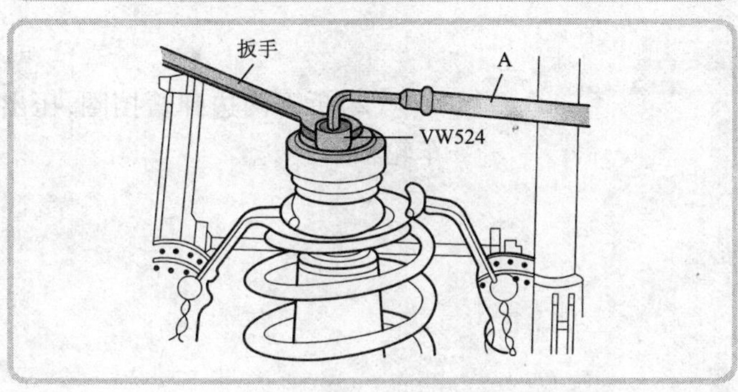

(2)松开与紧固开槽螺母,放松弹簧,可以用扳手A阻止活塞杆的转动以便松开螺母。

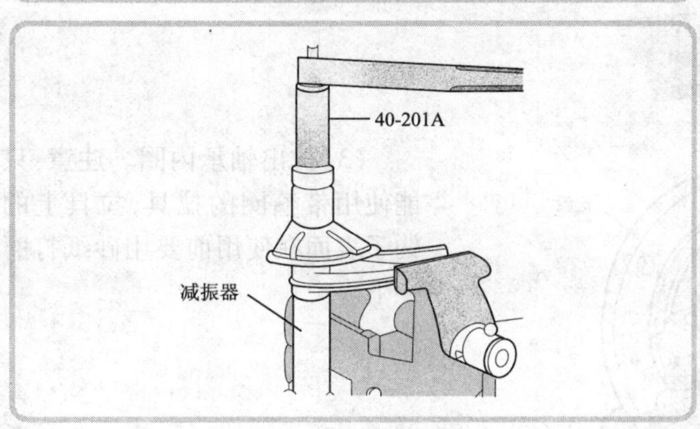

◀(3)拆卸减振器。

(4)按照拆卸相反的顺序安装减振器。

项目7 前悬架支柱总成的维修

●0.5 学时●

目　　的: 学习前悬架支柱总成的维修方法。

车　　型: 上海桑塔纳2000GSi 轿车的前桥和前悬架。

设备与工具: 组合扳手,螺丝刀,钳子,扭力扳手,锤子,专用工具40-201A、VW412、VW420、VW295a、VW409、VW432、VW519、30-11、VW411、10-20、VW102、VW402。

一、前悬架支柱总成的拆卸

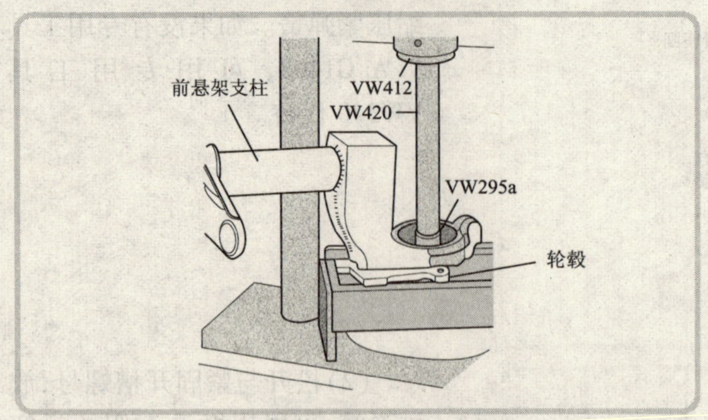

(1)拆下制动盘、挡泥板,压出轮毂。

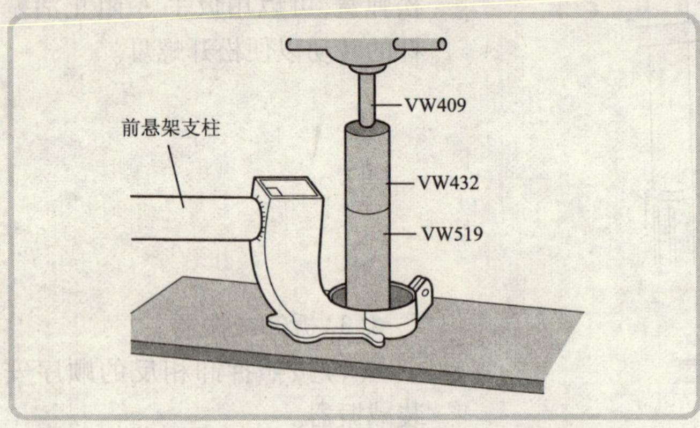

(2)拆下两边弹簧挡圈,压出车轮轴承。

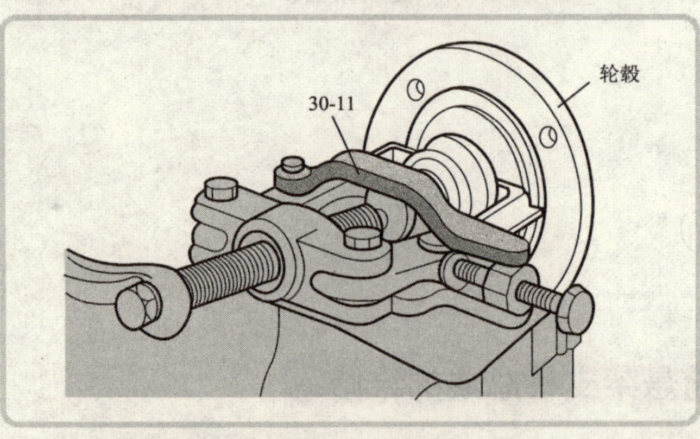

(3)拉出轴承内圈。**注意:**只能使用带箍圈的拉具,拉具上的钩子表面在使用前要用砂纸打磨一下。

二、前悬架支柱总成的检查

在零件全部解体后,应进行清洗、检查,必要时测量。如有下列情况,必须更换新件:

(1)制动盘工作面严重磨损,超出规定,或表面出现裂纹。

(2)挡泥板严重扭曲变形。

(3)轮毂花键松旷,磨损严重。

(4)弹簧挡圈失效。

(5)车轮轴承损坏(**注意:**整套轴承一起更换)。

(6)前悬架支柱件焊缝任何一条出现裂纹或严重变形。

三、前悬架总成的安装与调整

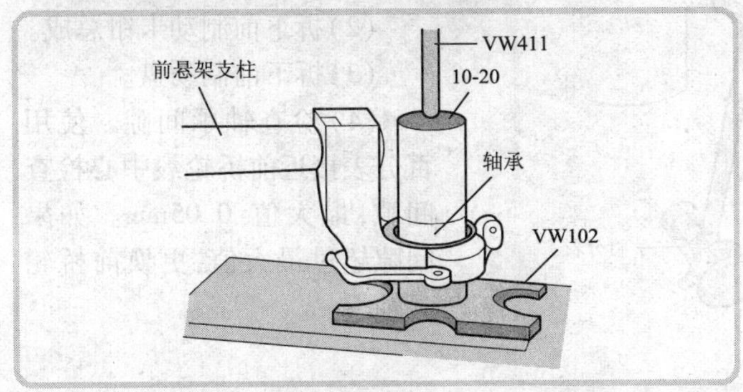

(1)先装外弹簧挡圈,在车轮轴承座涂上润滑脂,然后压入轴承,压至终止位置,最后装上内弹簧挡圈。

(2)调整内、外弹簧挡圈开口的位置,使其相差180°。然后转动轴承内圈,观察是否正常。

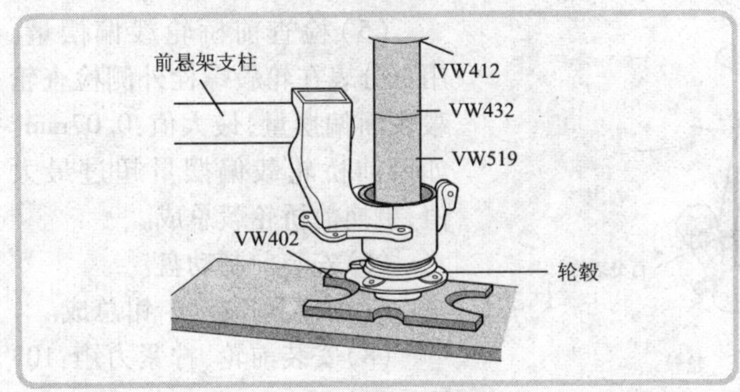

◀(3)在轮毂花键和轴承颈上涂上润滑脂,压入轴承。压入轮毂时,专用工具VW519只能顶住内轴承的内圈。

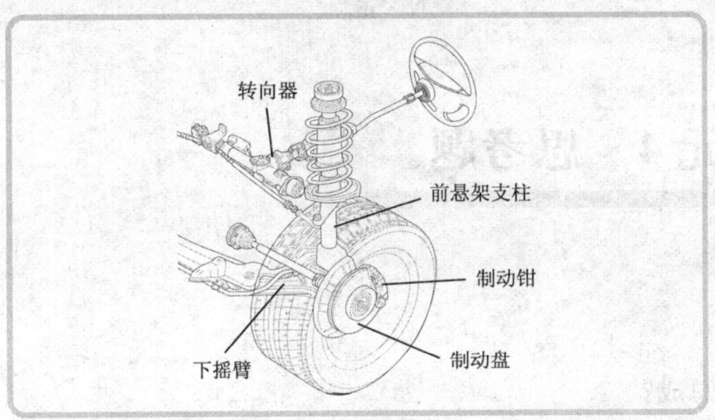

◀(4)用3个M6螺栓固定挡泥板(拧紧力矩10N·m),使其紧贴在车轮轴承座的凸缘上。

(5)用非纤维材料擦净制动盘工作表面,不能有油污。装上制动盘,且紧贴在轮毂的接合面上。

(6)用手转动制动盘,观察是否有卡滞或异响现象。

项目8　前桥轮毂轴承的检查

•0.5学时•

目　　的: 学习前桥轮毂轴承的检查方法。
车　　型: 一汽天津威驰轿车的前桥。
设备与工具: 组合扳手,螺丝刀,钳子,扭力扳手,百分表。

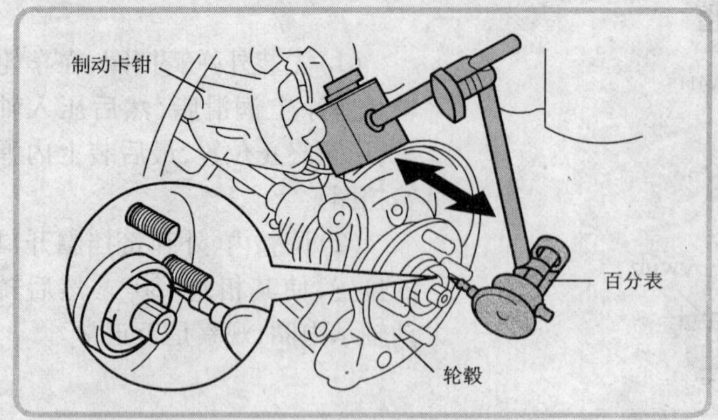

(1)拆下前轮。

(2)拆下前制动卡钳总成。

(3)拆下前制动盘。

◀(4)检查轴承间隙。使用百分表接近前桥轮毂中心检查间隙,最大值:0.05mm。如果间隙超过最大值,更换前桥轮毂轴承。

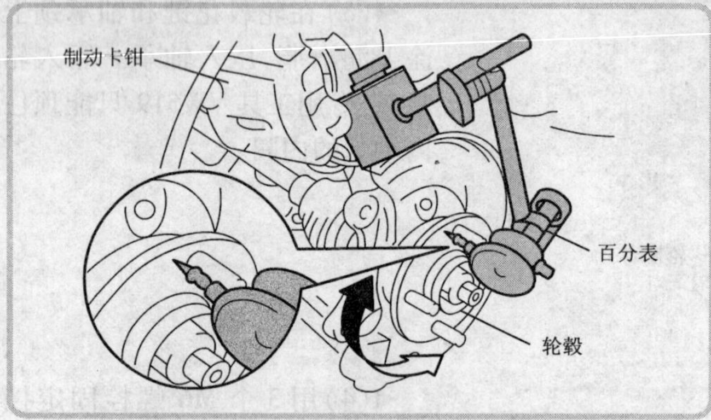

(5)检查前桥轮毂偏摆量。用百分表在轮毂螺栓外侧检查轮毂表面偏摆量,最大值:0.07mm。如果前桥轮毂偏摆量超过最大值,更换前桥轮毂总成。

(6)安装前制动盘。

(7)安装前制动卡钳总成。

(8)安装前轮,拧紧力矩:103 N·m。

单元4　思考题

1. 前悬架主要由哪些部件组成?
2. 如何安装前悬架总成?
3. 如何拆卸和安装传动轴(半轴)总成?
4. 万向节的检查项目有哪些?
5. 如何更换减振器?
6. 如何检查前桥轮毂轴承?

单元5 后桥和后悬架

项目1 后桥和后悬架的拆卸和安装

•1 学时•

目　　的： 学习后桥与后悬架的拆卸和安装方法。
车　　型： 上海桑塔纳2000GSi轿车的后桥和后悬架。
设备与工具： 组合扳手，螺丝刀，钳子，扭力扳手，锤子，专用工具3017A。

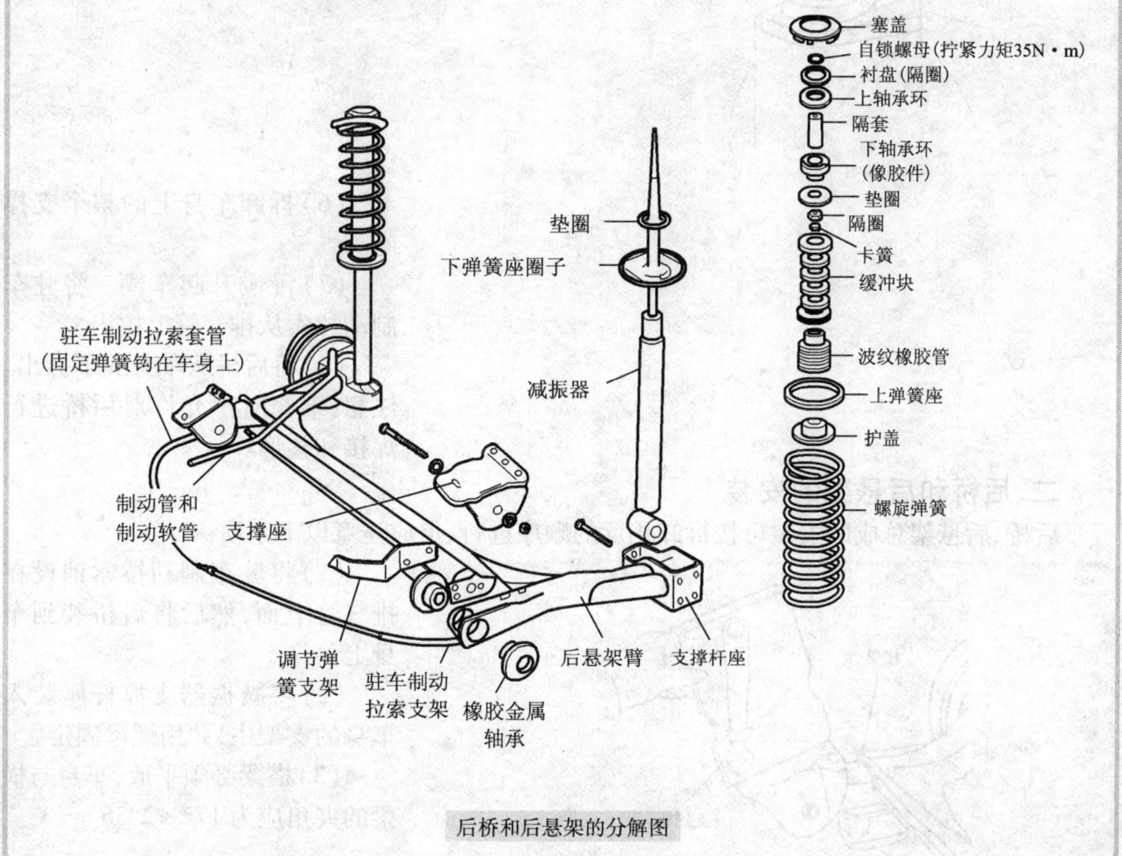

后桥和后悬架的分解图

一、后桥和后悬架的拆卸

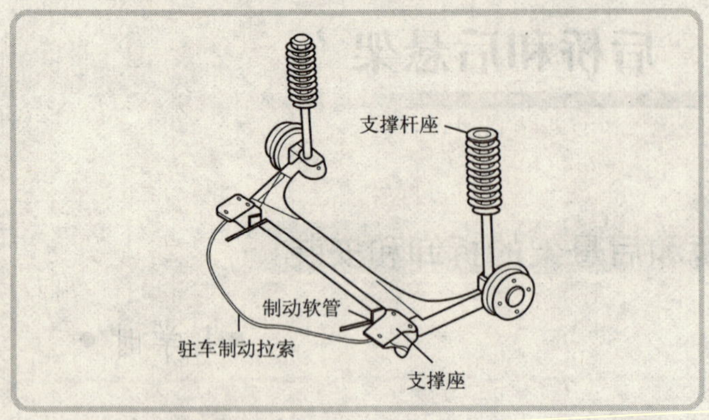

(1)将驻车制动拉索从拉杆上吊出。必要时脱开制动蹄。

◀(2)分开横梁上的制动管和制动软管。

(3)松开车身上的支撑杆座,仅留一个螺母支撑。

注意:如要把支撑座留在车身上,需拆出支撑座与横梁上的固定螺栓。安装时更要注意,为了避免橡胶金属支撑座在行驶中橡胶扭曲,在旋紧螺栓之前,横梁须平放。

(4)拆下排气管吊环。用专用工具撑住后桥横梁。

◀(5)取下车厢内减振器盖板。从车身上旋下支撑杆座螺母。

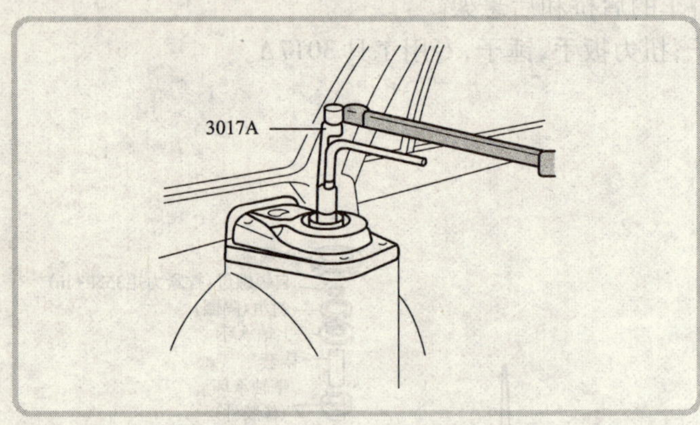

(6)拆卸车身上的整个支撑座。

(7)慢慢升起车辆。将驻车制动拉索从排气管上拉出。

(8)将后桥从车身底下拆出。**注意:**维修时不允许对后桥进行焊接和整形。

二、后桥和后悬架的安装

后桥、后悬架总成的安装可按拆卸相反的顺序进行,但应注意以下事项:

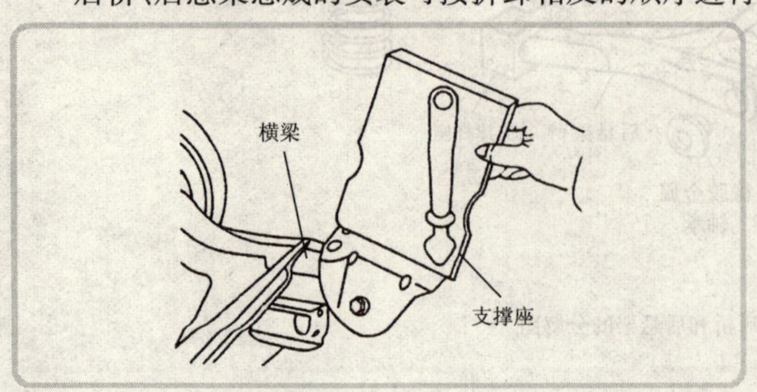

(1)将驻车制动拉索铺设在排气管上面,然后将后桥装到车身上。

(2)将减振器支撑杆座装入车身的支架中,并用螺母固定。

◀(3)横梁必须平放,车身与横梁的夹角应为17° ±2°36′。

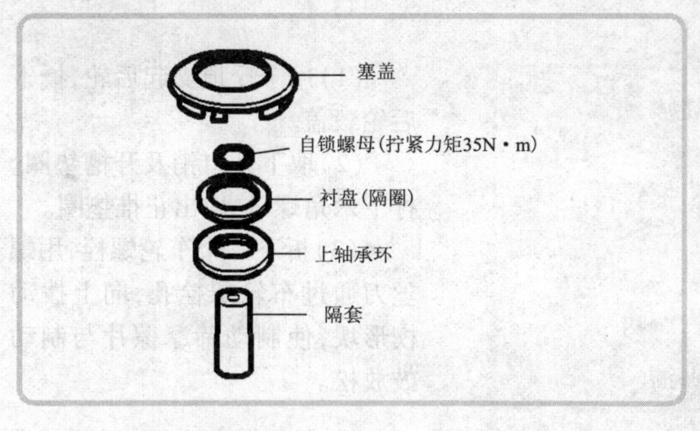

(4)更换所有自锁螺母,且按规定力矩拧紧。后桥螺母拧紧力矩见下表:

项目	拧紧力矩(N·m)
减振器下端至后桥固定螺母	70
减振器上端与车身固定螺母	35
支承座与车身固定螺母	45
后桥金属橡胶衬套固定螺母	70
制动底板固定螺母	60
车轮固定螺栓	90

项目 2　后桥轮毂的维修

•1 学时•

目　　的: 学习后桥轮毂的维修方法。
车　　型: 上海桑塔纳 2000GSi 轿车的后桥和后悬架。
设备与工具: 组合扳手,螺丝刀,钳子,扭力扳手,游标卡尺,专用工具 VW411、VW432,橡胶锤,千斤顶,铜冲头,百分表,直尺。

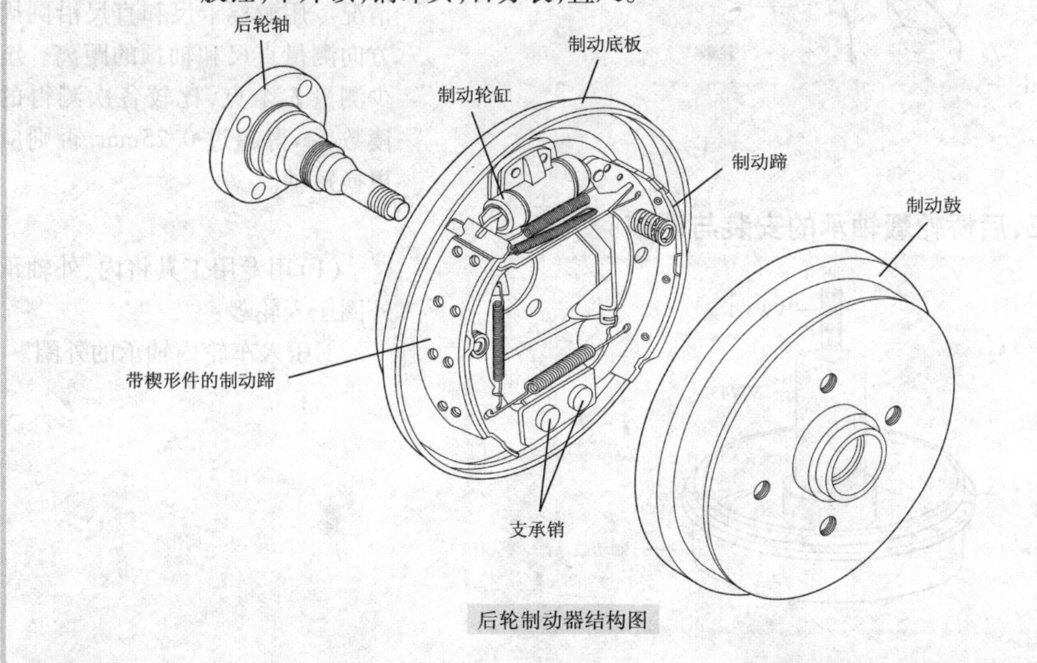

后轮制动器结构图

一、后桥轮毂轴承的拆卸

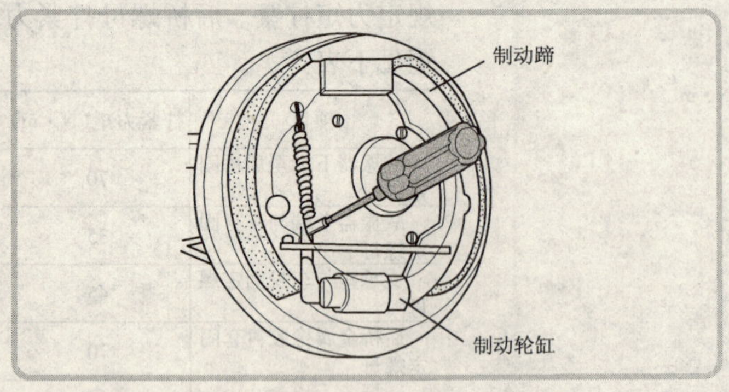

(1)用千斤顶支起后轮,撬下后轮毂盖。

(2)取下开口销及开槽垫圈。拧下六角螺母,取出止推垫圈。

◀(3)拆下一个车轮螺栓,用螺丝刀通过车轮螺栓孔,向上拨动楔形块,使制动蹄摩擦片与制动鼓放松。

(4)拉出轮毂和制动鼓,并带出车轮外轴承。

(5)取出轮毂内轴承和油封,用铜冲头敲出内、外轴承外圈。

二、后桥轮毂轴承的检修

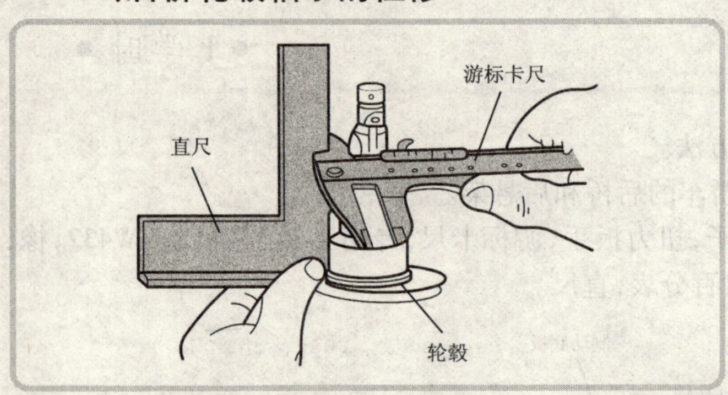

(1)检查轴承或座圈,如有损坏,应更换新件。

(2)检查制动鼓表面磨损情况,磨损严重或端面圆跳动大于0.2mm,则应更换制动鼓。

◀(3)检查后轮毂短轴的弯曲情况。用游标卡尺和直尺沿圆周方向测量直尺和轴颈的距离。至少测量3个点,比较各次测得的读数,不得超过0.25mm,否则应更换短轴。

三、后桥轮毂轴承的安装与调整

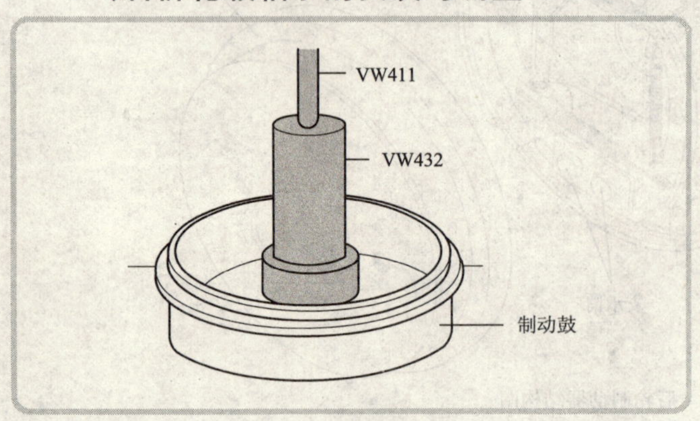

(1)用专用工具将内、外轴承外圈压入轮毂:

①压入车轮内轴承的外圈。

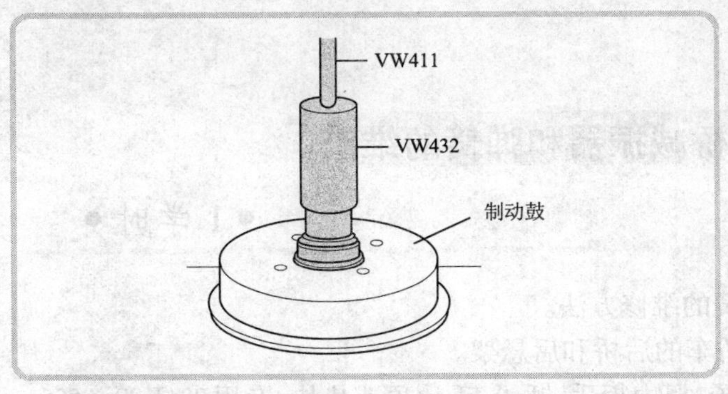

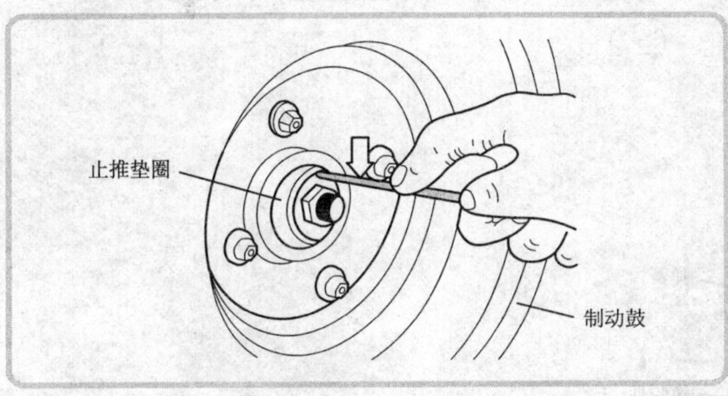

②压入车轮外轮承的外圈。

(2)放上油封,用橡胶锤均匀地敲入。

(3)将内轴承装入,并涂以适量的锂基润滑脂。

(4)将制动鼓装入,注意:不能使制动鼓内表面沾上油脂。

(5)装上外轴承和止推垫圈,旋上六角螺母。

◀(6)调整车轮轴承间隙,正确的间隙是用一字形螺丝刀在手指的加压下,刚好能够拨动止推垫圈。

(7)装上开槽垫圈,换上新的开口销,在轮毂盖内加入适量的润滑脂,用橡胶锤轻轻敲入。

拧螺栓和螺母的主要工具

拧螺栓和螺母的工具多种多样,一般最常用的是可卡住六角的两面的开口扳手。但因汽车上的螺栓拧紧力矩较大,所以通常使用能卡住全部六面(六角)的梅花双头扳手和套筒扳手。

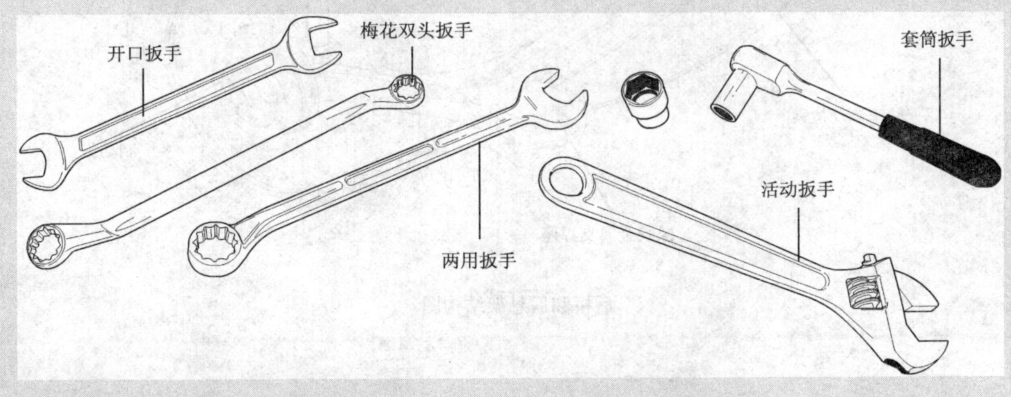

项目 3　后桥减振器和弹簧的维修

●1 学时●

目　　的： 学习后桥减振器和弹簧的维修方法。
车　　型： 上海桑塔纳 2000GSi 轿车的后桥和后悬架。
设备与工具： 组合扳手,螺丝刀,钳子,扭力扳手,锤子,千斤顶或垫块,专用工具 30－555、VW516,游标卡尺。

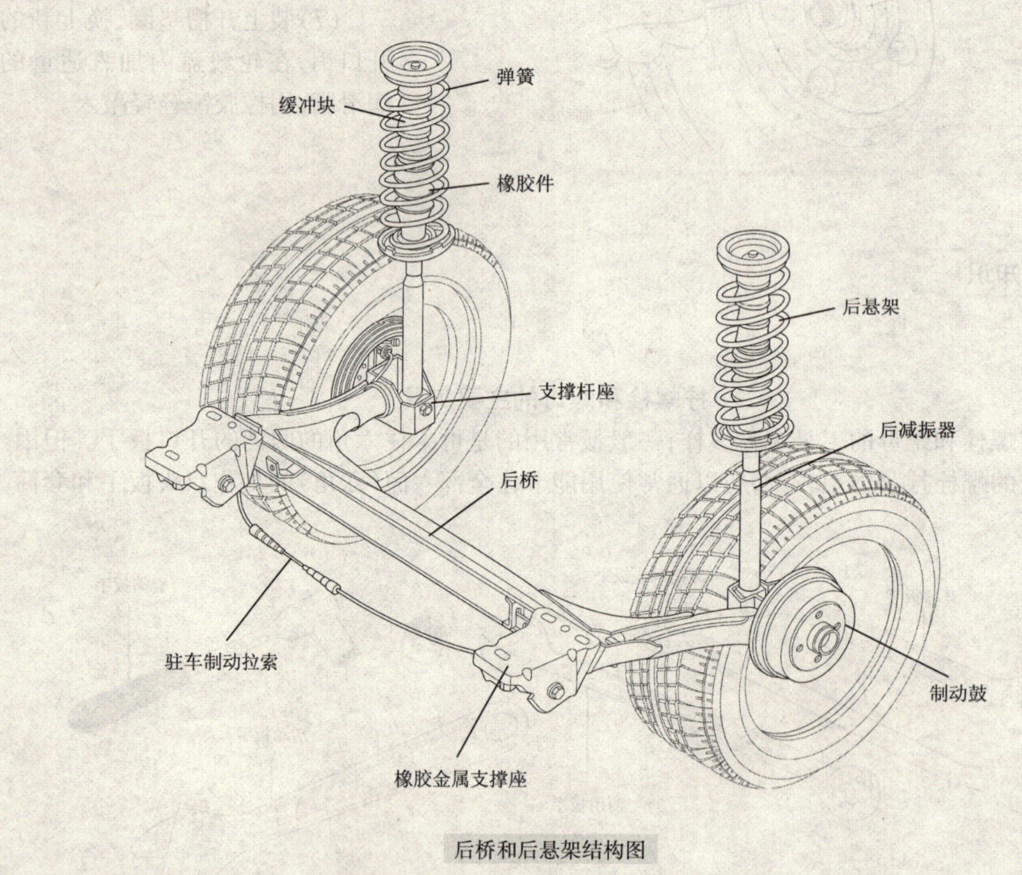

后桥和后悬架结构图

一、减振器和弹簧的拆卸

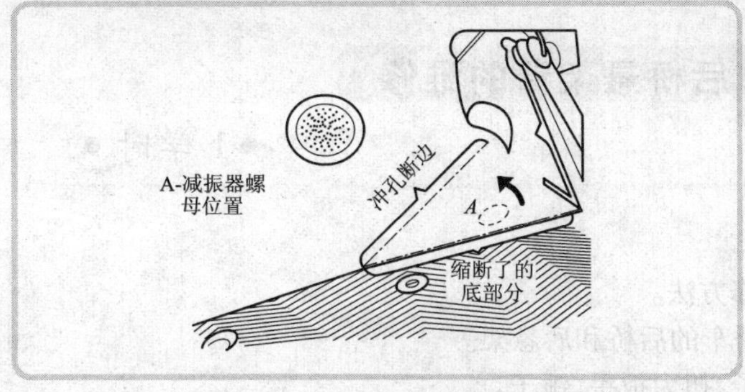

(1)将车辆在硬实的地面上停稳,用千斤顶或垫块支撑住后桥。

◀(2)如图中箭头所示,向上弯起车厢内减振器上方三角区域底隔板。

(3)拆去减振器上端与车身的固定螺母、下端与后桥的固定螺母。

(4)抬高车身,慢慢从车轮与轮罩之间拆出支承座。**注意:**不要同时拆卸两边的支撑杆座,以免使金属橡胶轴承受压过大。

二、减振器和弹簧的检修

(1)后减振器和支承处有裂纹、筒体外漏油严重,或用专门仪器检验达不到要求,应整体更换。

(2)如弹簧有损伤、裂纹或弹力下降,均需要换新件。

(3)橡胶件、缓冲块如有损伤、龟裂、老化等也要更换新件。

三、减振器和弹簧的安装

减振器和弹簧的安装应按拆卸相反的顺序进行,但同时注意螺母的拧紧力矩:支撑座的自锁螺母拧紧力矩为35N·m,减振器支撑杆座上的螺母拧紧力矩为60~70N·m。安装完后,应将后隔板两边用粘带封住。

项目4　后桥悬架臂的维修

●1 学时●

目　　　的： 学习后桥悬架臂的维修方法。
车　　　型： 上海桑塔纳 2000GSi 轿车的后桥和后悬架。
设备与工具： 组合扳手、螺丝刀、钳子、扭力扳手、锤子。

一、后桥悬架臂的拆卸

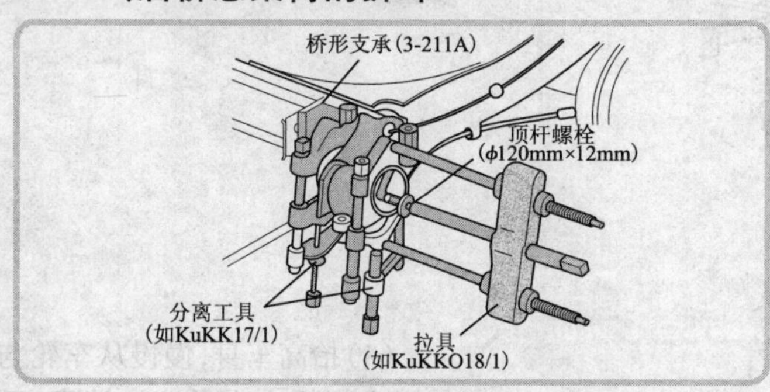

(1)车辆着地,顶好后桥。拆下一边的支承座。

(2)用分离工具将橡胶金属轴承逐一拉出:

◀①将橡胶金属轴承从后横梁拉出。

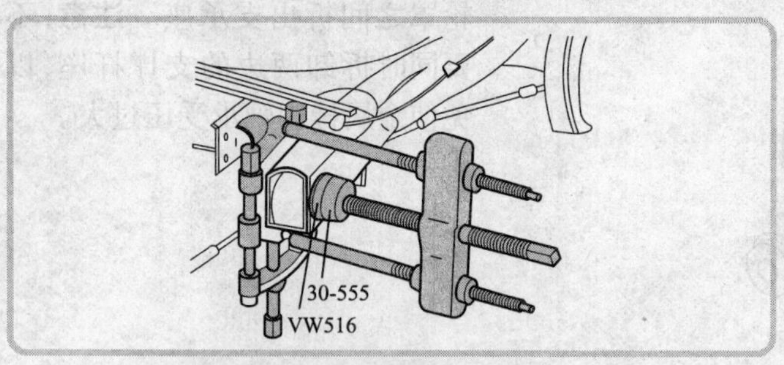

②从后横梁上拉出橡胶金属轴承的另一半。

二、后桥悬架臂的检修

如橡胶金属轴承套松动、裂纹、损伤、破裂均需更换新件,不能进行修理。

三、后桥悬架臂的安装

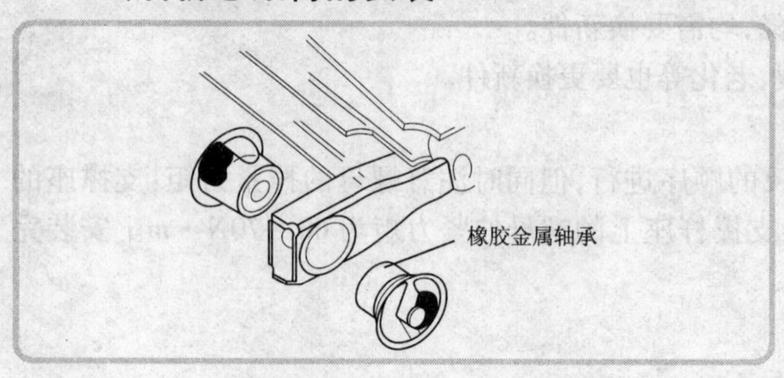

(1)将新的两半橡胶金属轴承套嵌入一半,并使两半橡胶金属轴承扇形体和沟槽相互嵌在一起。

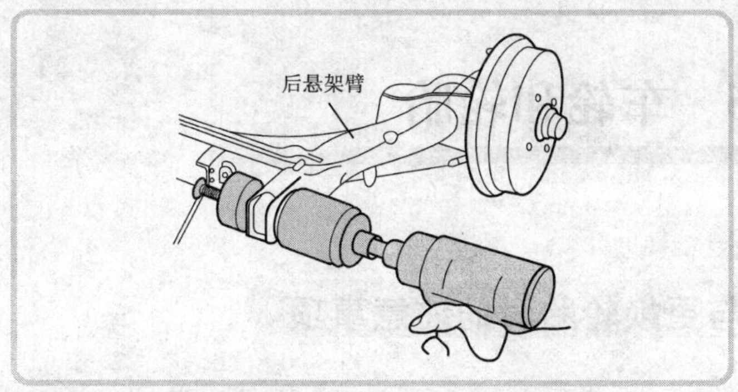

(2)用电动工具将轴承套压入到正确位置。

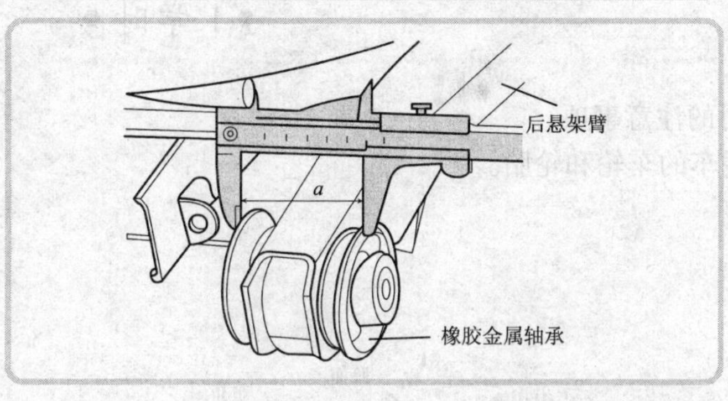

(3)橡胶金属轴承的安装深度应为 $a = 61.6 \sim 62.6$mm。

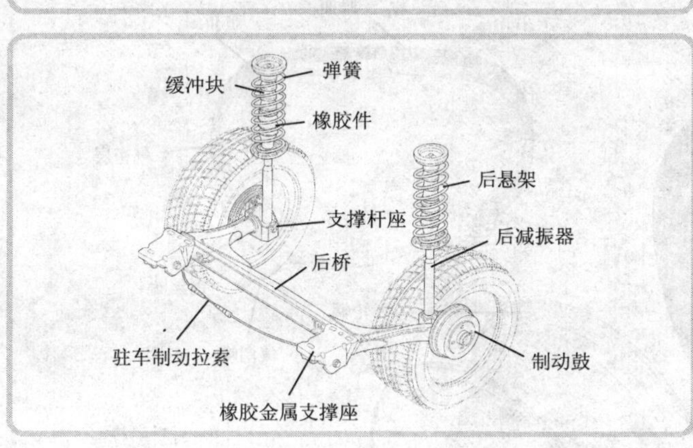

(4)装上支撑座,拧紧螺母前横梁要水平放好,要求支撑座与后轴体应成 17° ± 2°36′的角度,以免给橡胶金属轴承带来不必要的弯扭变形。

(5)插上支撑座螺栓,装上自锁螺母,以 60 ~ 70N · m 的力矩拧紧螺母。

单元5 思考题

1. 后桥和后悬架主要由哪些部件组成?
2. 如何安装后桥和后悬架总成?
3. 如何检查后轮毂短轴的弯曲情况?
4. 如何调整车轮轴承的间隙?
5. 如何安装后桥悬架臂?

单元 6　车轮和轮胎

项目 1　拆装与更换轮胎时的注意事项

•1 学时•

目　　的：学习拆装与更换轮胎时的注意事项。
车　　型：上海桑塔纳 2000GSi 轿车的车轮和轮胎。

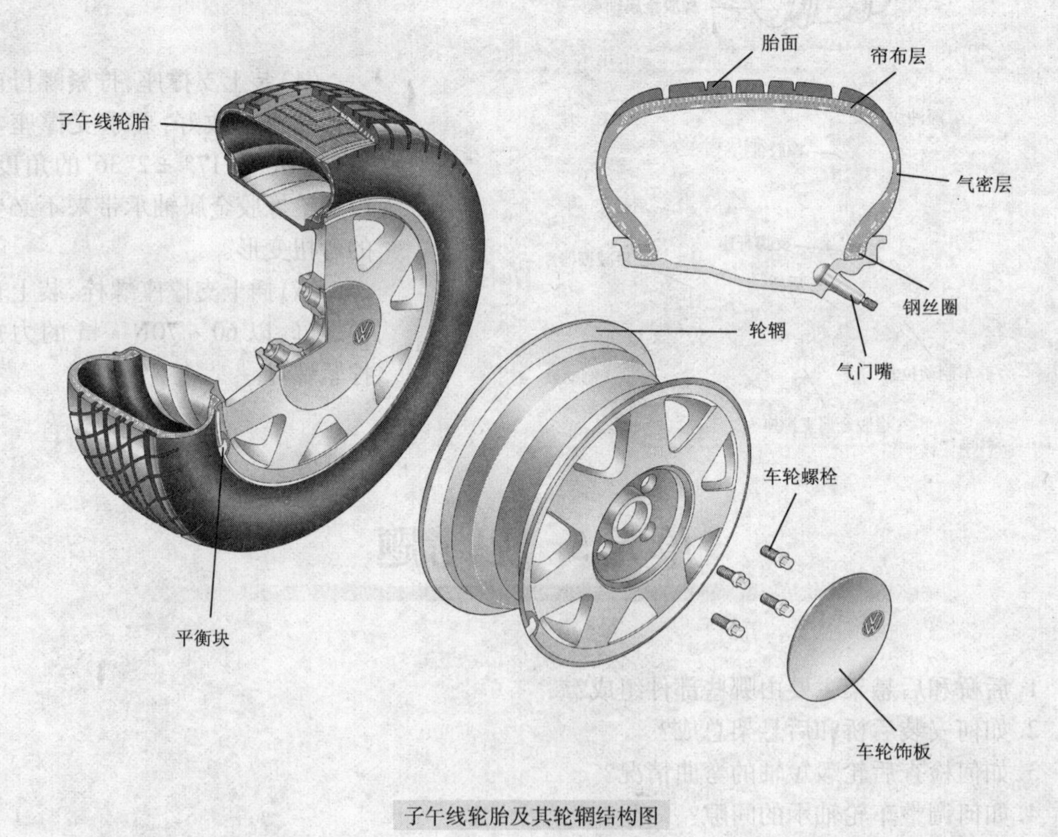

子午线轮胎及其轮辋结构图

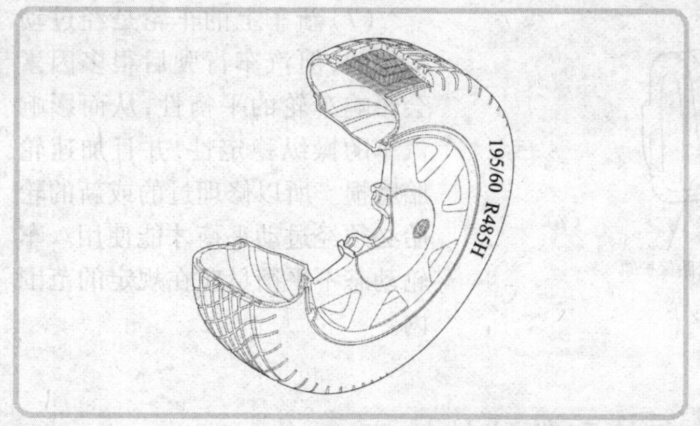

维修注意事项

(1)不能装用其他型号的轮胎,上海桑塔纳2000系列轿车用轮胎侧面压铸有“WARRIOR 195/60 R1485H”标记,以供选用时识别。

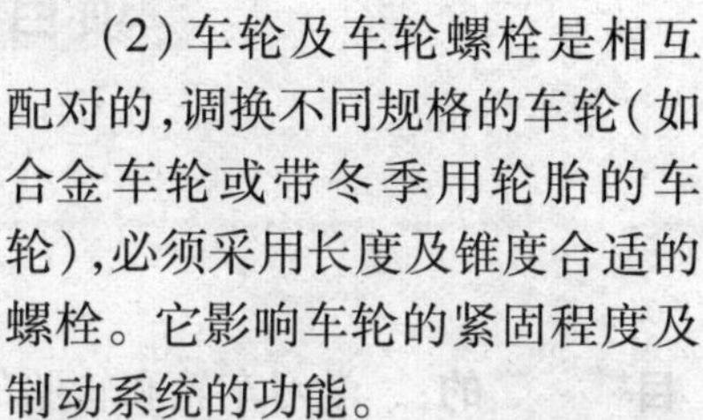

(2)车轮及车轮螺栓是相互配对的,调换不同规格的车轮(如合金车轮或带冬季用轮胎的车轮),必须采用长度及锥度合适的螺栓。它影响车轮的紧固程度及制动系统的功能。

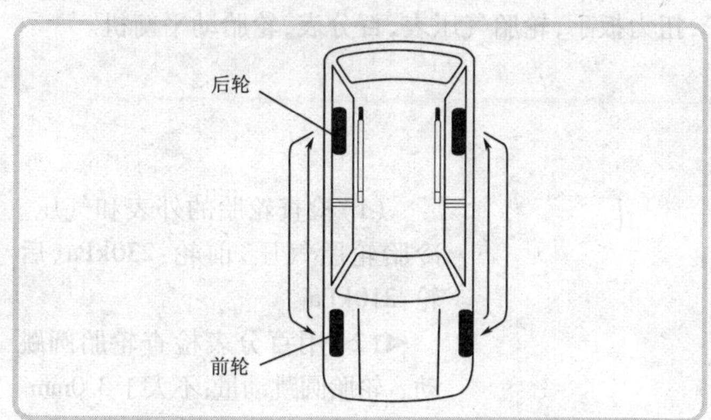

◀(3)应使所有的轮胎磨损均匀一致。如果发现前轮磨损量比后轮大,应按图示互相调换。较深的花纹使汽车行驶更为安全,尤其是在潮湿的路面上。

(4)基于安全原因,轮胎应成对调换,而不可单个调换,花纹深的轮胎应装有前轮。在装上新的无内胎轮胎时应同时装上新的橡胶气门。

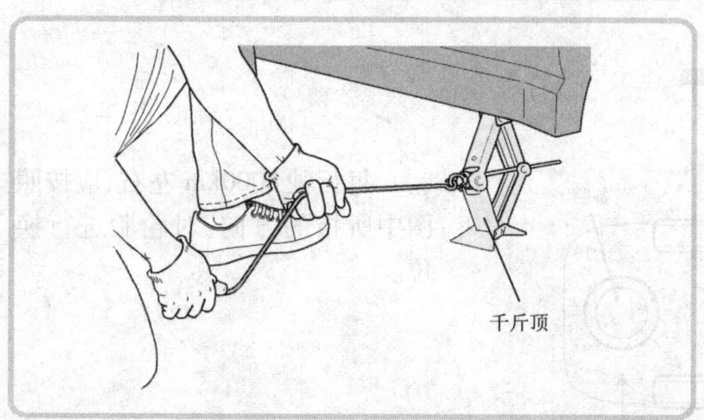

◀(5)拆轮胎时,应用千斤顶将车身顶起,但必须将千斤顶顶在指定的位置上。

(6)轮胎与轮辋必须配套使用,拆装时需用轮胎拆装机,不允许对轮辋进行敲击,也不能用撬棒去撬。

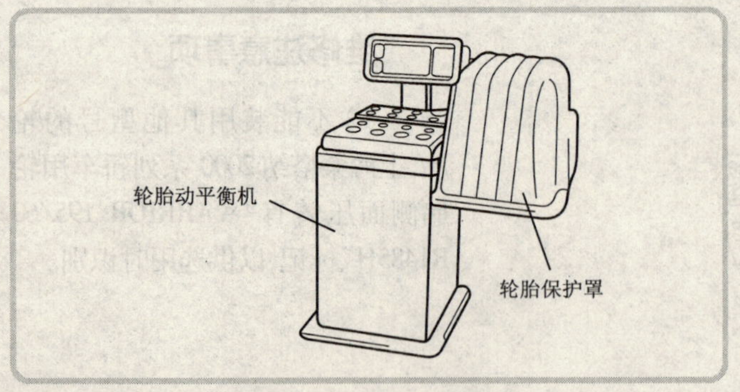

(7)新车上的车轮是经过动平衡的,但汽车行驶后很多因素会影响车轮的平衡性,从而影响汽车的操纵稳定性,并且加速轮胎磨损。所以修理过的或新的轮胎必须经过动平衡才能使用。车轮动态不平衡量应在规定的范围内。

项目2 车轮和轮胎的检查

•1 学时•

目　　的: 学习车轮和轮胎的检查方法。

车　　型: 一汽天津威驰轿车的车轮和轮胎。

设备与工具: 组合扳手,螺丝刀,钳子,扭力扳手,轮胎气压表,百分表,轮胎动平衡机。

一、检查轮胎

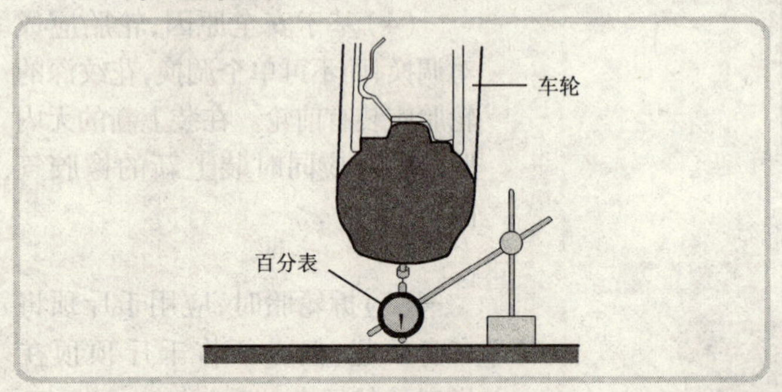

(1)检查轮胎的外表和气压。冷胎轮胎气压,前轮:230kPa、后轮:210kPa。

◀(2)用百分表检查轮胎圆跳动。轮胎圆跳动量:不大于3.0mm。

二、轮胎换位

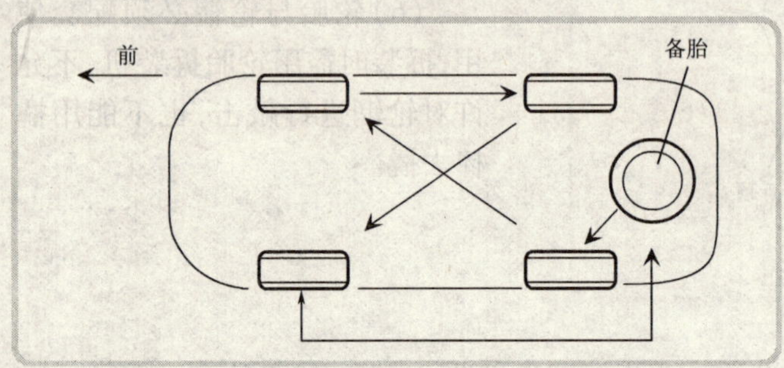

每行驶8000km左右,应按照图中所指的方向,对轮胎进行换位。

三、检查车轮动平衡

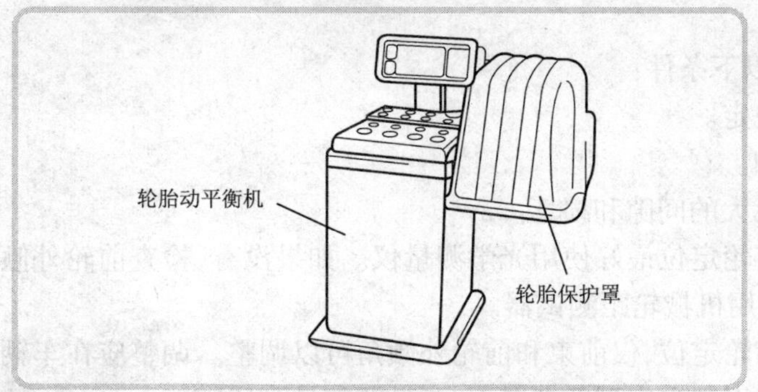

在轮胎动平衡机上，检查和调整车轮。调整后的不平衡量：不大于8.0g。

项目3　前轮定位的检查和调整

•1 学时•

目　　的：学习前轮定位的检查和调整方法。
车　　型：上海桑塔纳2000GSi 轿车的车轮和轮胎。
设备与工具：组合扳手，螺丝刀，钳子，扭力扳手，专用3021量角器，机械轮距测试器，光学测量仪，专用工具3075，外倾调整杆40－200。

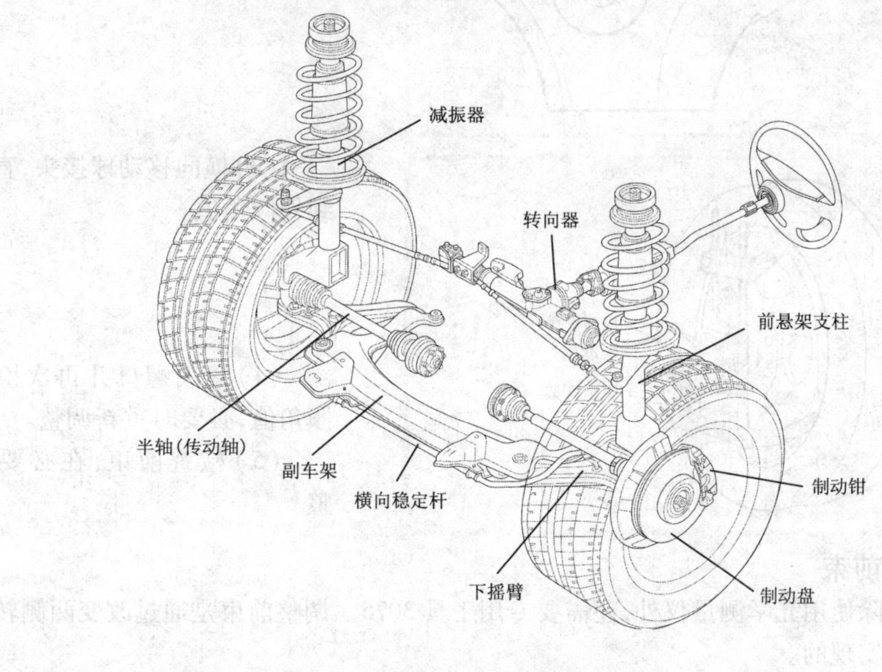

前桥和前悬架结构图

在前桥进行拆装后，有必要对前轮定位进行检查和调整。

一、准备工作

检查前轮定位前，车辆应先满足以下条件：

(1)车轮无负载，轮胎气压符合规定。

(2)车轮正确调试，悬架活动自如。

(3)转向器调整正确，前悬架中无大的间隙和损坏。

(4)上海桑塔纳2000系列轿车前轮定位最好使用光学测量仪。如果没有，检查前轮外倾角可用专用3021量角器，检查前束可用机械轮距测试器。

(5)上海桑塔纳2000系列轿车前轮定位，仅前束和前轮外倾角可以调整。调整应在车辆行走1000～2000km后，螺旋弹簧的长度基本定型的情况下，测量调整最为适宜。

二、调整外倾角

首先调整前轮外倾角，然后再调整前轮前束。调整前轮外倾角可通过球销接头在下摇臂长孔中的位移来调整，此时车轮应着地。

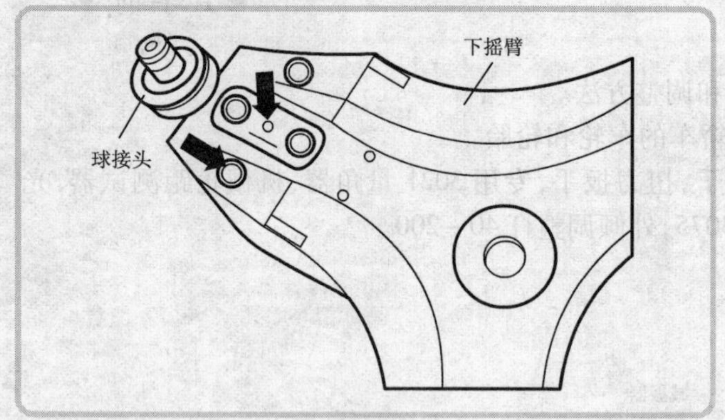

(1)松开下摇臂球接头的固定螺母。

◀(2)把外倾调整杆40－200插入图中箭头所示的孔中。调整左侧时，从后面插入调整杆；调整右侧时，应从前面插入调整杆。

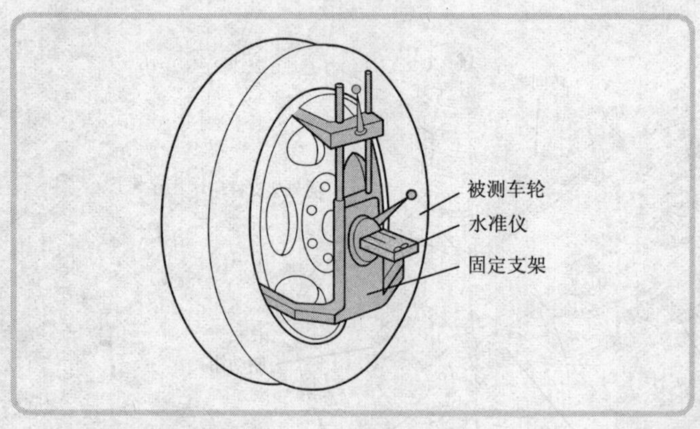

◀(3)横向移动球接头，直至达到外倾角值。

(4)紧固螺母并再次检查外倾角值，必要时重新调整。

(5)检查前束，在必要时调整。

三、调整前束

调整前束除使用光学测量仪外，还需要专用工具3075。调整前束是通过改变两侧转向横拉杆的长度来实现的。

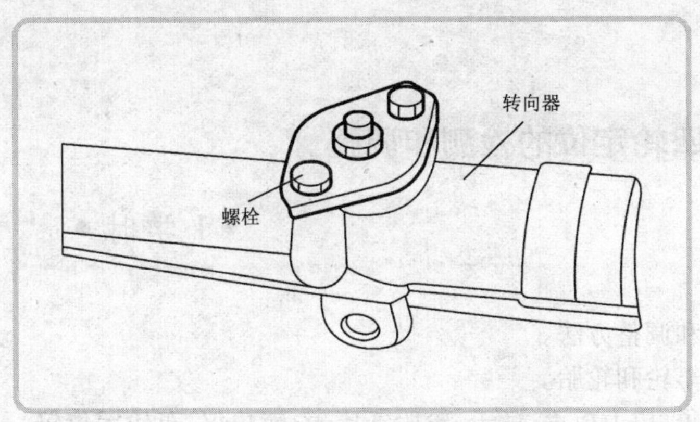

（1）将转向器置于中间位置。旋出转向中间轴盖上的螺栓。

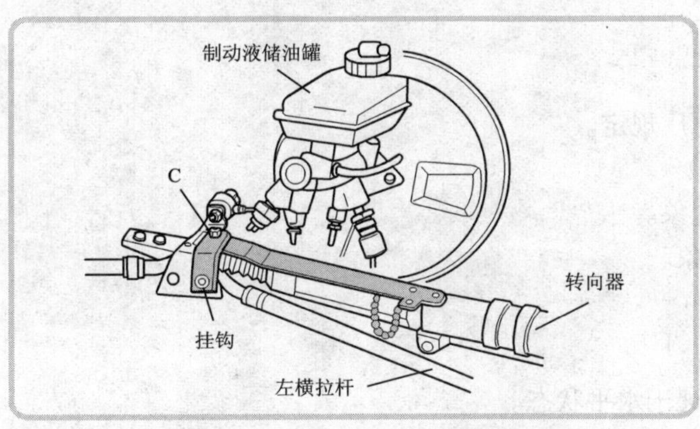

（2）将带有挂钩的专用工具3075安置在左横拉杆的紧固螺母上。

（3）然后用提供的螺钉将作衬垫的间隔件固定到标有"C"记号的转向器孔中。**注意**：不得使用一般螺钉，因为一般螺钉太短，会碰坏转向盘的螺纹。

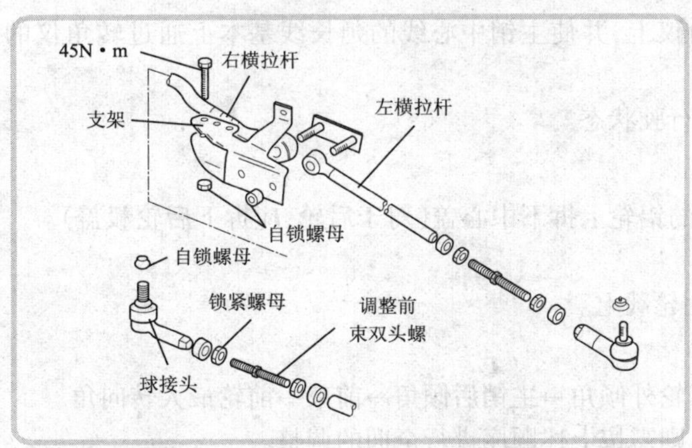

◀（4）总前束值分两半，分别在左右横拉杆上调整。

（5）固定横拉杆，必要时调整转向盘。

（6）拆出专用工具3075。重新拧紧转向中间轴盖上螺栓，拧紧力矩为20N·m。

项目4　四轮定位的检测和调整

●1 学时●

目　　的： 学习四轮定位的检查和调整方法。
车　　型： 广州本田雅阁轿车的车轮和轮胎。
设备与工具： 组合扳手，螺丝刀，钳子，扭力扳手，锤子，轮胎气压表，转角仪，车轮定位仪，车轮定位仪附件(07MGK-0010100)，百分表。

一、检测前的准备

1 车辆的预检

(1)轮胎尺寸及轮胎气压应符合原厂规定。
(2)轮辋变形应在规定的范围内。
(3)悬架系统的球头销应无松旷现象。
(4)轮毂轴承、转向节应无松旷现象。
(5)制动性能应良好。

2 检测场地的要求

(1)检测场地表面应平整，并尽量处于水平状态。

(2)将两转角仪分别放入与转角仪等厚的预留坑中。如无预留坑，当两前轮放在转角仪上后，两后轮应垫以与转角仪等厚的平整木板。

3 车辆的正确放置

(1)举升车辆，将两前轮置于转角仪上，并使主销中心线的延长线基本上通过转角仪的中心。

(2)转动转向盘，使车辆处于直线行驶状态。

4 仪器的安装

(1)拆下被测车轮，并从车轮内侧的铝轮上拆下中心盖(对于后轮，应拆下后轮毂盖)。
(2)装上车轮。
(3)将车轮定位仪及其附件安装到轮毂上。

二、检测顺序

四轮定位检测与调整的顺序为：车轮外倾角→主销后倾角→前束→前轮最大转向角。
如果四轮定位任一参数需要调整，则需按上述顺序进行全面的调整。

三、检测

1 车轮外倾角的检测

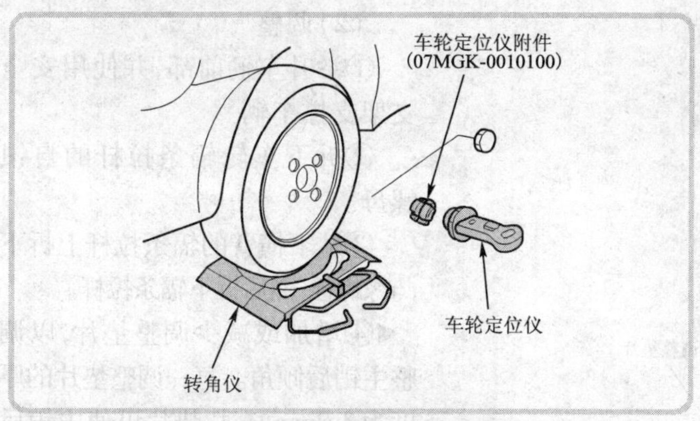

(1)转动车轮定位仪,使其在左右方向大致处于水平状态。

◀(2)转动定位仪的调整螺钉,使定位仪的气泡处于观察孔的中间位置,读取车轮的外倾角值。车轮外倾角标准值,前轮:0°±1°、后轮:0°30′±30′。

2　主销后倾角的检测与调整

(1)检测:为防止转动转向盘时引起前车轮滚动,在检测主销后倾角时,应使车轮处于制动状态。

①施加车轮制动。

◀②将前轮向外转动20°(即测左轮时向左转,测右轮时向右转)。

③使定位仪左右方向处于水平状态,并使其气泡处于观察孔的中间位置。

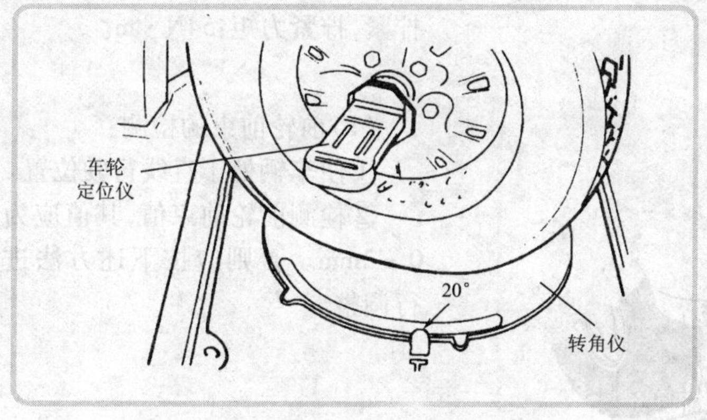

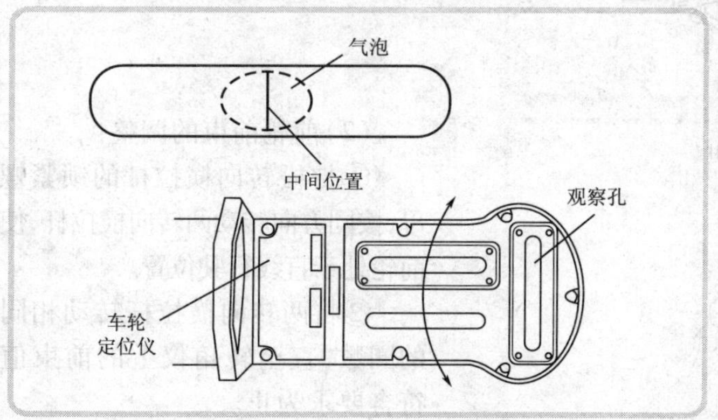

◀④将前轮向内转动40°,转动定位仪的调整螺钉,使定位仪气泡重新位于观察孔的中间位置,并读取定位仪上的主销后倾角值。主销后倾角标准值:2°45′±1°。如果被测值不符合要求,则可按下列方法予以调整。

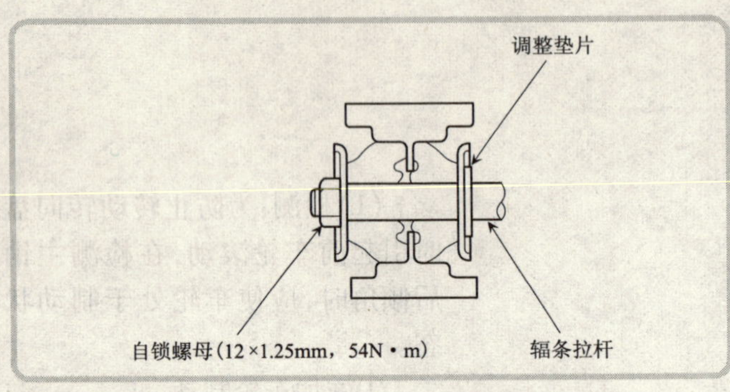

(2)调整

①举升车辆前部,并使用安全支架支撑车辆。

②拆下车轮辐条拉杆的自锁螺母。

③从下横臂的辐条拉杆上拆下凸缘螺栓,然后拆下辐条拉杆。

◀④增加或减少调整垫片,以调整主销后倾角。每一调整垫片的厚度为3.2mm,一片垫片可使主销后倾角改变35′。调整垫片的使用最多不能超过两片,即主销后倾角的最大改变值为1°10′(即2×35′)。

⑤调整结束后,安装车轮辐条拉杆,然后拧紧其凸缘螺栓。

⑥更新自锁螺母,将自锁螺母拧紧,拧紧力矩:54N·m。

3 前束的检测与调整

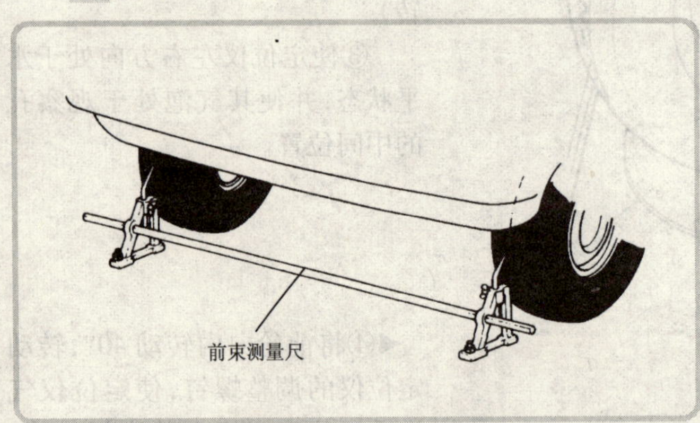

(1)前轮前束的检测:

①使车辆处于直线行驶位置。

②检测前轮前束值,其值应为0±2mm。否则应按下述方法进行调整。

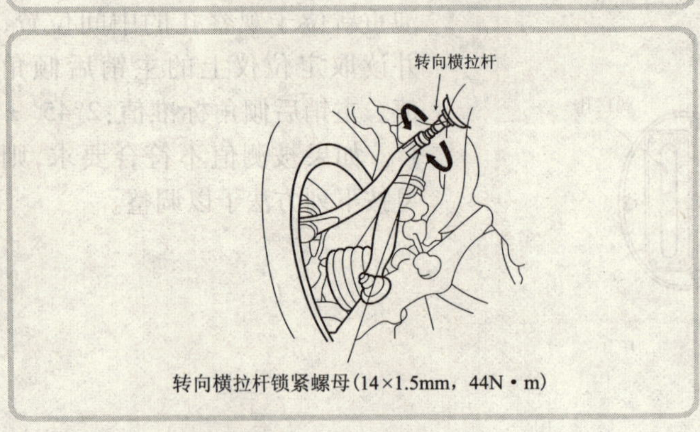

(2)前轮前束的调整:

◀①拧松转向横拉杆的锁紧螺母,按同方向转动两转向横拉杆,使前轮处于直线行驶位置。

②将两转向横拉杆转动相同的圈数,直至转角仪上的前束值符合要求为止。

③调整完毕,以44N·m的拧紧力矩拧紧转向横拉杆的锁紧螺母。

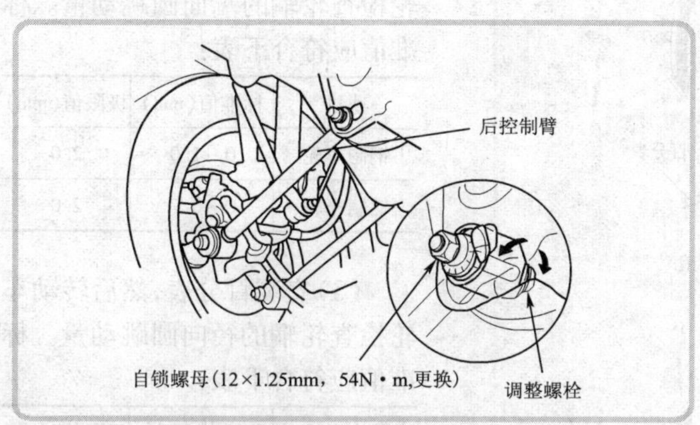

(3)后轮前束的检测：

①将换挡杆置N挡位。

②检测后轮前束值,其值应为2±2mm。否则应按下述方法予以调整。

(4)后轮前束的调整：

◀①在车轮后控制臂调整螺栓固定不动的情况下,拧松后控制臂自锁螺母。

②转动调整螺栓,调整后轮前束,使之符合规定要求。

③固定住调整螺栓防止其转动,装上自锁螺母并以54 N·m的拧紧力矩将其拧紧。

4 前轮最大转向角的检测

(1)保持检测前轮定位时车辆的放置状态。

(2)踩下制动踏板,使车轮处于制动状态。

(3)转动转向盘至左、右极限位置,检测两前轮的最大转向角。左、右前轮的最大转向角,向内:38°30′±2°、向外:31°00′(参考值)。

如果被测最大转向角不符合上述要求,则应检查悬架系统各部件有无弯曲或损坏现象。

为保证四轮定位值检测准确(也为保持良好的行车状况),必须对轮毂轴承的轴向间隙与轮辋的变形进行检测。

5 轮毂轴承轴向间隙的检查

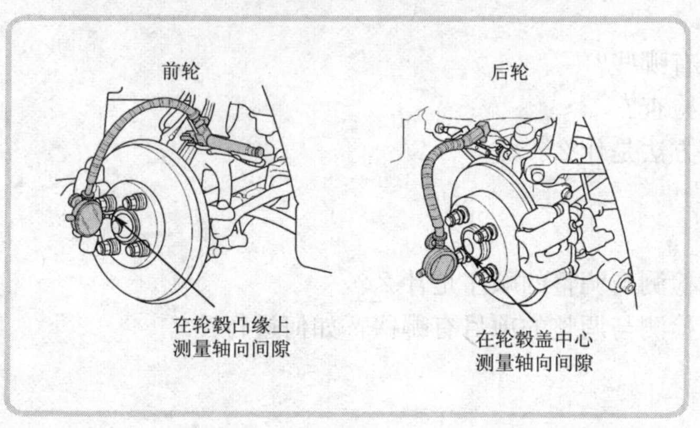

(1)举升车辆,并在车辆适当位置放置安全支架。

◀(2)拆下轮胎,然后按图示安装百分表。

(3)轴向移动制动盘检查轮毂轴承的轴向间隙。前、后轮轮毂轴承的轴向间隙均为0～0.05mm。若被测轴向间隙过大,则应更换轮毂轴承。

6 轮辋变形的检查

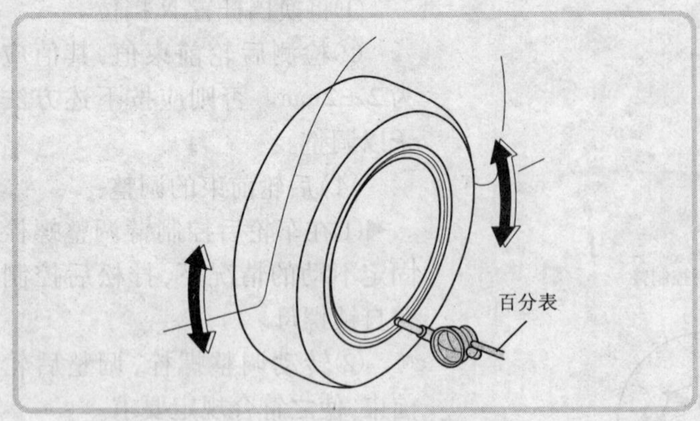

(1)举升车辆,并在车辆适当位置放置安全支架。

◀(2)安装百分表,然后转动车轮检查轮辋的端面圆跳动量。标准值应符合下表:

项目	标准值(mm)	极限值(mm)
钢制车轮	0~1.0	2.0
铝制车轮	0~0.7	2.0

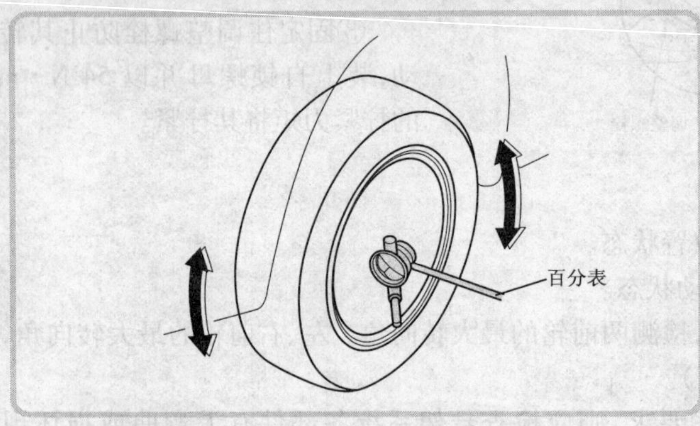

(3)安装百分表,然后转动车轮检查轮辋的径向圆跳动量。标准值应符合下表:

项目	标准值(mm)	极限值(mm)
钢制车轮	0~1.0	1.5
铝制车轮	0~0.7	1.5

如果上述两测量值超过维修极限值,则说明轮辋变形严重,应更换车轮。

单元6　思考题

1. 拆装与更换轮胎时的注意事项有哪些?
2. 轮胎的检查项目有哪些?如何检查?
3. 一汽天津威驰轿车轮胎换位的方法是什么?
4. 如何调整车轮前束?
5. 如何调整车轮外倾角?
6. 广州本田雅阁轿车四轮定位的检测与调整的顺序是什么?
7. 广州本田雅阁轿车四轮定位的检测与调整的项目有哪些?如何进行?

单元 7　机械转向系统

项目 1　转向柱和转向柱管的拆卸和安装

•0.5 学时•

目　　的： 学习转向柱和转向柱管的拆卸和安装方法。
车　　型： 一汽捷达轿车的机械转向系统。
设备与工具： 组合扳手，螺丝刀，钳子，扭力扳手，锤子，专用工具 VW771，拉具（例如：Kukko204－2），台虎钳。

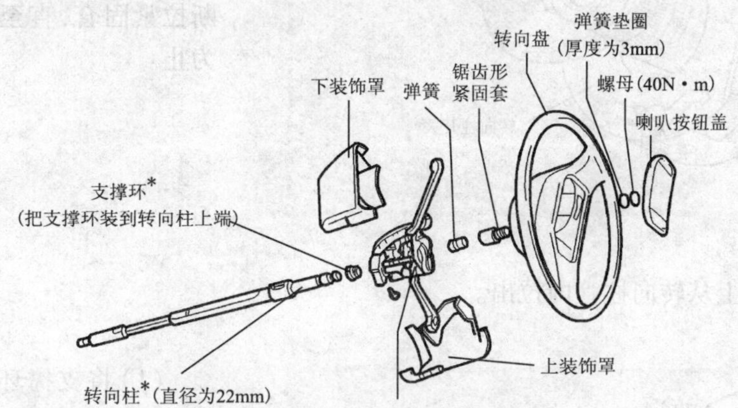

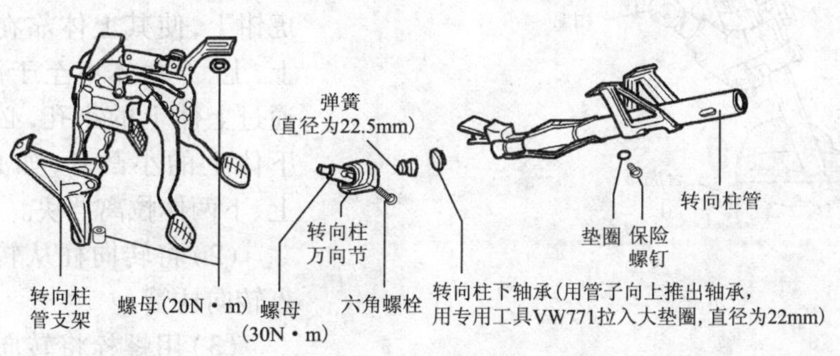

带*的零件，可在车辆外组装。

机械转向操纵机构分解图

一、注意事项

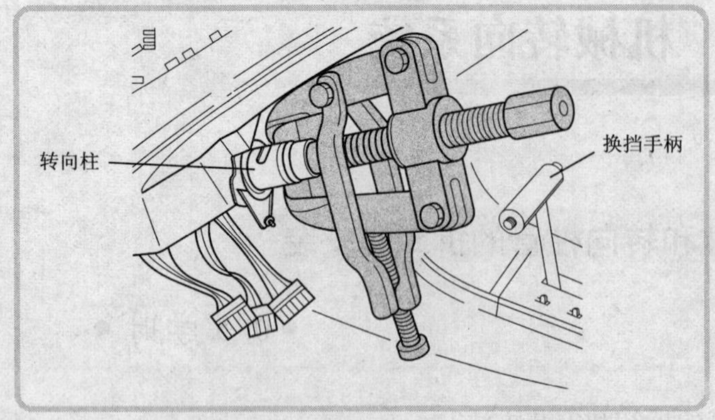

(1)更换自锁螺母和螺栓。转向器上的零件不允许焊接和矫正。

◀(2)拆卸锯齿形紧固套时,只允许用带张紧器的拉具拆卸紧固套(例如:Kukko204 - 2 专用工具)。

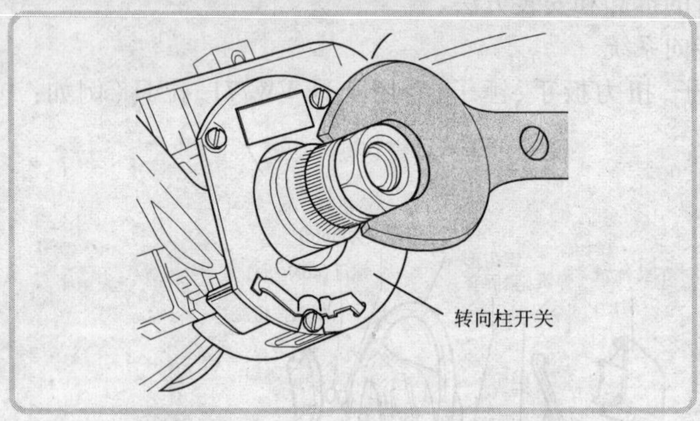

(3)安装锯齿形紧固套时,把锯齿形紧固套插到转向柱上,并用六角螺母拧到螺纹的端部,再把螺母松开,放上垫圈,用螺母不断拉紧固套,直至达到配合位置为止。

二、拆卸

将转向柱向上从转向柱管内拉出。

三、安装

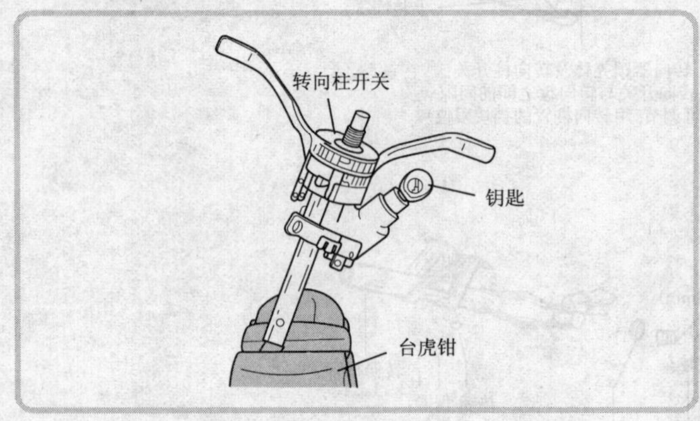

(1)将支撑环、转向柱开关、转向器锁壳体、接触环、弹簧及夹紧垫圈在车辆外装配好。为此,应将转向柱下体小心地夹紧在台虎钳上,使其上体靠在台虎钳口上,上、下两体不至于滑到一起。通过上体上的小孔,必须能看见下体上的小凸耳,如必要,可将上、下两体拉离挡块。

(2)将转向柱从转向盘端插入转向柱管。

(3)用螺栓将转向柱固定到万向节上。

(4)将转向器锁壳体固定到

四、检查转向柱长度

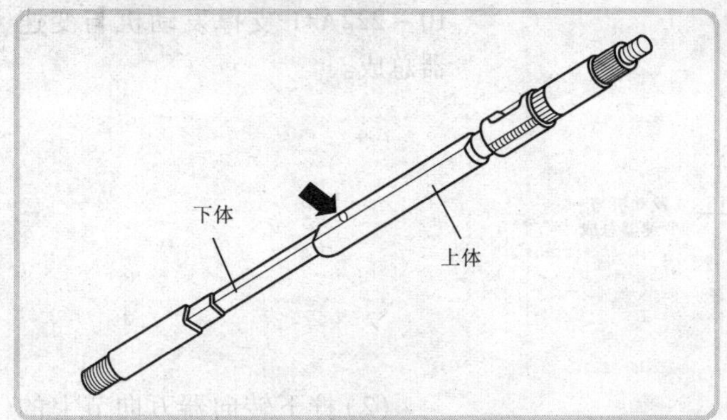

转向柱管上。

通过上体上的小孔(图中箭头所示)必须能看见下体上的小凸耳,如需要,可将上、下两体拉离挡块。

项目2 转向器的拆卸和安装

•0.5 学时•

目　　的: 学习转向器的拆卸和安装方法。
车　　型: 一汽捷达轿车的机械转向系统。
设备与工具: 组合扳手,螺丝刀,钳子,扭力扳手,锤子,专用工具 10-222A、10-222A/1,通用横拉杆拉具(例如:Kukko128/2),游标卡尺。

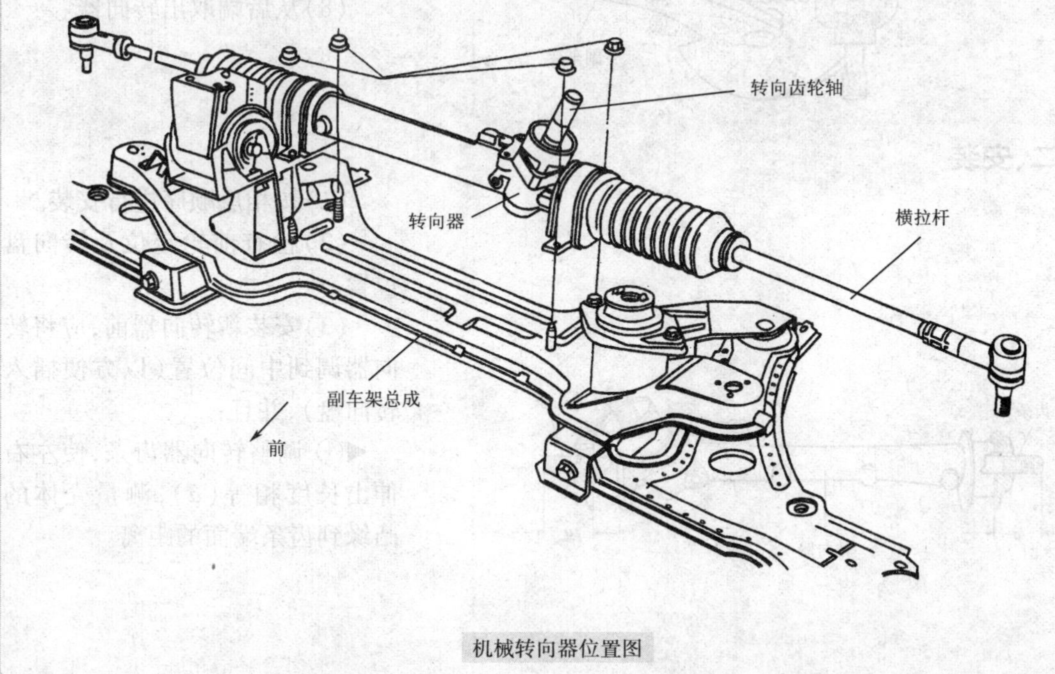

机械转向器位置图

一、拆卸

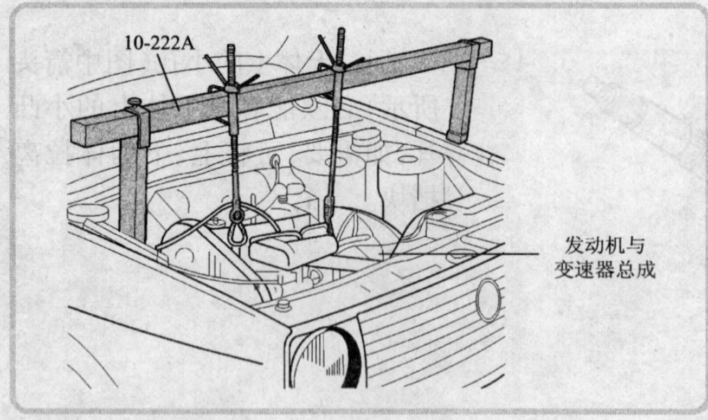

(1)用专用工具 10－222A 和 10－222A/1 支撑发动机与变速器总成。

(2)拧下转向器万向节上的紧固螺栓。

(3)拆下转向器两侧的防尘套。

◀(4)从转向臂上压出横拉杆。

(5)拧下副车架螺栓。

(6)降下发动机与变速器总成。

(7)松开转向器螺母(螺栓仍留在副车架上)。

(8)从后端取出转向器。

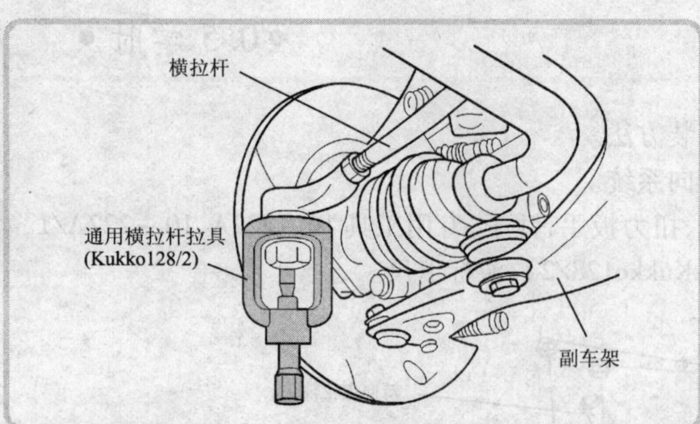

二、安装

(1)按相反顺序进行安装。

(2)检查前轮定位及转向盘位置。

(3)安装新转向器前,应将转向器调到中间位置(以方便插入转向盘),并且:

◀① 调整转向器齿条,使左右伸出长度相等(a),测量壳体的凸缘到齿条端面的距离。

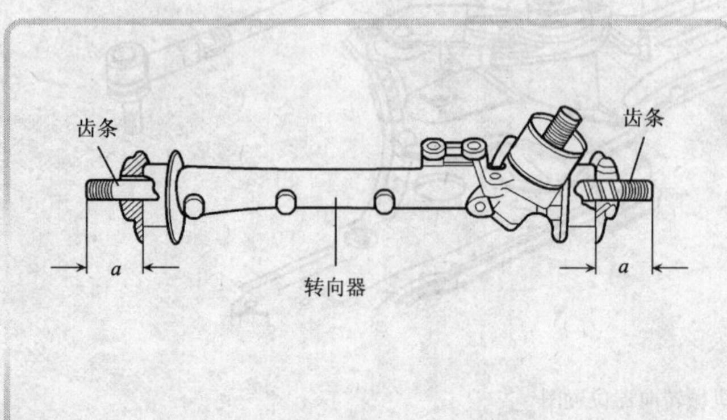

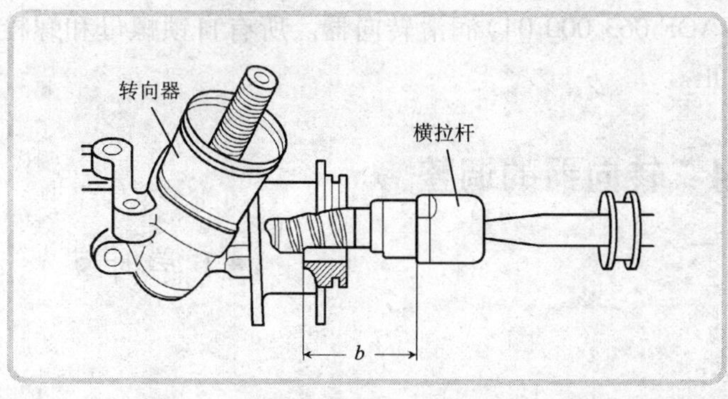

②将防松螺母拧到齿条的末端。

◀③将横拉杆拧到 $b=70.5\text{mm}$ 时为止，测量壳体凸缘到球铰链凸缘的距离。

项目3 转向器的分解和组装

•1 学时•

目　　的： 学习转向器的分解和组装方法。
车　　型： 一汽捷达轿车的机械转向系统。
设备与工具： 组合扳手，螺丝刀，钳子，扭力扳手，锤子。

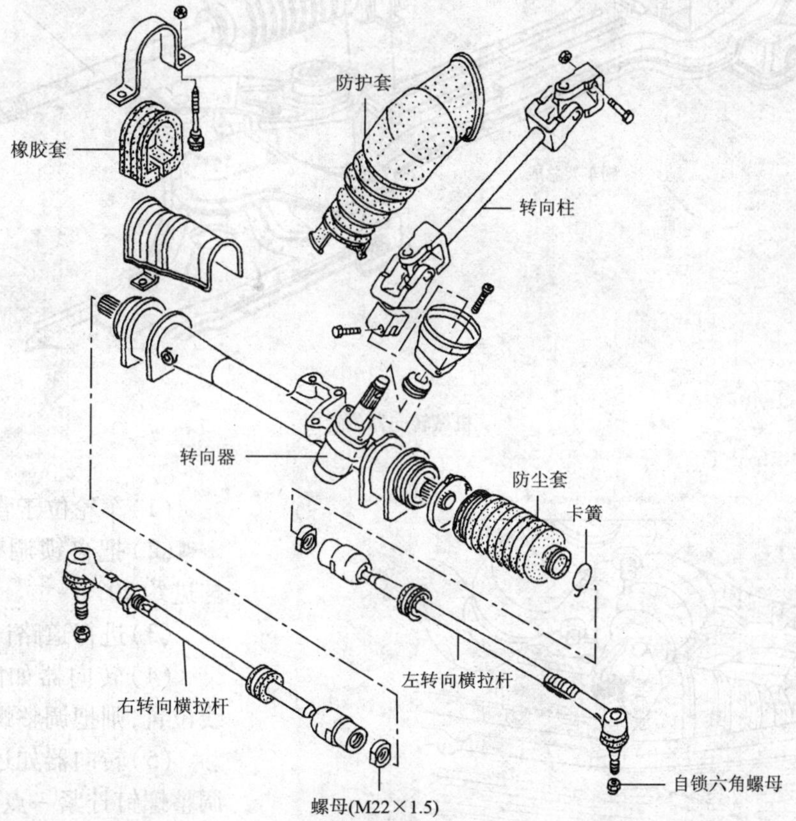

转向器分解图

注意事项:用转向器油脂(零件号:AOF 063 000 04)润滑转向器。所有自锁螺母和螺栓都须更换,转向器零件不允许焊接和矫正。

项目4 转向器的调整

•1 学时•

目　　的: 学习转向器的调整方法。

车　　型: 一汽捷达轿车。

设备与工具: 组合扳手,螺丝刀,钳子,扭力扳手。

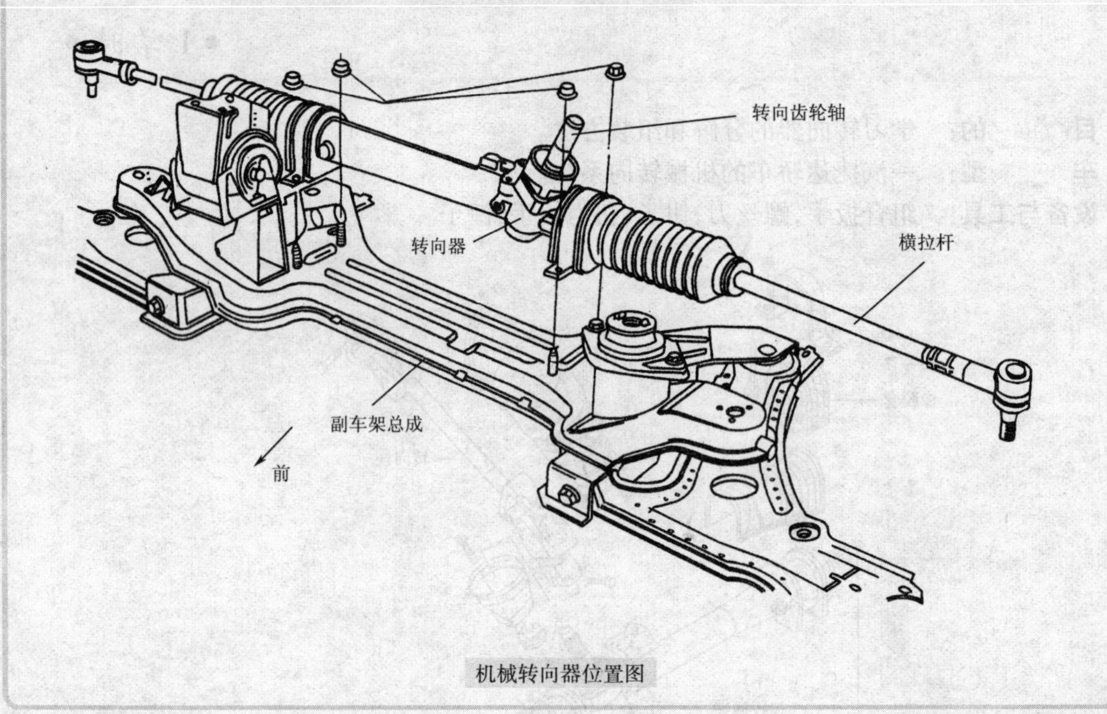

机械转向器位置图

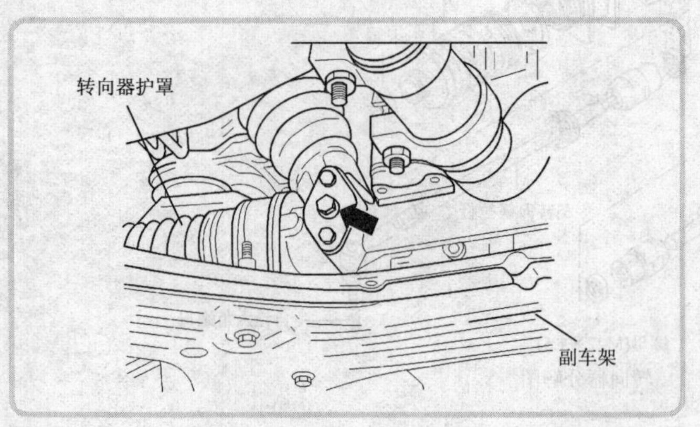

(1)车轮位于直线行驶位置。

◀(2)把自锁调整螺钉小心地拧进约20°。

(3)进行道路试验。

(4)转向器如能自动回到直线位置,则把调整螺钉松开一点。

(5)转向器如还有间隙,则把调整螺钉拧紧一点。

单元7　思考题

1. 机械转向系统的组成和工作原理是什么？
2. 如何安装转向柱和转向柱管？
3. 如何拆卸和安装转向器？
4. 如何调整转向器？

单元8　动力转向系统

项目1　转向柱的维修

•1学时•

目　　　的： 学习转向柱的维修方法。

车　　　型： 上海桑塔纳2000GSi轿车的动力转向系统。

设备与工具： 组合扳手,螺丝刀,钳子,扭力扳手,锤子,水泵钳。

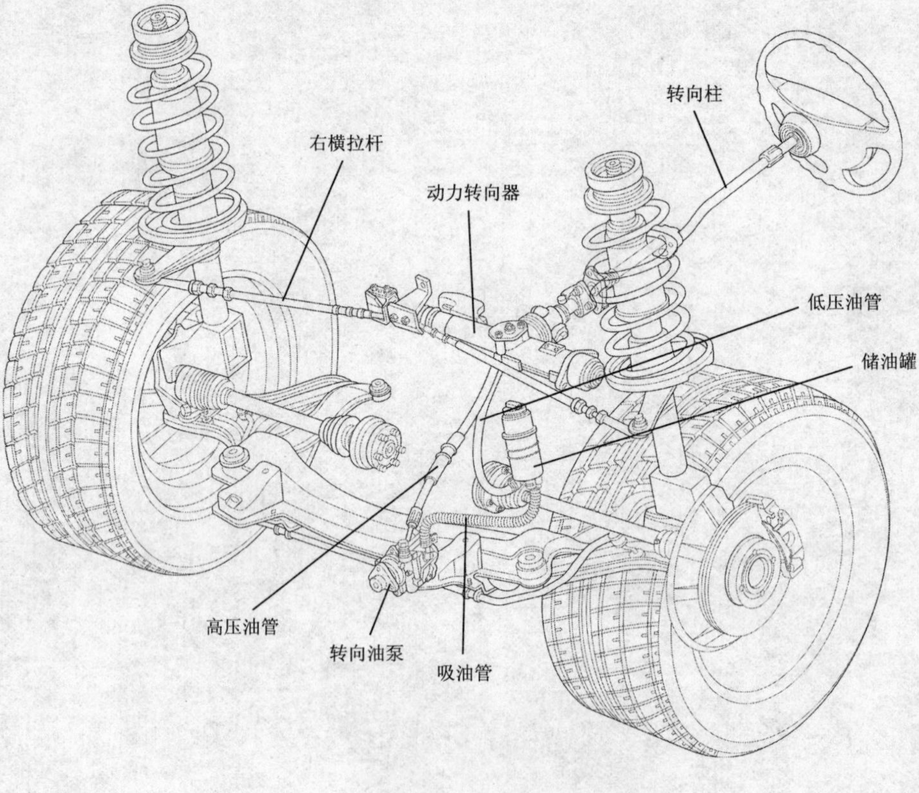

动力转向系统

一、转向柱的拆卸

转向柱上装有一套组合开关，包括点火开关、刮水器及洗涤器开关、转向灯开关及远近光变光开关，因此在拆卸前必须将蓄电池电源线断开，转向指示灯开关放在中间位置，并将车轮处在直线行驶位置，然后按下列拆卸步骤进行。

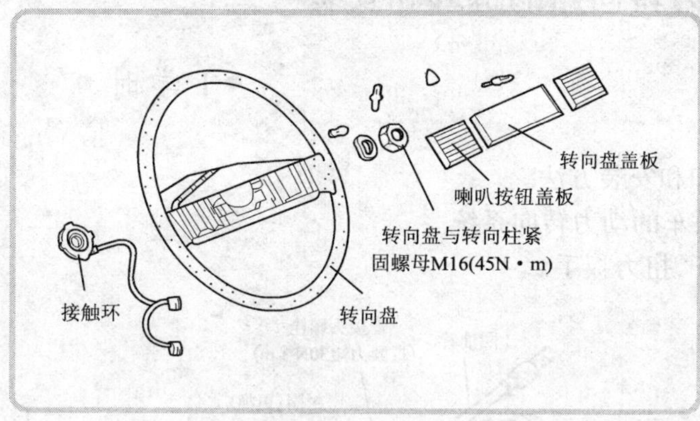

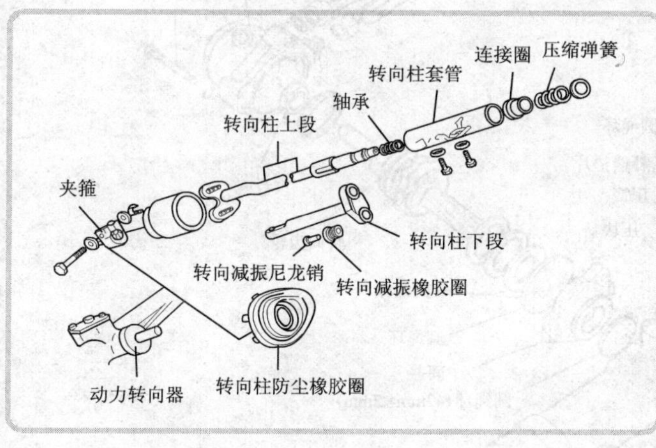

◀(1)向下按橡皮边缘，撬出盖板。

(2)取下喇叭盖，拆卸喇叭按钮及有关接线。

(3)拆下转向盘紧固螺母，用拉器将转向盘取下。

(4)拆下组合开关上的3个平口螺栓，取下开关。

(5)拆下阻风门控制把手手柄上的销子，然后旋下手柄、环形螺母，取下开关。

◀(6)拆下转向柱套管的两个螺钉，拆下套管。

(7)将转向柱上段往下压，使上段端部法兰上的两个驱动销脱离转向柱下端，取出转向柱上段。

(8)取下转向柱橡胶圈，松开夹紧箍的紧固螺栓，拆下转向柱下端。

(9)用水泵钳旋转卸下弹簧垫圈，卸下左边的内六角螺栓，旋出右边的开口螺栓，拆下转向盘锁套。

二、转向柱的检查

检查转向柱有无弯曲、安全联轴节有无磨损或损坏、弹簧弹性是否失效，如有，则应修理或更换新件。

三、转向柱的安装

安装应基本按拆卸的相反顺序进行，但同时应注意以下几点：

(1)转向柱与凸缘管应一起安装，并用水泵钳连接起来。

(2)应将凸缘管推止转向机构主动齿轮上，夹紧箍圈口应向外，注意不可用手掰开夹箍。

(3)转向柱管的断开螺栓装配时，应将螺栓拧紧至螺栓头断开为止，然后拧紧圆柱螺栓。

(4)车轮应处于直线行驶位置，转向灯开关应处在中间位置，才可装转向盘，否则在安装转向盘时,当分离爪齿通过接触环上的簧片时,有可能造成损坏。

(5)应更换所有的自锁螺母和螺栓,转向支柱如有损坏,不能焊接修理。

项目2 动力转向器的拆卸和安装

•1 学时•

目　　的: 学习动力转向器的拆卸和安装方法。
车　　型: 上海桑塔纳2000GSi轿车的动力转向系统。
设备与工具: 组合扳手,螺丝刀,钳子,扭力扳手。

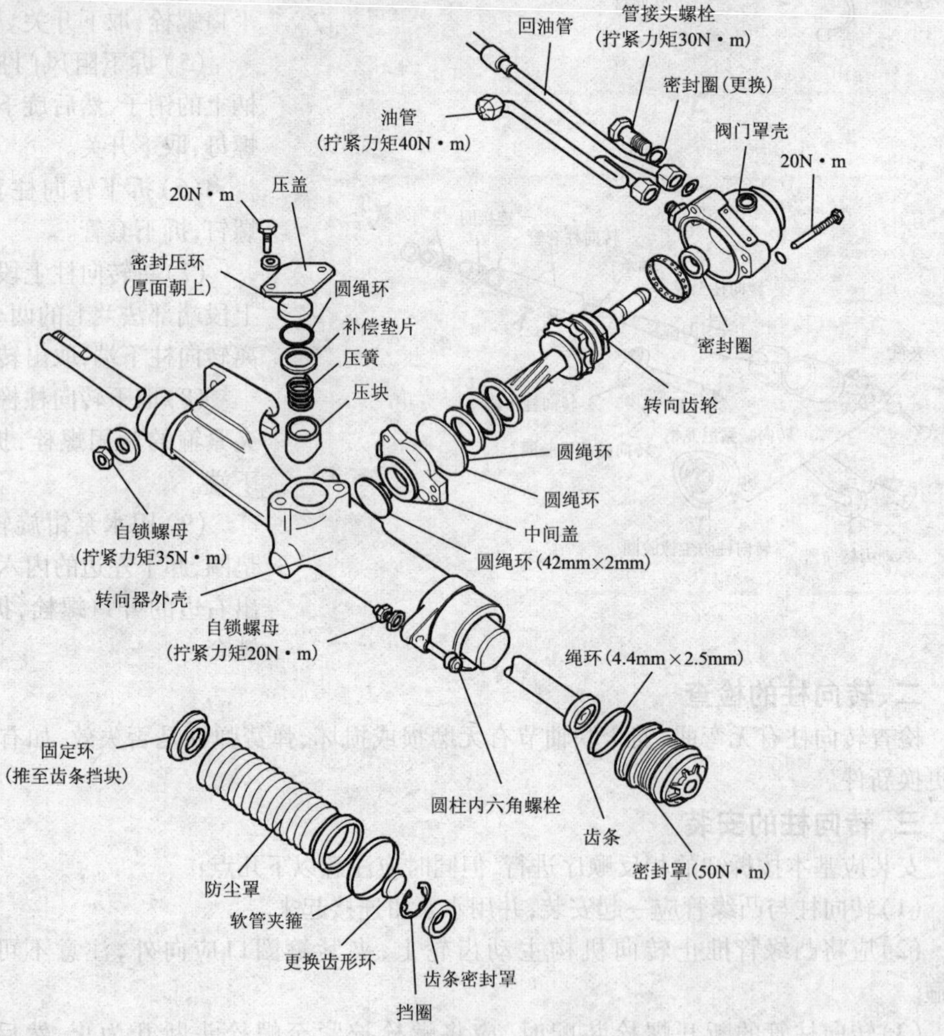

动力转向器分解图

一、动力转向器的拆卸

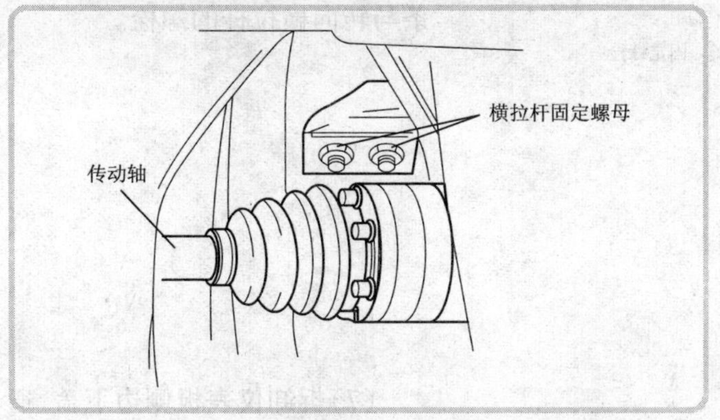

(1)支撑起车辆,排放动力转向油(ATF 润滑油)。

◀(2)拆下固定横拉杆的螺母。

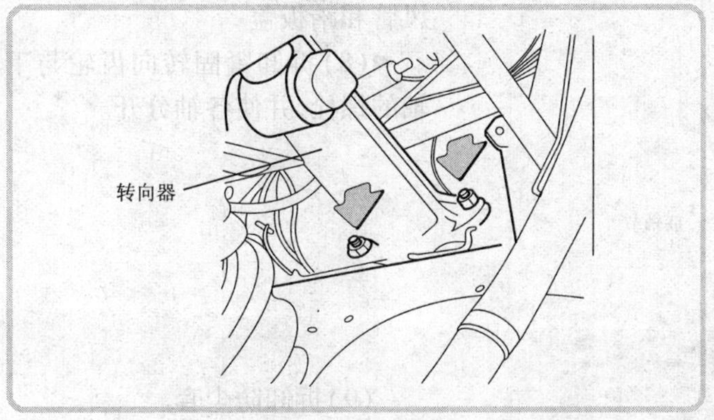

(3)拆卸左前轮罩处的转向器固定螺栓。

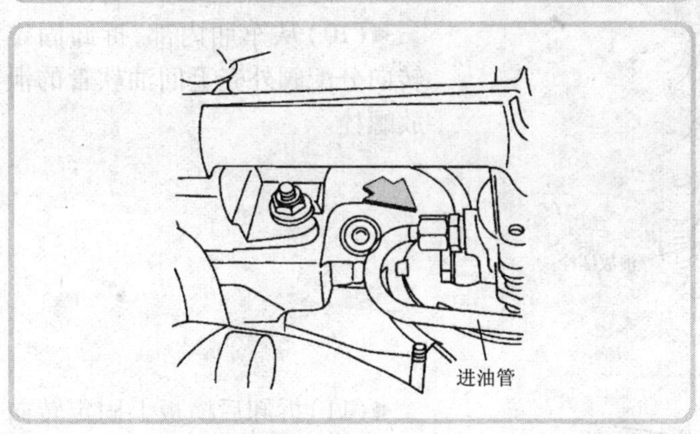

(4)松开在转向分配阀外壳上的进油油管。

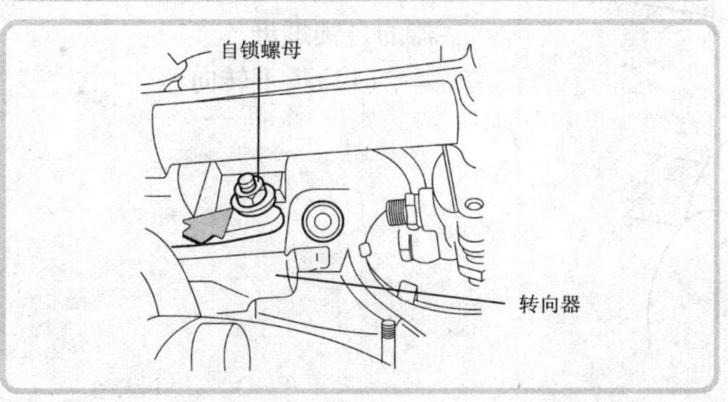

(5)拆卸后横板上固定转向器的左边自锁螺母。

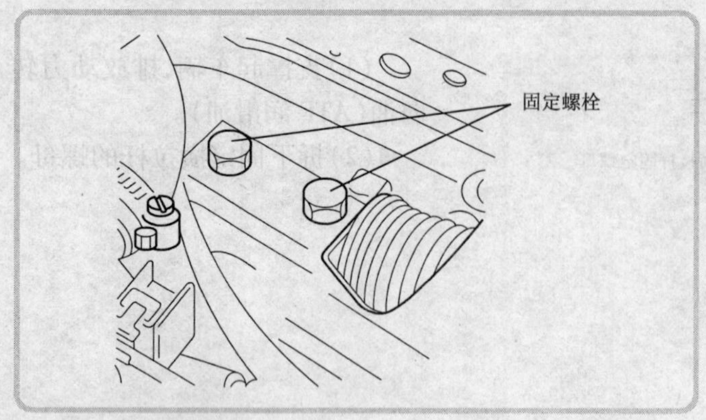

(6)把车辆放下,拆卸紧固齿条与转向横拉杆的螺栓。

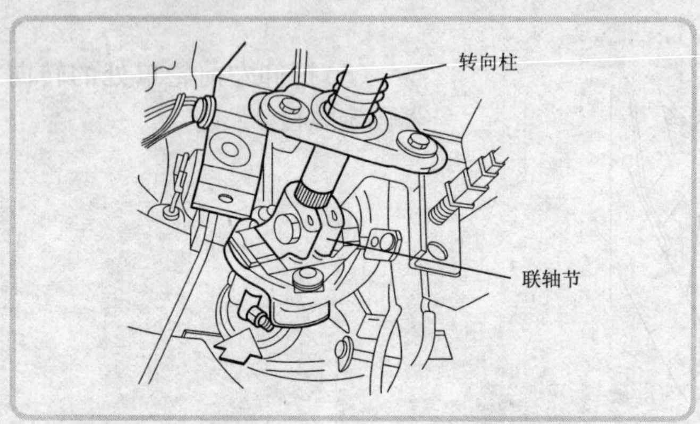

(7)拆卸仪表板侧边下盖、通风管和踏板盖。

◀(8)拆卸紧固转向齿轮与下轴的螺栓,并使各轴分开。

(9)拆卸防尘套。

◀(10)从车厢内部,拆卸固定转向分配阀外壳上回油软管的泄放螺栓。

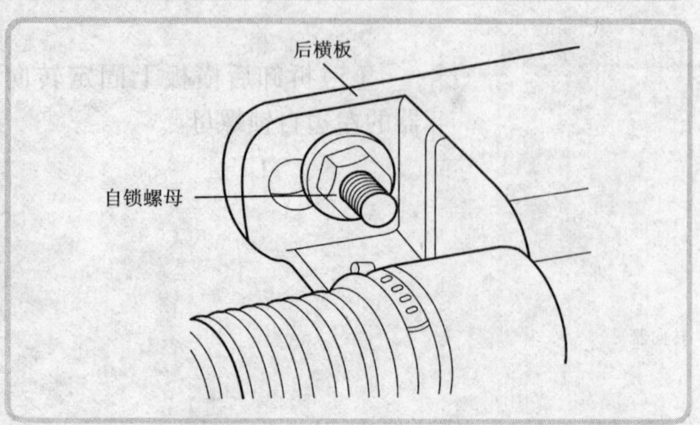

◀(11)拆卸后横板上固定转向器的自锁螺母。

(12)拆下转向器。

二、动力转向器的安装

安装时应注意：油泵上和在转向控制阀上固定泄放螺栓的密封环只要被拆卸，就应该更换。

(1)安装后横板的转向器，安装自锁螺母但不必完全拧紧。

(2)支撑起车辆。

(3)在转向油泵上安装进油管和回油软管，并用40N·m的力矩拧紧螺栓，并使用新的密封圈；安装在左前轮罩上的转向器固定螺栓，并用20N·m的力矩拧紧螺母，安装在后横板上转向器固定自锁螺母，并且用40N·m的力矩拧紧螺母；把进油管固定在转向分配阀外壳上。

(4)把车辆放下。

(5)用40N·m的力矩拧紧在后横板上固定转向器的螺母；安装横拉杆支架固定螺栓，并用45N·m的力矩拧紧；从车厢内部把回油软管安装在转向分配阀外壳上；安装防尘套；连接联轴节，安装固定螺栓并用25N·m的力矩拧紧；安装踏板盖、通风管和仪表板盖。

(6)吊起车辆。

(7)安装固定横拉杆支架的自锁螺母，并用45N·m的力矩拧紧。

(8)把车辆放下。

(9)向储油罐内注入ATF油，直到达到标有“Max”处。**注意：**决不能再使用已排出的ATF油。

(10)举升起车辆，在发动机停止的情况下转动转向盘数次，以便把系统中存在的空气排出，并补充ATF油，使之达到标有“Max”处。

(11)起动发动机，完全向左和右转动转向盘，观察油面高度，一直操作到油面稳定在标有“Max”处为止。

如何更换动力转向油

动力转向液的油压管路内经常保持2.45MPa的高压。而且，在市区行驶时频繁进行转向操作，在停车时反复进行极限转向等，会持续承受负载。因此动力转向液会升到相当高的温度，而转向液的量又很少，所以行驶20 000km(或1年)就肯定会发生劣化，需要进行定期更换。

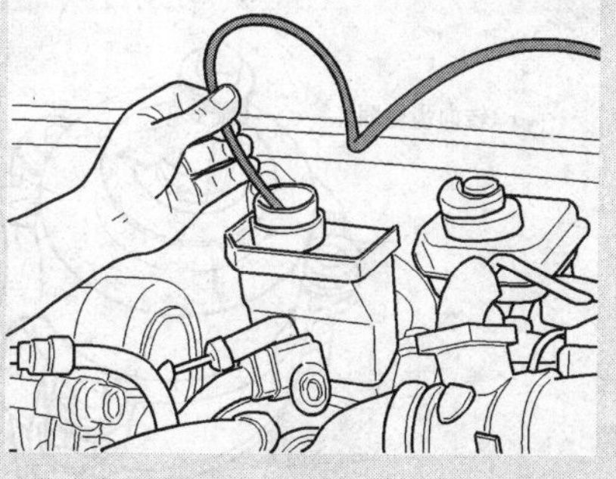

更换转向液有两种方法。一种是将泵的回油软管拆下，起动发动机，将转向液排出；另一种是使用市场上销售的换油泵，虽然比较麻烦，但适合于初学者采用。首先卸下储液箱的堵盖，将吸油管插入。

项目3　转向器齿轮密封圈的更换

• 0.5 学时 •

目　　的：学习转向器齿轮密封圈的更换方法。

车　　型：上海桑塔纳2000GSi轿车的动力转向系统。

设备与工具：组合扳手，螺丝刀，钳子，扭力扳手，台虎钳，专用工具VW065，塑料锄头。

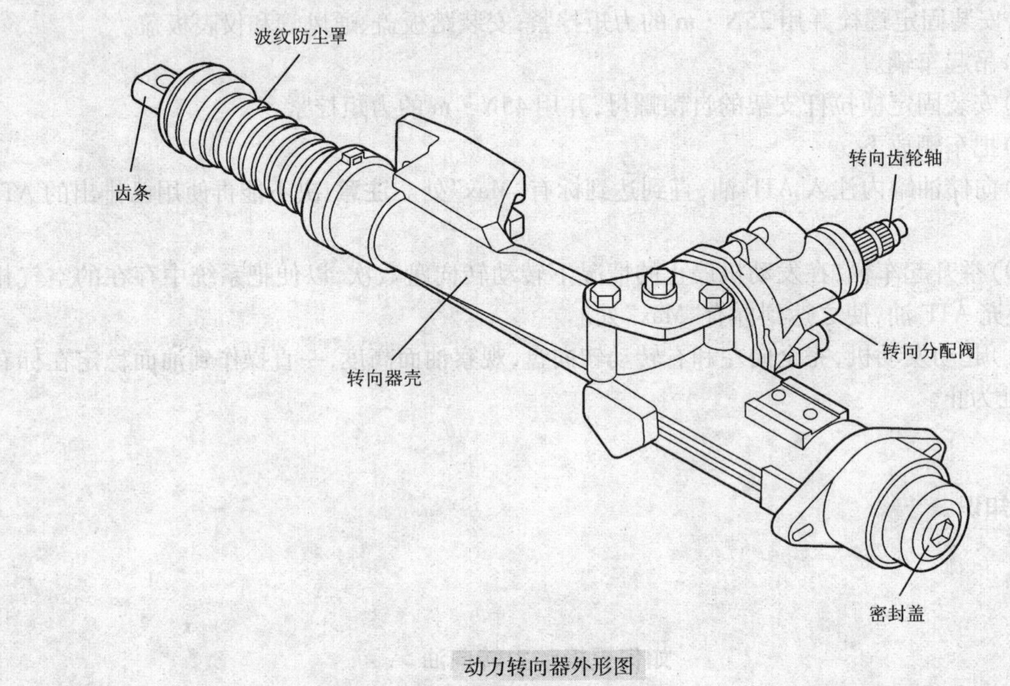

动力转向器外形图

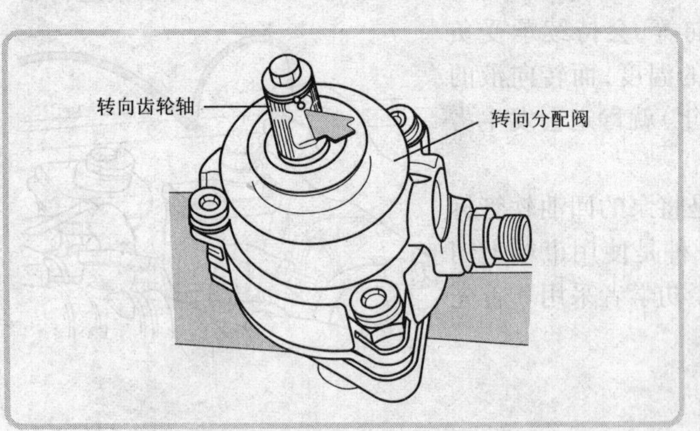

(1)拆卸转向器。

◀(2)把转向器固定在台虎钳上，并拆卸转向齿轮轴的锁销。

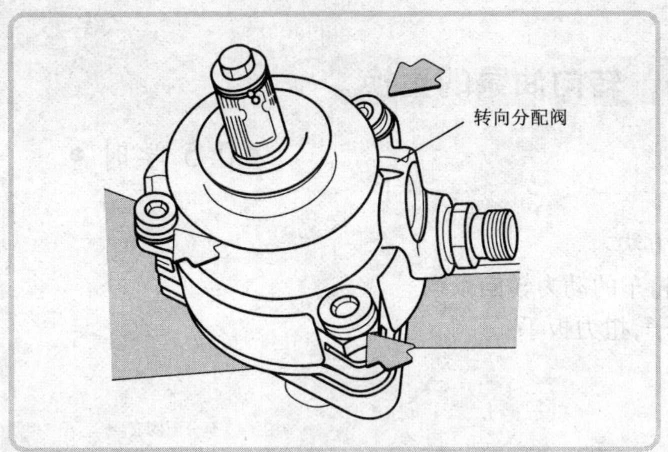

(3)拆卸转向分配阀总成。

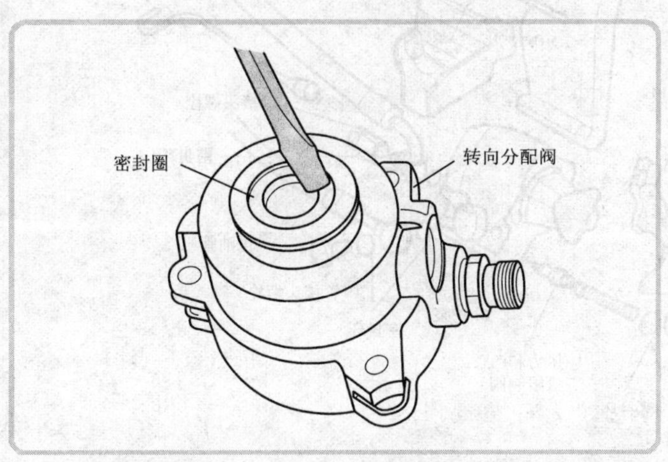

(4)拆卸转向分配阀外壳的密封圈。

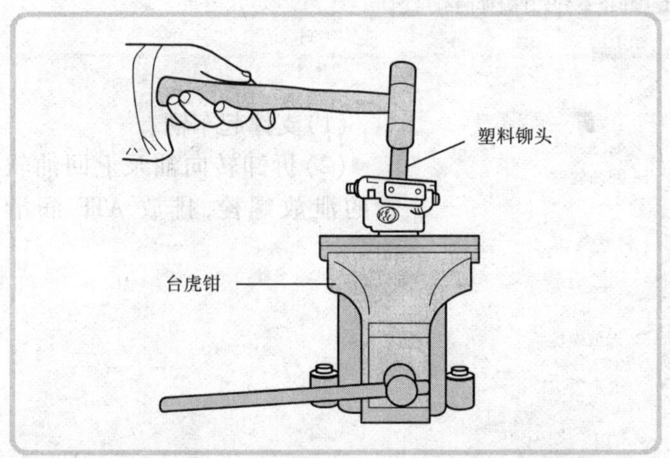

(5)使用专用工具 VW065 和塑料铆头,把新的密封圈安装在转向分配阀外壳上。

项目4　转向油泵的更换

• 0.5 学时 •

目　　的： 学习转向油泵的更换方法。

车　　型： 上海桑塔纳2000GSi轿车的动力转向系统。

设备与工具： 组合扳手，螺丝刀，钳子，扭力扳手。

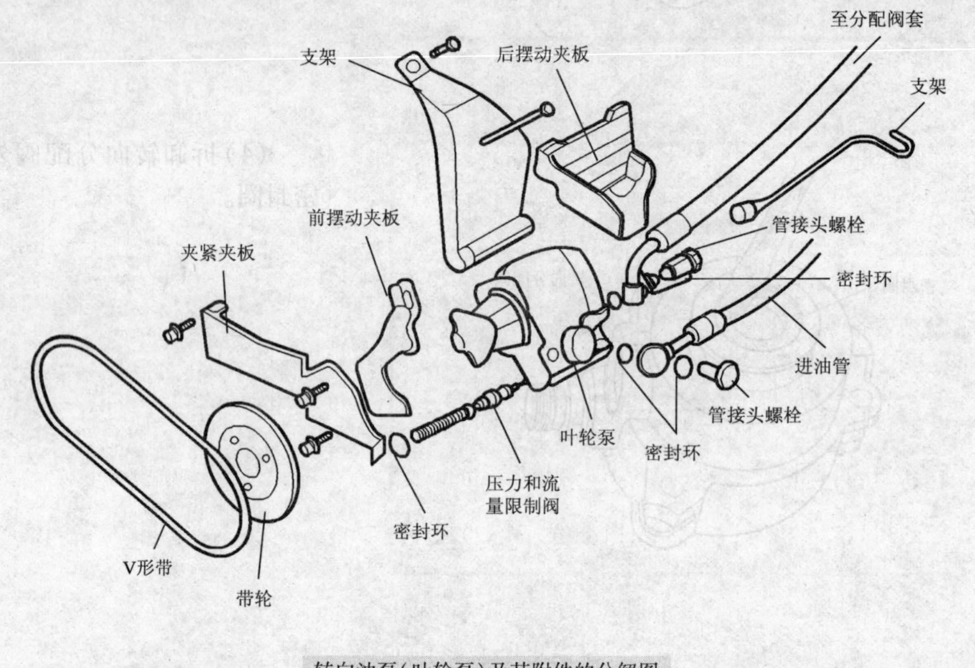

转向油泵(叶轮泵)及其附件的分解图

一、转向油泵的拆卸

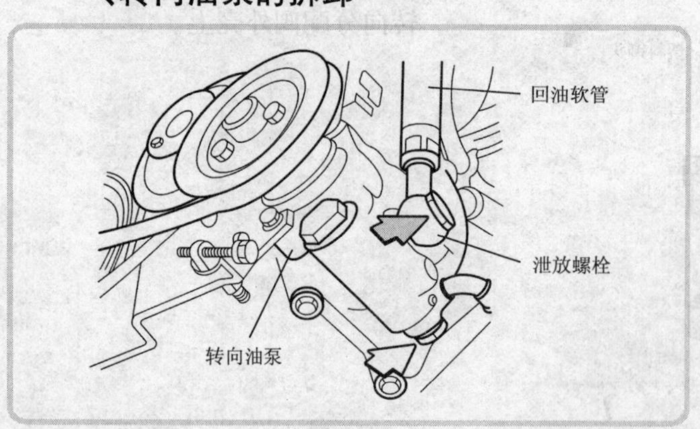

(1) 支撑起车辆。

◀(2) 拆卸转向油泵上回油软管的泄放螺栓，排放 ATF 润滑油。

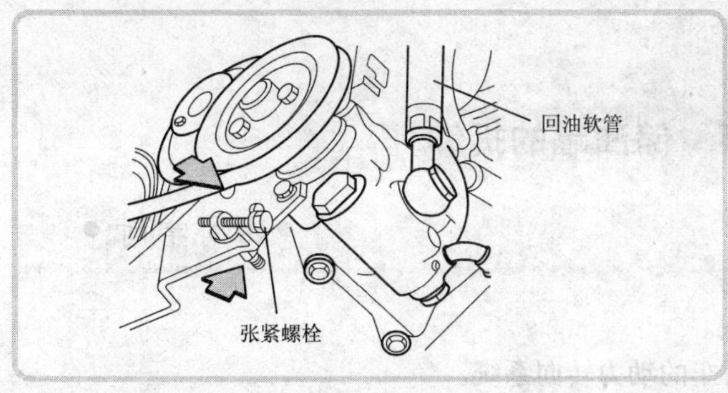

(3)拆卸转向油泵前支架上的张紧螺栓。

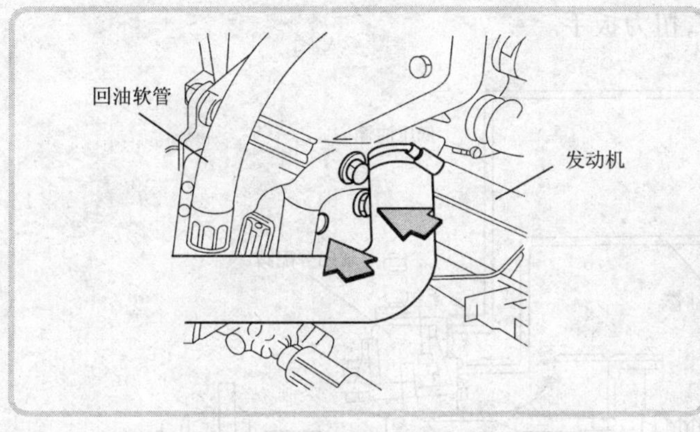

(4)拆卸转向油泵后支架上的固定螺栓。

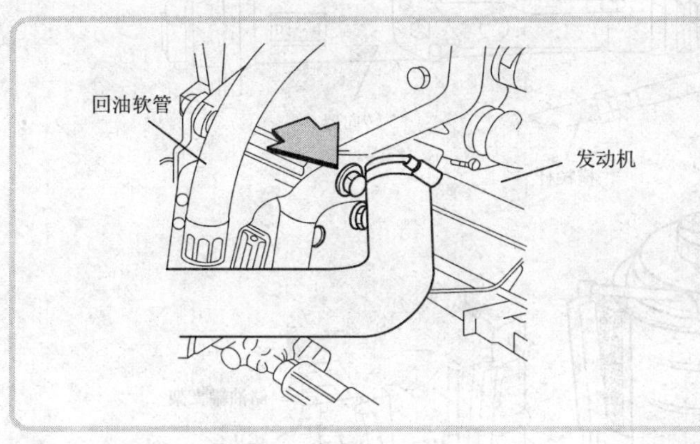

(5)松开转向油泵中心支架上的固定螺母和螺栓。

(6)把转向油泵固定在台虎钳上,拆卸V形带轮和中间支架。

二、转向油泵的安装

转向油泵安装顺序与拆卸顺序相反。转向油泵安装完毕后,应调整转向油泵V形带的张紧度,并加注ATF油液。

项目5　储油罐的拆卸

•0.5 学时•

目　　的： 学习储油罐的拆卸方法。

车　　型： 上海桑塔纳 2000GSi 轿车的动力转向系统。

设备与工具： 组合扳手，螺丝刀，钳子，扭力扳手。

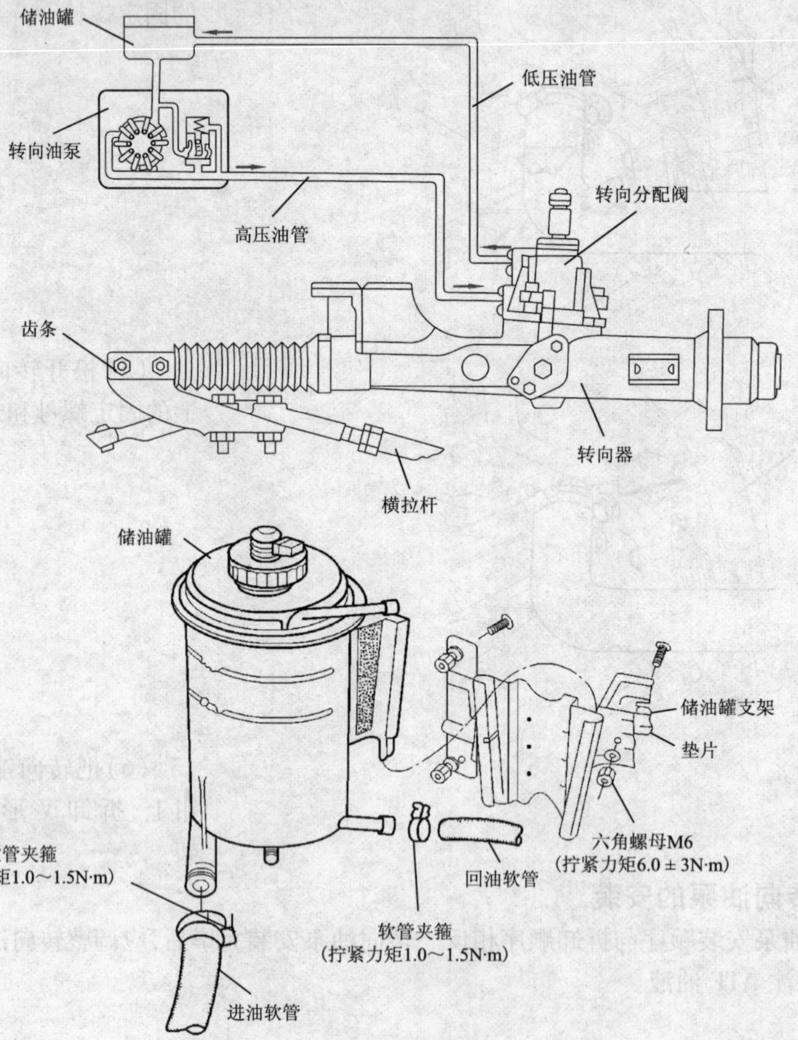

动力转向系统油路简图

松开储油罐的安装支架螺栓和储油罐进油、回油软管夹箍，从车上拆下储油罐。

项目 6　转向油泵 V 形带的调整

•0.5 学时•

目　　的： 学习转向油泵 V 形带的调整方法。
车　　型： 上海桑塔纳 2000GSi 轿车的动力转向系统。
设备与工具： 组合扳手,螺丝刀,钳子,扭力扳手。

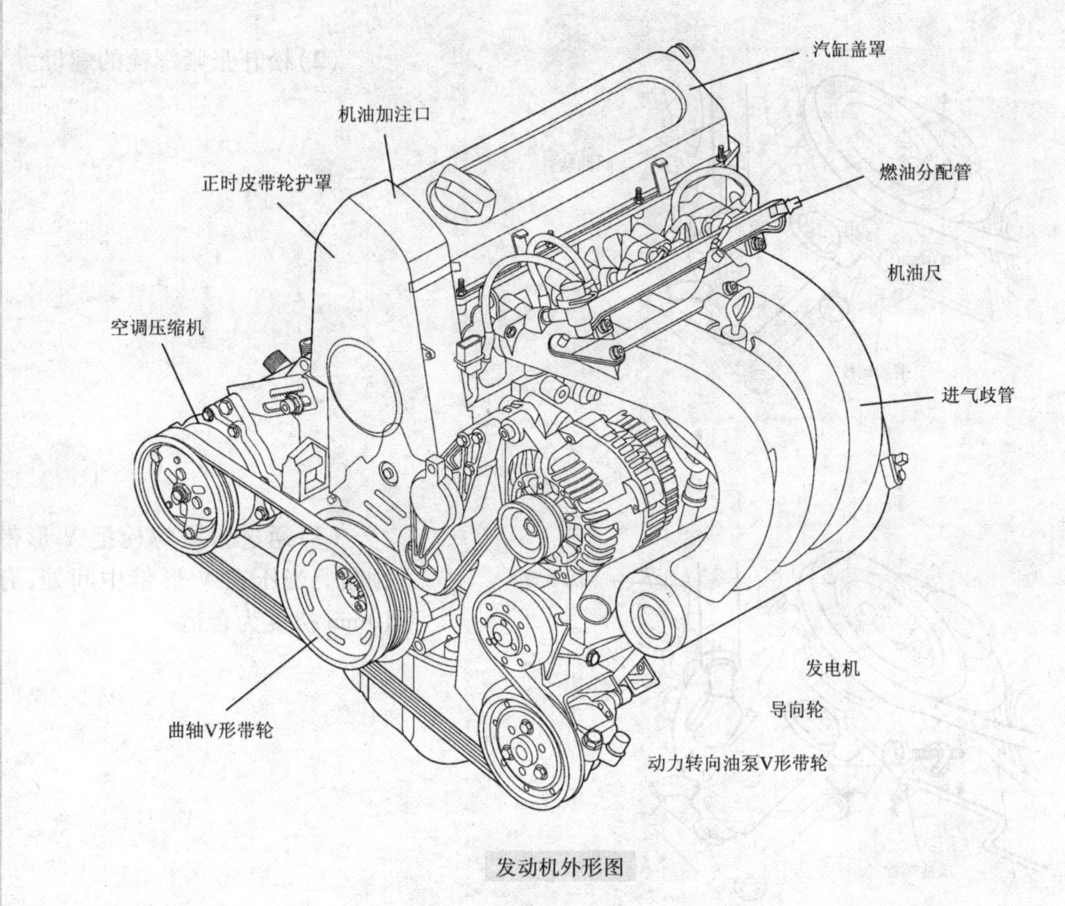

发动机外形图

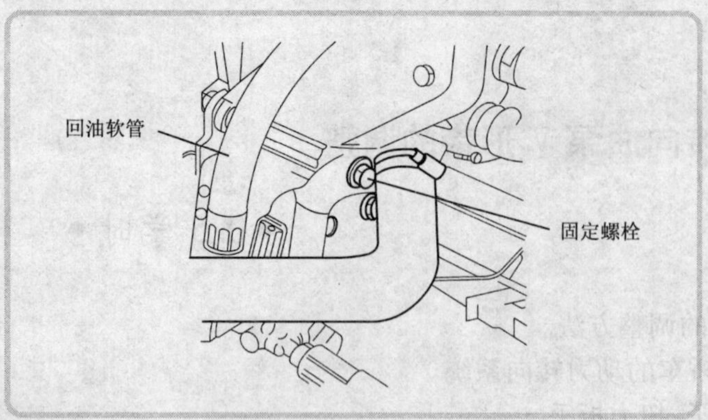

(1)松开转向油泵支架上的后固定螺栓。

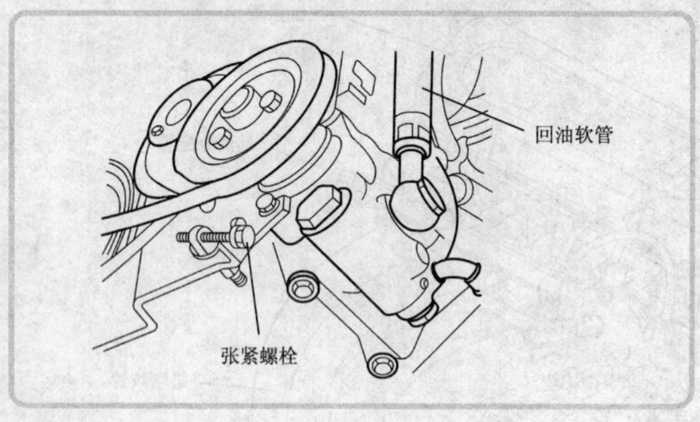

(2)松开张紧螺栓的螺母。

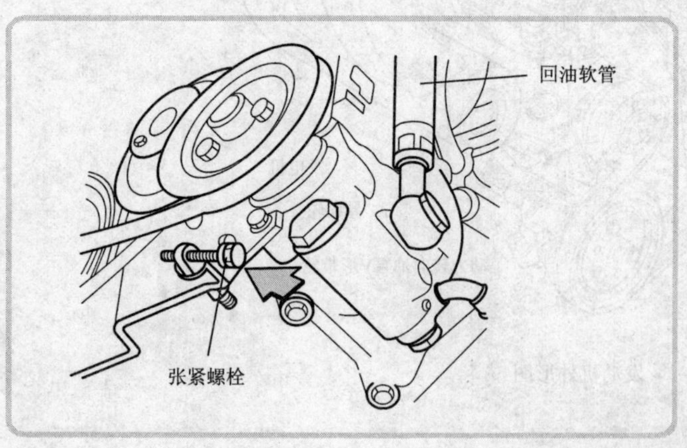

(3)通过张紧螺栓把 V 形带绷紧。当压在 V 形带中间处,有 10mm 挠度为合适。

(4)拧紧张紧螺栓的螺母。拧紧转向油泵支架上的固定螺栓。

项目7 动力转向系统的检查和调整

•2 学时•

目　　的： 学习动力转向系统的检查和调整方法。

车　　型： 广州本田雅阁轿车的动力转向系统。

设备与工具： 组合扳手，螺丝刀，钳子，扭力扳手，弹簧秤，V 形带张紧力计(07JGG－0010100)，锁紧螺母扳手(07MAA－SL00100，40mm)，专用工具 P/S 连接接头(油泵端)，P/S 压力表，P/S 连接接头(软管端)。

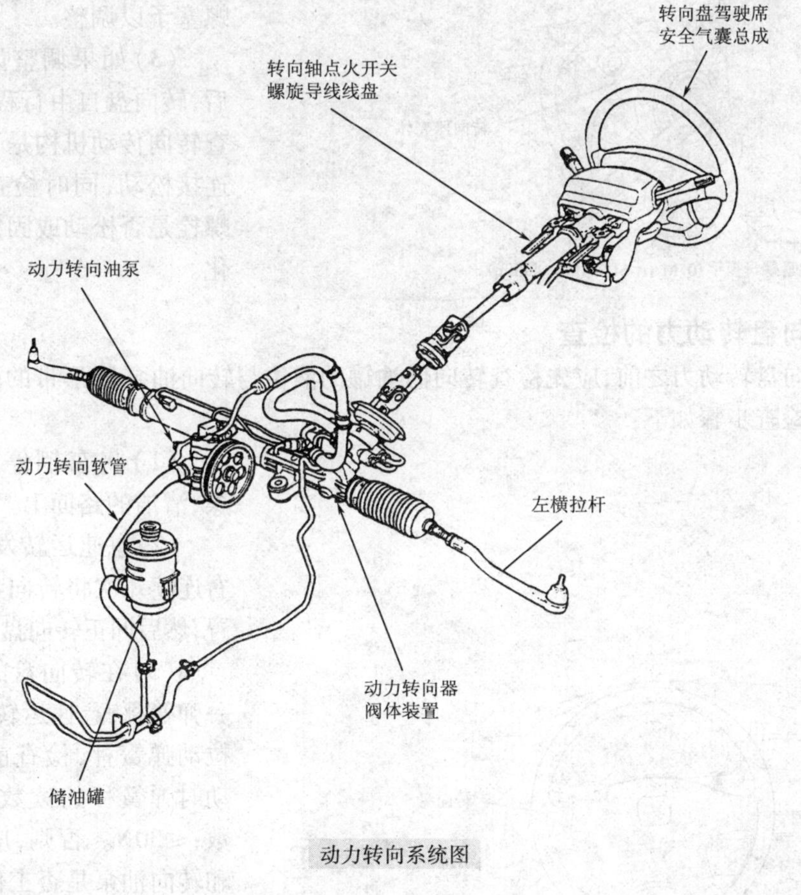

动力转向系统图

一、转向盘自由行程的检查与调整

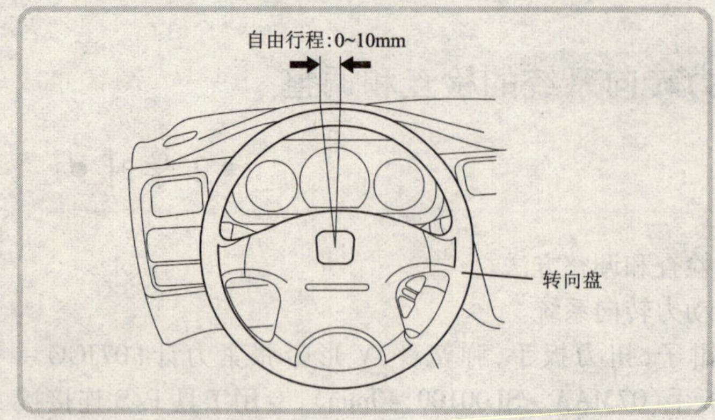

(1)使前轮处于直线行驶的位置,左右轻轻转动转向盘,测量两前轮不发生偏转时转向盘所能转动的行程,此行程即为转向盘的自由行程,其值应为0~10mm。

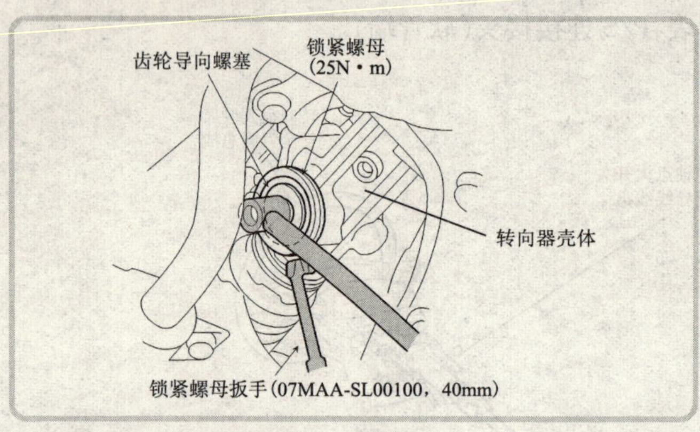

◀(2)如果转向盘自由行程超过上述要求,则可通过齿条导向螺塞予以调整。

(3)如果调整齿条导向螺塞后,转向盘自由行程仍过大,则检查转向传动机构是否间隙过大或连接松动,同时检查转向器固定螺栓是否松动或固定胶垫是否老化。

二、转向盘转动力的检查

检查转向盘转动力之前,应先检查转向储油罐的液位与转向油泵V形带的张紧力。转向盘转动力的检查步骤如下:

(1)将车辆停放在水平、干燥、清洁的路面上。

(2)怠速运转发动机,向左向右连续几次将转向盘转到极限位置,然后回正转向盘。

◀(3)在转向盘的圆周上固定一弹簧秤,怠速运转发动机,然后拉动弹簧秤,检查前轮刚开始转动时弹簧秤的读数,弹簧秤的读数:≤30N。否则,应检查转向器和转向油泵是否工作不良。

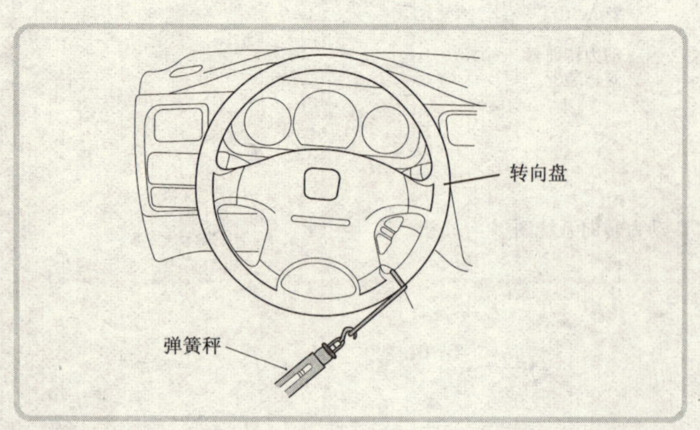

三、转向油泵V形带松紧度的检查与调整

在进行该项操作之前,应先检查V形带是否有裂纹或其他损坏现象。若有,则更换新V形带。在使用新V形带时,应首先将其张紧力或挠度调整至“新V形带值”,然后运转发动机5min,再将V形带张紧力或挠度调整至“旧V形带值”。

1 检查

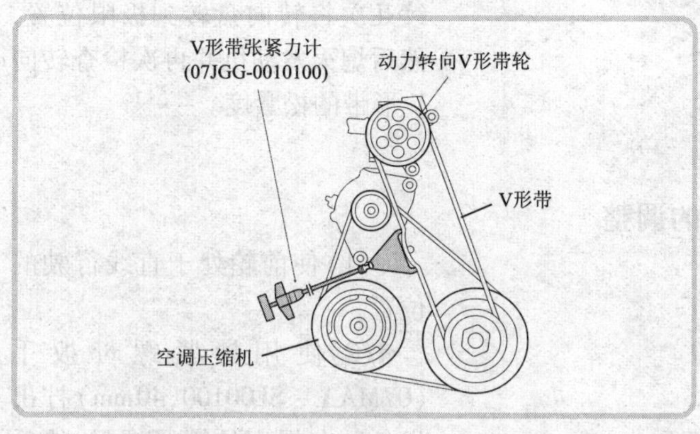

(1)拆下转向储油罐。

◀(2)将V形带张紧力计(07JGG-0010100)面朝发动机的方向连接到V形带上,并检测V形带的张紧力。新V形带:740~880N、旧V形带:390~540N。

(3)若没有V形带张紧力计,也可用检查V形带挠度的方法判断其松紧度。在两带轮中间的V形带上施加以98N的压力,然后测量V形带的挠度。新V形带:11.0~12.5mm、旧V形带:13.0~16.0mm。

2 调整

如果V形带张紧力值或挠度值不符合上述要求,则应按下述方法予以调整:

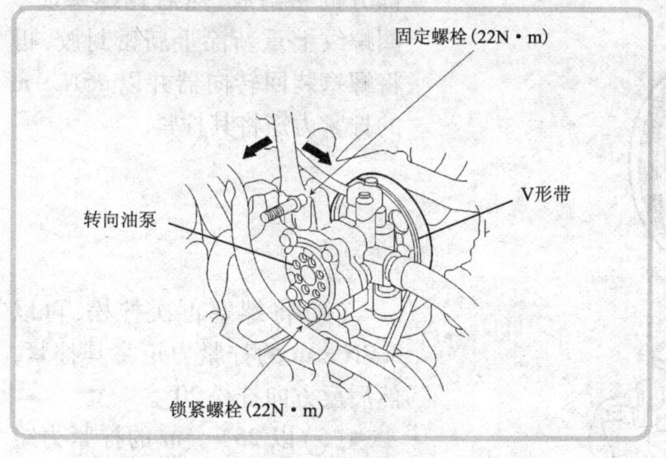

(1)松开转向油泵的固定螺栓和锁紧螺栓。

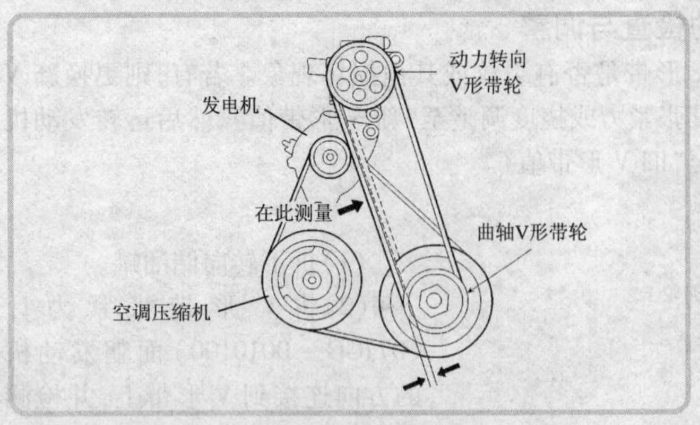

◀(2)通过调节杆移动转向油泵的安装位置来调整其V形带的松紧度,然后再拧紧转向油泵的固定螺栓与锁紧螺栓。

(3)起动发动机,向左向右连续几次将转向盘转到极限位置,然后熄灭发动机并再次检查转向V形带的松紧度。

四、转向器齿轮齿条啮合间隙的调整

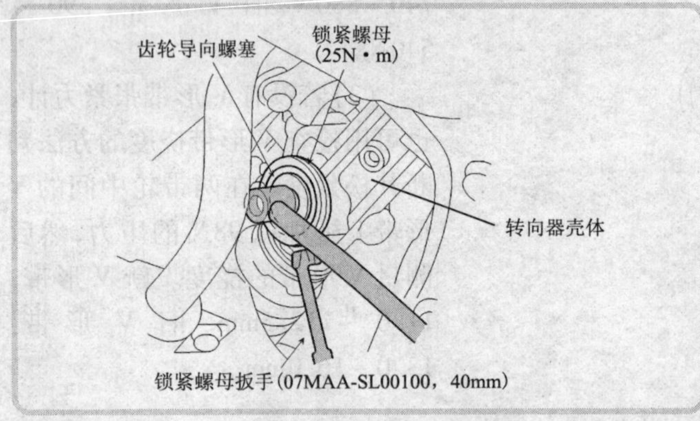

(1)使前轮处于直线行驶的位置。

◀(2)使用锁紧螺母扳手(07MAA-SL00100,40mm)拧出齿条导向螺塞的锁紧螺母,然后拆下齿条导向螺塞。

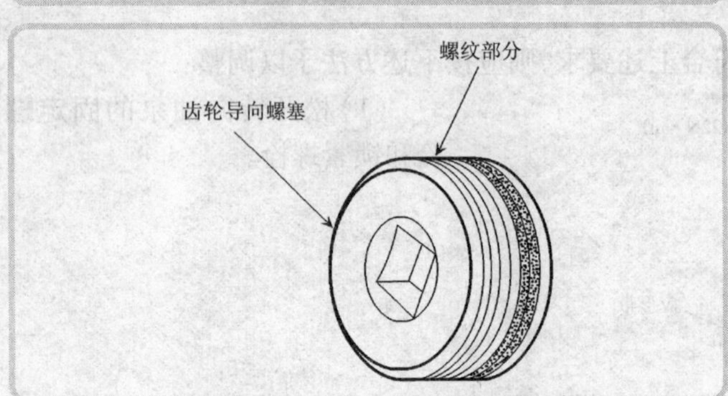

(3)除去齿条导向螺塞螺纹部分的密封胶,然后在螺塞前3圈螺纹上重新涂上新密封胶,再将螺塞装回转向器并以25N·m的拧紧力矩将其拧紧。

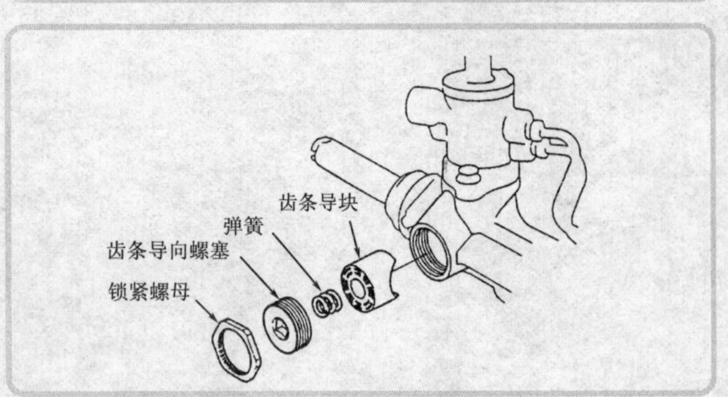

(4)将螺塞再次拧松,再以3.9N·m的拧紧力矩将其拧紧,然后反方向拧松20°。

◀(5)以25N·m的拧紧力矩拧紧螺母,并在转向全行程范围内检查转向轮情况,同时检查转向盘的自由行程和转向盘的转动力。

五、转向油罐油位的检查与转向油的更换

1 转向油罐油位的检查

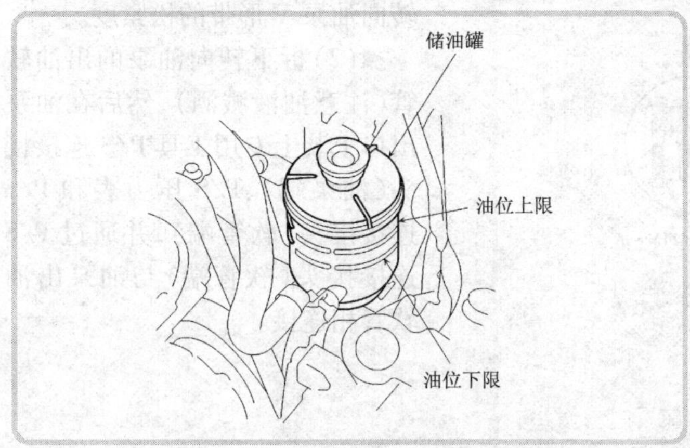

车辆使用过程中，应定期检查动力转向储油罐的油位。储油罐的油位应位于罐身标示的油位上、下限之间。若油位不符合上述要求则应予加添，必要则给予更换。动力转向油容量，系统总容量：1.1L、油罐容量：0.4L。

加添或更换的油液只能是Genuine Honda Power Steering Fluid（纯正的本田动力转向油）V、Ⅱ或S。

2 转向油的更换

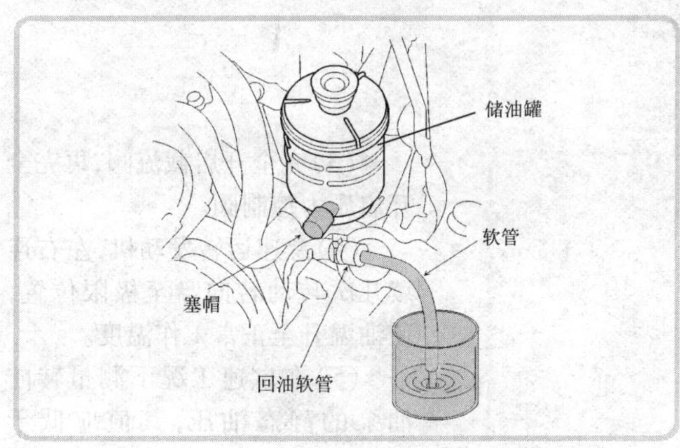

（1）先抬高转向储油罐，再拆下储油罐回油软管，并迅速将储油罐的回油口用一塞帽堵塞。回油软管的端部则通过一适当直径的软管通向一盛油容器。**注意：**谨防油液溅洒到车体或其他零部件上，若有溅洒则应立即擦洗。

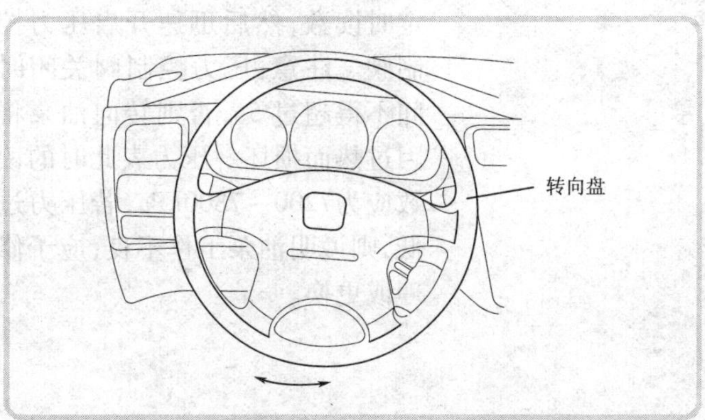

（2）怠速运转发动机，左右连续几次转动转向盘到极限位置，当回油软管无油流出时熄灭发动机。

（3）重新装回回油软管，并添加规定品牌的转向油至油罐油位上限位置。

◀（4）怠速运转发动机，再左右连续几次转动转向盘至极限位置，然后排放系统中的空气。

（5）重新检查油罐油位，必要时加添转向油至油罐油位上限位置。

六、转向油泵压力的检查

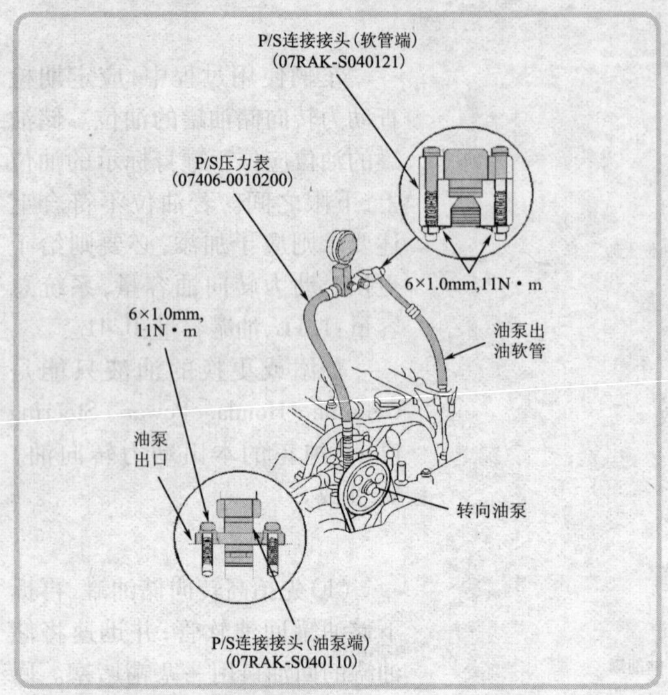

(1)检查转向油罐的液位和转向油泵V形带的松紧度。

◀(2)拆下转向油泵的出油软管(注意油液溅洒),然后在油泵出口上装上专用工具P/S连接接头(油泵端)、P/S压力表和P/S连接接头(软管端),并通过P/S连接接头(软管端)与油泵出油软管相连接。

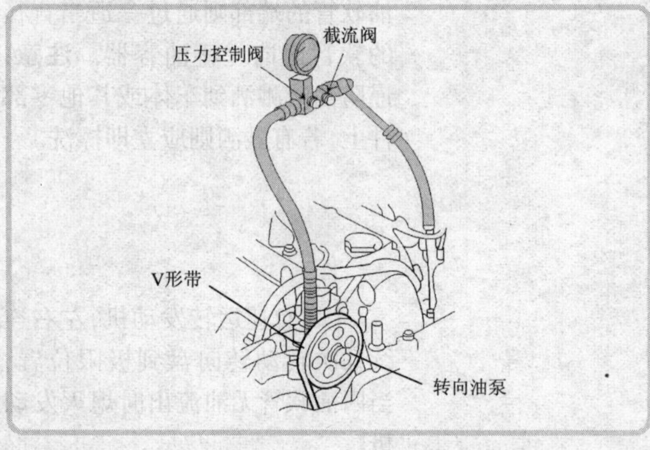

◀(3)完全开启截流阀,再完全开启压力控制阀。

(4)怠速运转发动机,左右连续几次转动转向盘至极限位置,使油温升至正常工作温度。

(5)在怠速工况下测量转向油泵的静态油压,其值应低于1500kPa,否则说明出油软管堵塞或转向器分配阀故障。

(6)关闭压力控制阀,再逐渐关闭截流阀,读出压力表指针稳定时读数,然后迅速开启压力控制阀。**注意**:压力控制阀关闭时间不得超过5s,否则转向油泵将因过热而损坏。压力表此时的读数应为7200~7800kPa,若压力过低,则说明油泵工作不良,应予修理或更换。

单元8 思考题

1. 如何拆卸和安装动力转向器?
2. 如何更换转向器齿轮密封圈?
3. 如何更换转向油泵?
4. 如何调整转向油泵的V形带?
5. 广州本田雅阁轿车动力转向系统的检查和调整项目有哪些?如何进行?

单元9 普通制动系统

项目1 前轮制动器的拆装和检查

●1学时●

目　　的： 学习前轮制动器的拆装和检查方法。
车　　型： 上海桑塔纳2000GSi轿车的普通制动系统。
设备与工具： 组合扳手,螺丝刀,钳子,扭力扳手,游标卡尺。

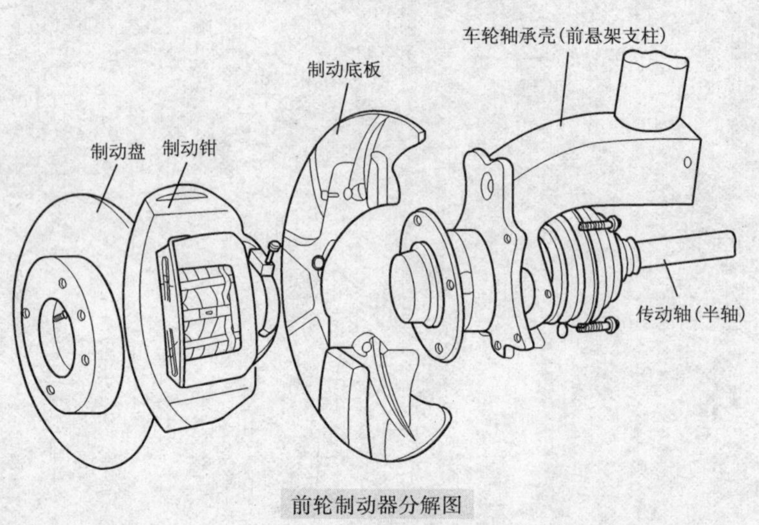

前轮制动器分解图

一、前轮制动器的检查

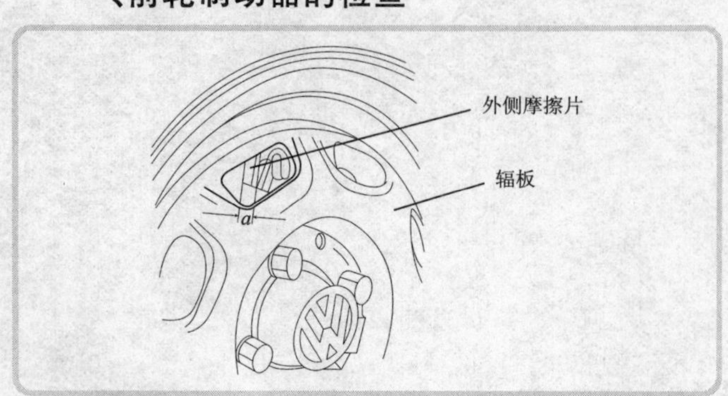

外侧摩擦片,可通过车轮辐板上的检视孔目测检查;内侧摩擦片,利用反光镜进行目测检查。摩擦片磨损极限值 a 为7mm(包括底板),如果小于极限值,就应更换摩擦片。

二、前轮制动器的拆卸

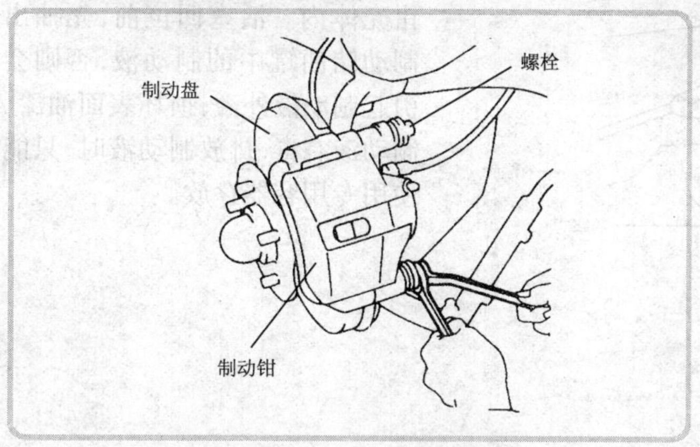

(1)用千斤顶支撑起前轮，松开车轮螺栓的固定螺母（拧紧力矩110N·m），拆下车轮。

◀(2)松开制动钳壳体的紧固螺栓（拧紧力矩70N·m），前轮制动器即可与车轮轴承分离。

(3)拧松制动底板的螺栓，制动底板即可从车轮轴承壳上取下。

(4)松开制动软管接头。

三、制动摩擦片的拆装与检查

1 制动摩擦片的拆卸

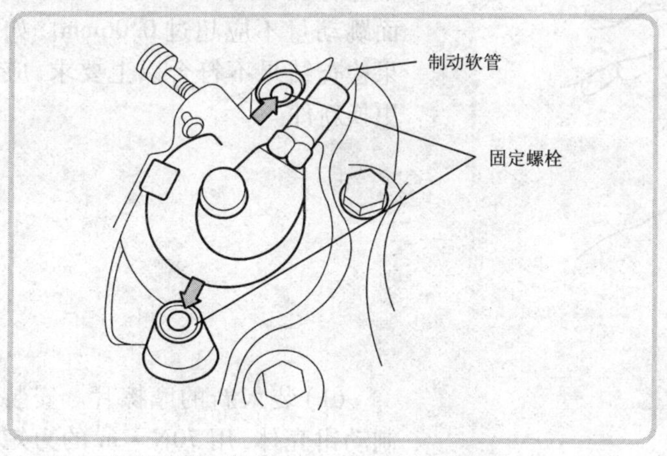

(1)用手拆下制动摩擦片上、下定位弹簧。用内六角扳手拧松并拆卸下上、下固定螺栓。

(2)取下制动钳壳体，从制动钳支架上取下制动摩擦片。

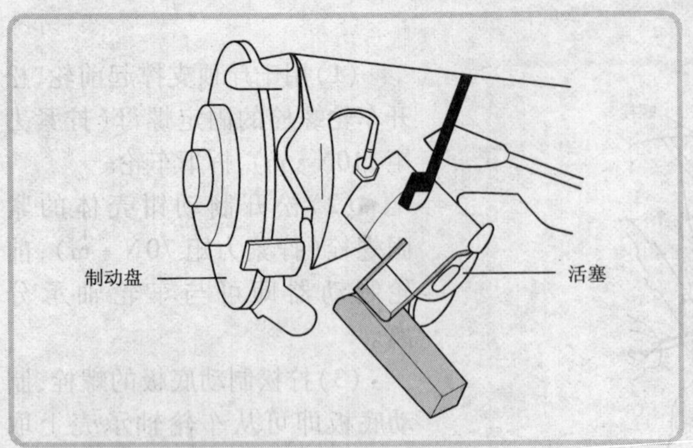

(3)把制动钳活塞压回制动钳壳体内。活塞回位前,先抽出制动储油罐中的制动液,否则会引起制动液外溢,损坏表面油漆。制动液有毒,排放制动液时,只能使用专用容器存放。

2 制动盘的检查

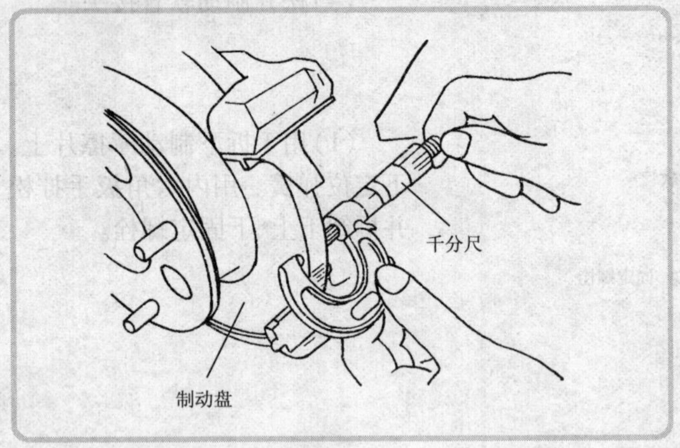

制动盘的正常厚度为20mm,磨损极限值为17.8mm。制动盘不应有裂纹或凸凹不平现象,端面跳动量不应超过0.06mm。如果检查结果不符合以上要求,应更换新件。

3 制动摩擦片的安装

(1)装入新的摩擦片。安装制动钳壳体,用70N·m的力矩紧固定位螺栓。

◀(2)安装上、下定位弹簧。

(3)安装后,停车时用力将制动器踏板踩到底数次,以便使制动摩擦片正确就位。

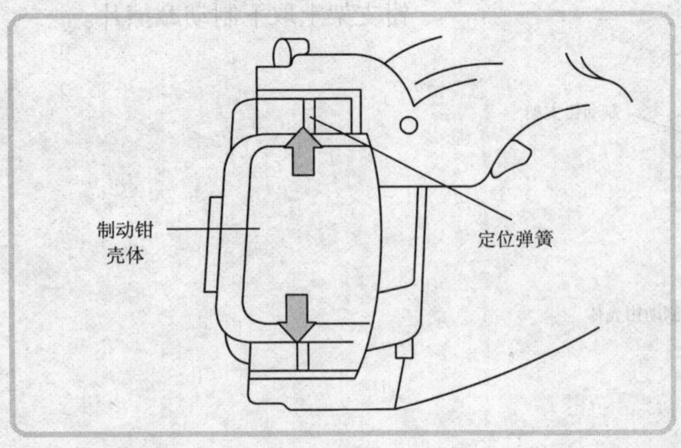

项目 2　后轮制动器的拆装和检查

• 1 学时 •

目　　的： 学习后轮制动器的拆装和检查方法。

车　　型： 上海桑塔纳 2000GSi 轿车的普通制动系统。

设备与工具： 组合扳手，螺丝刀，鲤鱼钳，扭力扳手，专用工具 VW637/2，台虎钳，游标卡尺。

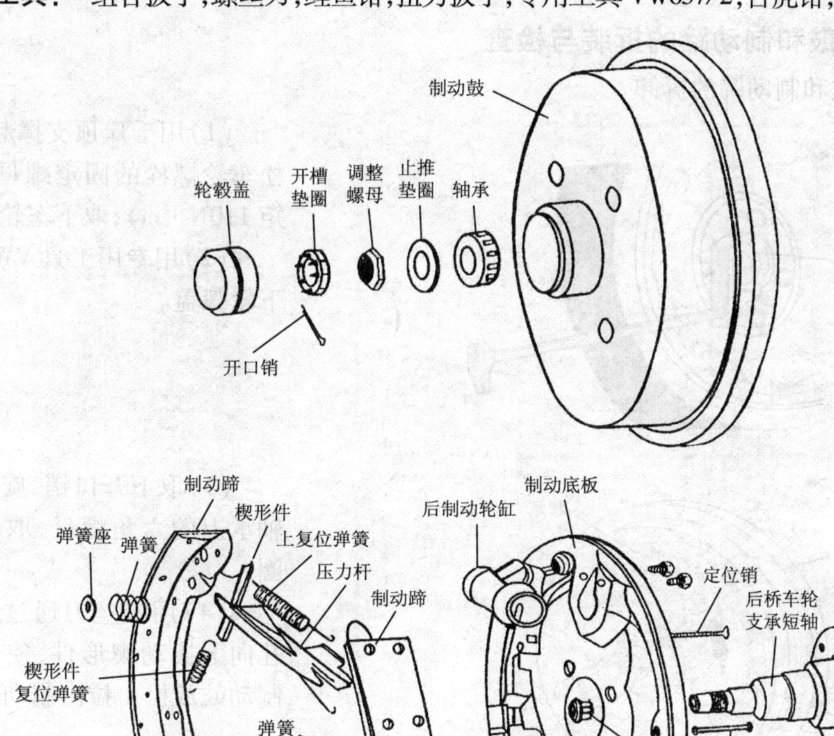

后轮制动器分解图

一、后制动器的检查

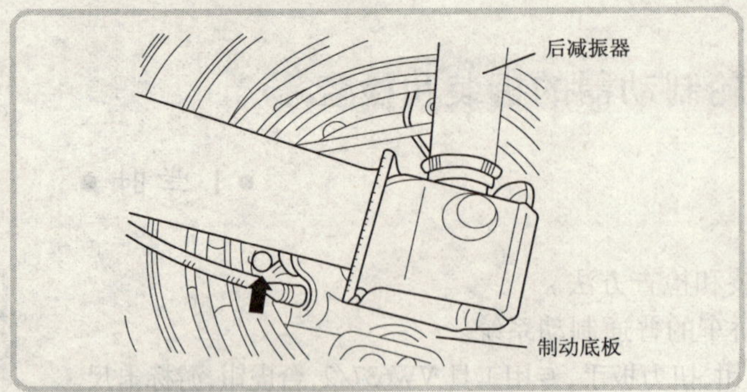

利用制动器底板上的观察孔,检查制动摩擦片厚度和车轮拖滞情况。摩擦片厚度为5.0mm,磨损极限值为2.5mm(不包括底板)。如果检查结果不符合要求,应修理或更换新件。

二、制动鼓和制动蹄的拆装与检查

1 制动鼓和制动蹄的拆卸

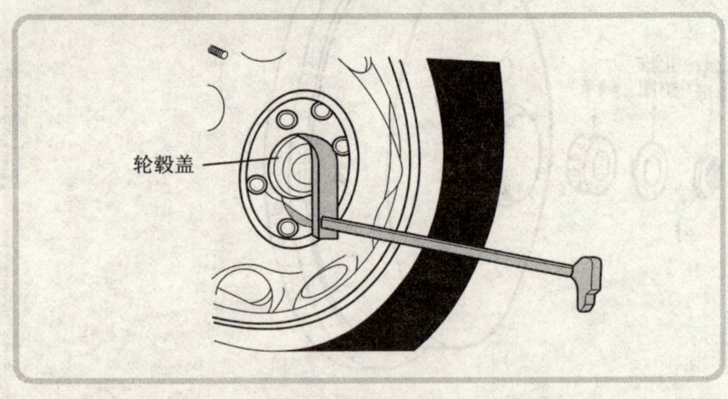

(1)用千斤顶支撑起后轮,拧松车轮螺栓的固定螺母(拧紧力矩110N·m),取下车轮。

◀(2)用专用工具VW637/2卸下轮毂盖。

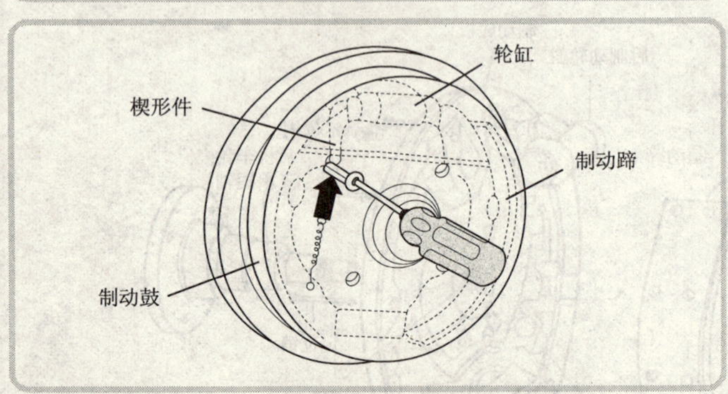

(3)取下开口销,旋下后车轮轴承上的六角螺母,取出止推垫圈。

◀(4)用螺丝刀通过制动鼓螺孔向上拨动楔形件,使制动蹄与制动鼓放松。拉出制动鼓。

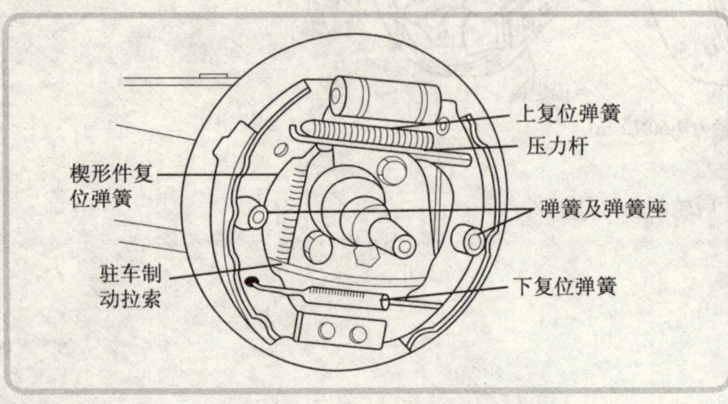

◀(5)用鲤鱼钳拆下制动蹄弹簧及弹簧座。用手从下面的支架上提起制动蹄,取出下复位弹簧。

(6)取下制动杆上的驻车制动拉索。用鲤鱼钳取下楔形件的复位弹簧和上复位弹簧。

(7)卸下制动蹄。

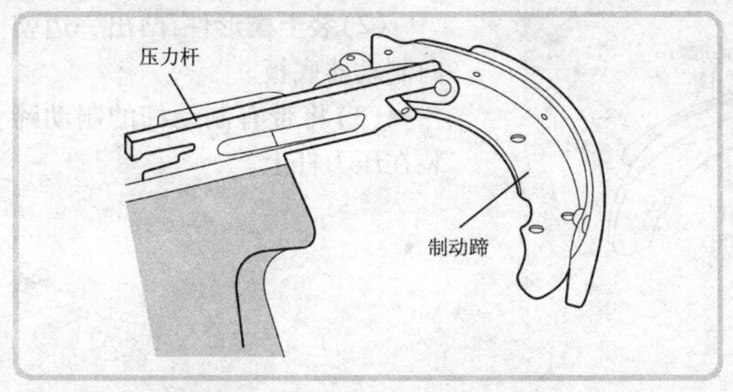

(8)把带压力杆的制动蹄卡紧在台虎钳上，拆下制动蹄上的弹簧，取下制动蹄。

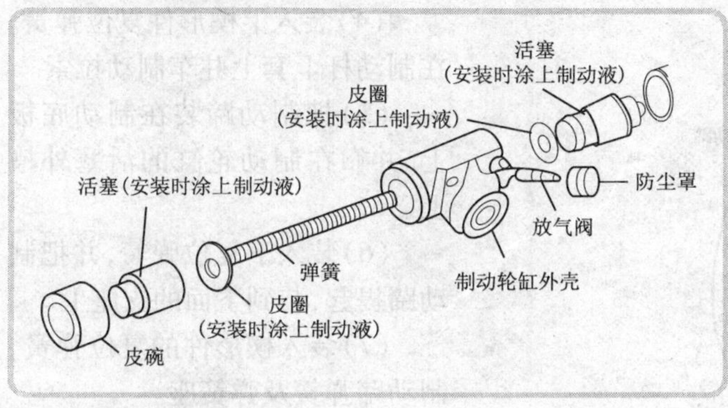

(9)如有必要，拆下制动轮缸并分解。

2 制动鼓的检查

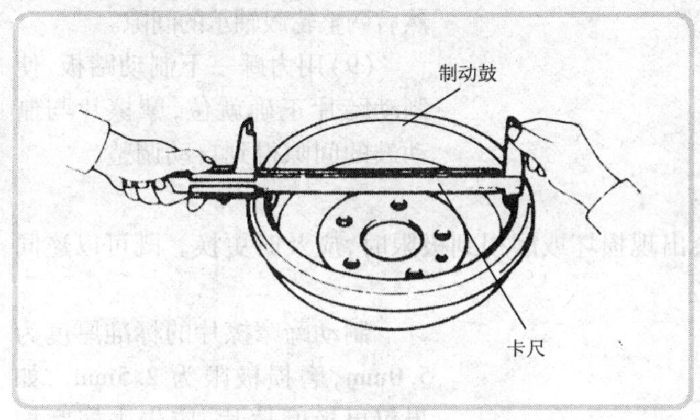

更换新摩擦片时，应检查后制动鼓尺寸，制动鼓内径为200mm，磨损极限值为201mm。摩擦表面径向圆跳动量为0.05mm，车轮端面圆跳动量为0.20mm。如果超过规定值时，应更换新件。

3 制动鼓和制动蹄的安装

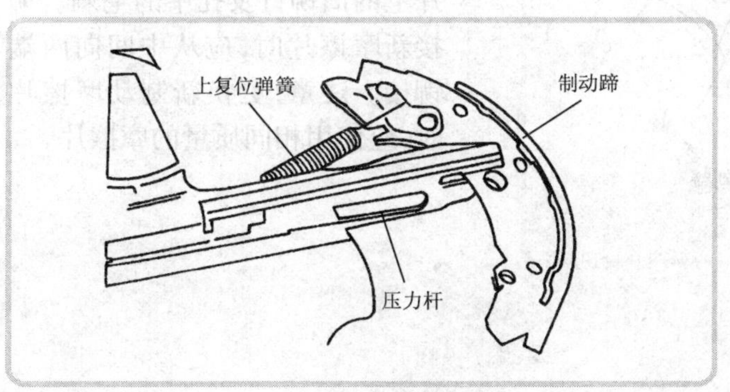

(1)装入上复位弹簧，将制动蹄装在压力杆上。

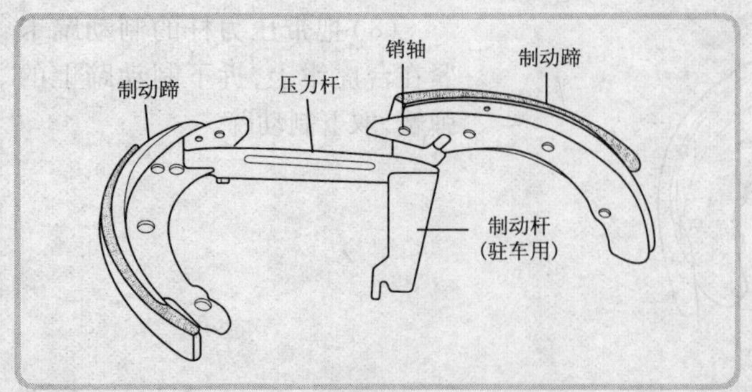

(2)装上楔形件,凸出一边朝向制动器底板。

◀(3)将带有制动杆的制动蹄装在压力杆上。

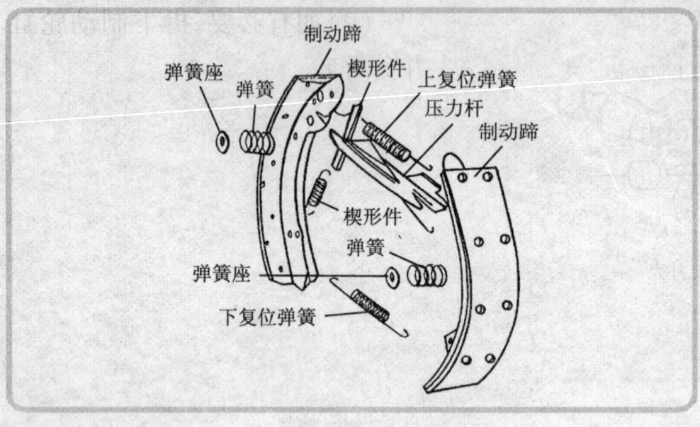

◀(4)装入上楔形件复位弹簧。在制动杆上套上驻车制动拉索。

(5)把制动蹄装在制动底板上,并靠在制动轮缸的活塞外槽上。

(6)装入下复位弹簧,并把制动蹄提起,装到下面的支座上。

(7)装入楔形件的复位弹簧、制动蹄弹簧及弹簧座。

(8)装上制动鼓及后轮轴承,然后调整轮毂轴承的间隙。

(9)用力踩一下制动踏板,使制动蹄片正确就位,摩擦片与制动鼓的间隙得到自动调整。

三、制动摩擦片的更换

制动蹄摩擦片使用15000km后,会出现损坏或磨损到极限时,应及时更换。既可以连同制动蹄一起更换,也可以只更换摩擦片。

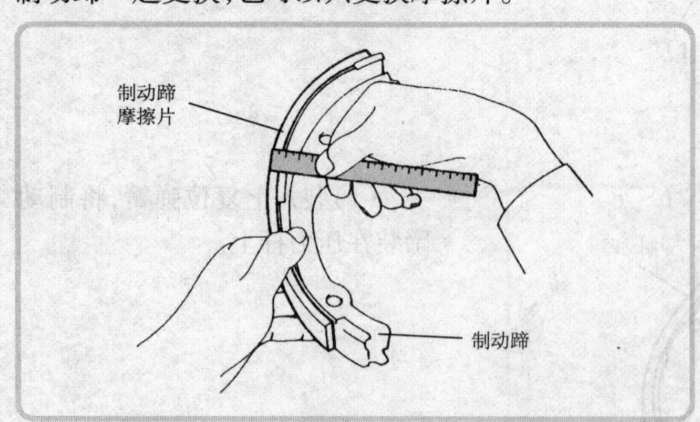

制动蹄摩擦片的标准厚度为5.0mm,磨损极限为2.5mm。如果仅更换摩擦片,应先去掉摩擦片上的旧铆钉及孔中的毛刺。铆接新摩擦片时,应从中间向两端铆接。**注意**:更换新制动摩擦片时,应使用相同质量的摩擦片。

项目3 驻车制动器的调整

•1 学时•

目　　的：学习驻车制动器的调整方法。
车　　型：上海桑塔纳2000GSi轿车的普通制动系统。
设备与工具：组合扳手，螺丝刀，钳子，扭力扳手。

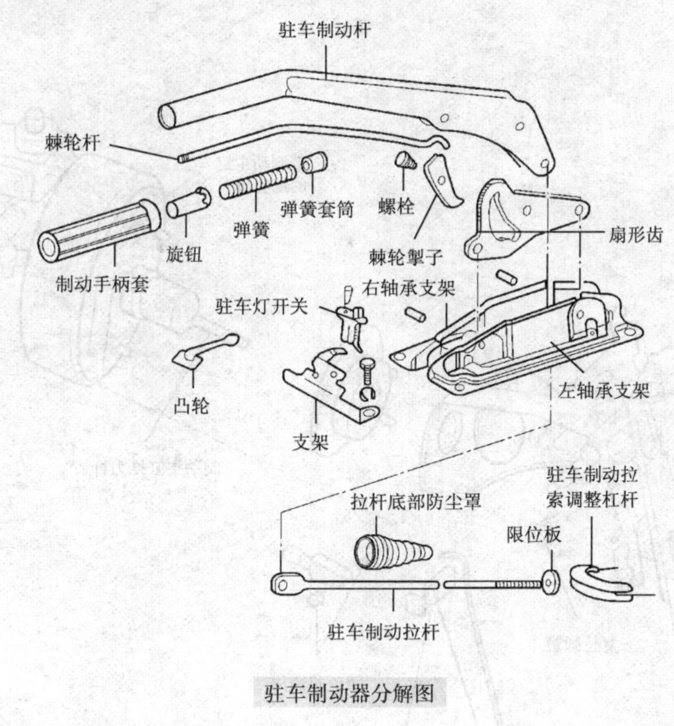

驻车制动器分解图

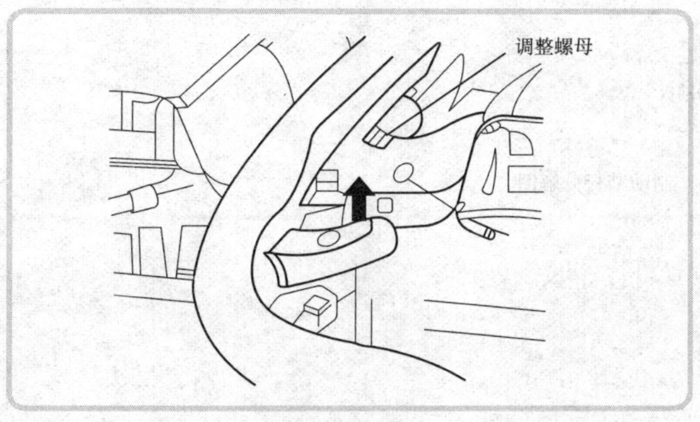

(1)松开驻车制动杆。

(2)用力踩一下制动踏板。把驻车制动杆拉紧两齿。

◀(3)旋紧图中箭头所指调整螺母，直到用手不能旋转两个被制动的后车轮为止。

(4)松开驻车制动杆，两后车轮能旋转自如即为调整合适。

项目4 制动踏板的拆装和调整

•0.5 学时•

目　　的： 学习制动踏板的的拆装和调整方法。
车　　型： 上海桑塔纳 2000GSi 轿车的普通制动系统。
设备与工具： 组合扳手,螺丝刀,鲤鱼钳,扭力扳手,台虎钳,冲子,直尺。

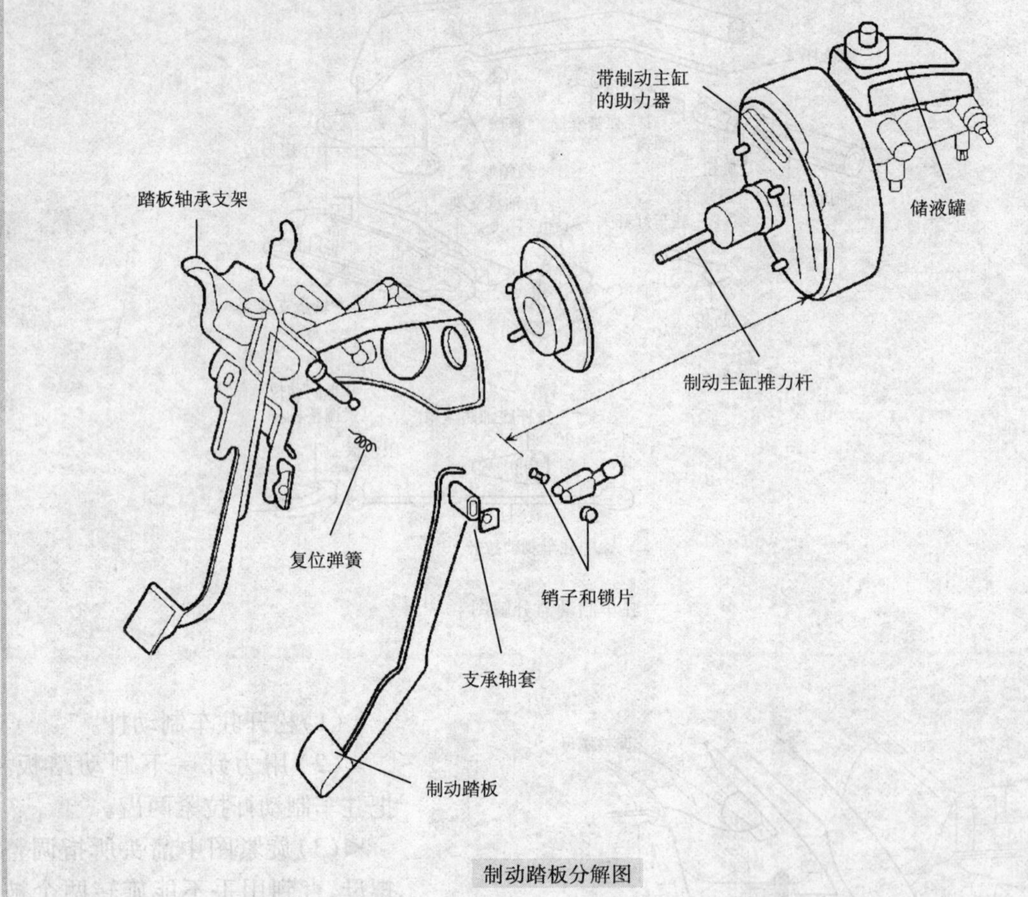

制动踏板分解图

一、制动踏板的拆卸和安装

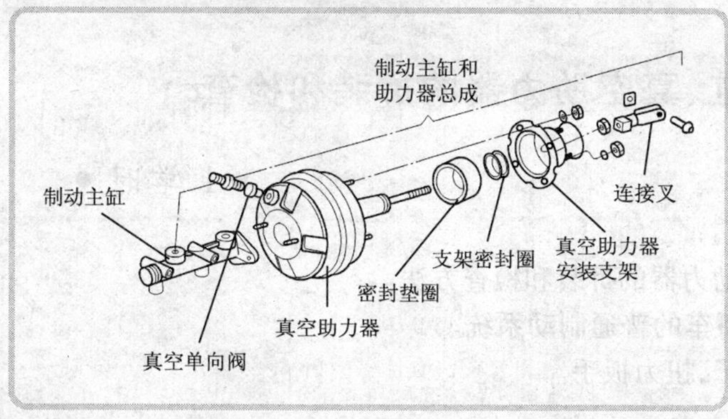

(1)用鲤鱼钳拆下复位弹簧。

(2)拆下锁片和销子,取下制动踏板。必要时将制动踏板夹在台虎钳上,用冲子顶出支承轴套。

◀(3)拆下推力杆上的销子和锁片,拆下真空助力器推力杆上的连接叉,使制动主缸助力器与制动踏板分离。

(4)松开踏板轴承支架上的紧固螺母,向下拆出轴承支架。

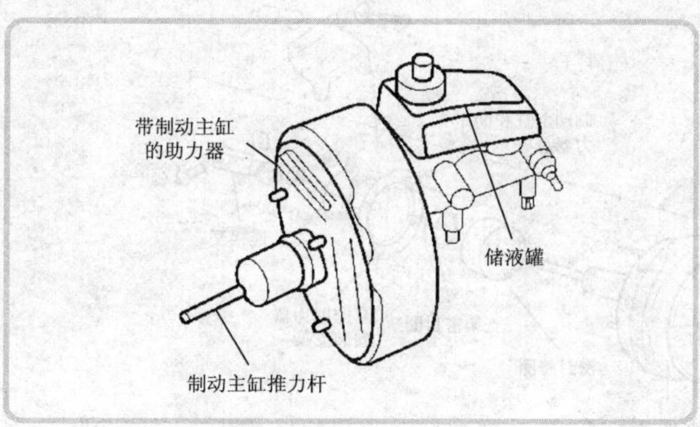

◀(5)安装制动踏板前,旋动真空助力器推力杆上的连接叉,使连接叉调整尺寸达到 $a=220$mm。

(6)按照与拆卸相反的顺序,安装制动踏板。

二、制动踏板的调整

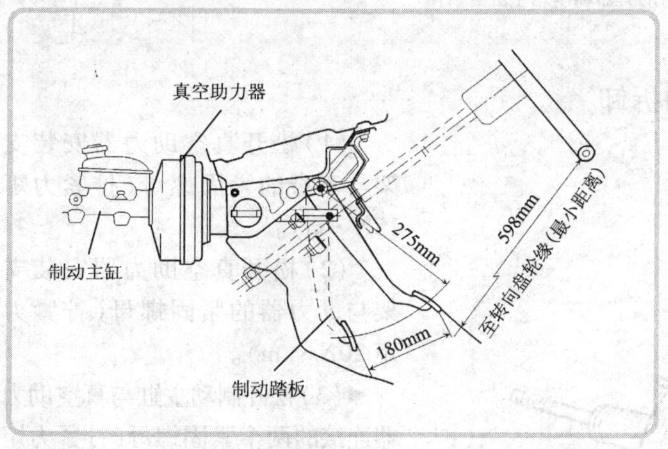

制动踏板自由行程的调整。检查制动踏板自由行程时,用手轻轻压下踏板,直到手感明显变重时,测出这段行程量,其值应不大于45mm。如果不符合规定,可松开真空助力器推力杆上的螺母,通过旋转来调整推力杆长度,从而调整制动踏板自由行程,且保证制动踏板有效行程为135mm,总行程不小于180mm。**注意**:制动器踏板的行程大小,应不受附加的地毯厚度影响。

项目5 制动主缸、真空助力器的拆装和检查

•1 学时•

目　　的： 学习制动主缸和真空助力器的拆装和检查方法。
车　　型： 上海桑塔纳 2000GSi 轿车的普通制动系统。
设备与工具： 组合扳手，螺丝刀，钳子，扭力扳手。

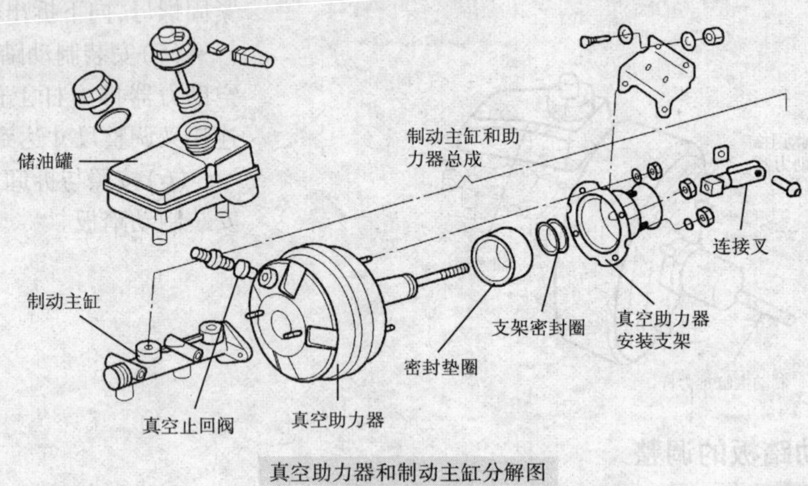

真空助力器和制动主缸分解图

一、制动主缸和真空助力器的拆卸

(1) 松开真空助力器安装支架与车身的紧固螺母(拧紧力矩 15N·m)。

(2) 松开真空助力器安装支架与助力器的紧固螺母(拧紧力矩 20N· m)。

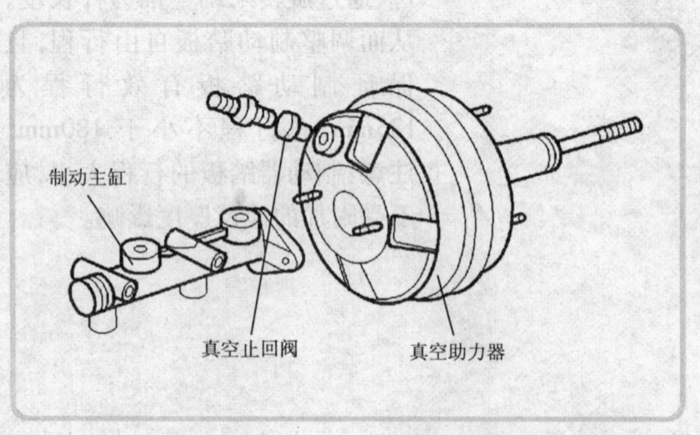

◀(3) 松开制动主缸与真空助力器连接的两个紧固螺母(拧紧力矩 20N·m)，使制动主缸和真空助力器分离。

(4) 拧松真空软管的卡箍和管接头，取下真空助力器上的软管。

制动主缸不能再拆散,也就是说制动主缸不需要修理。制动主缸是由不同厂商供货的,但不受制约,可以相互通用。

二、真空助力器的检查

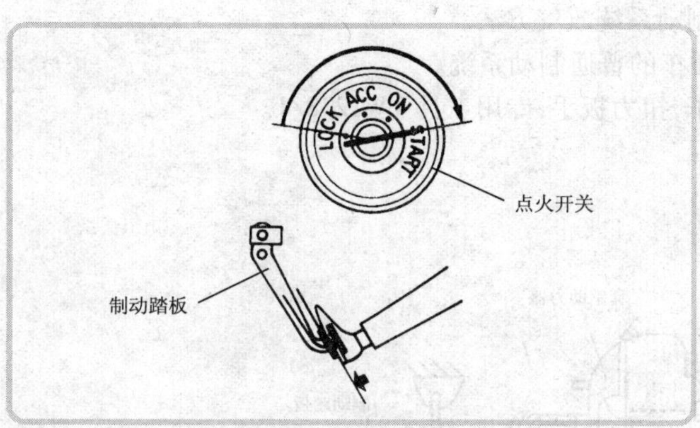

(1)发动机熄火后,用力踩下制动踏板若干次,这样可消除真空助力器中残留的真空度。

◀(2)用适中的力踩下制动踏板,使它停留在制动位置上。然后起动发动机,进气管中重新产生真空度,如果真空助力器性能良好,则制动踏板有下降趋势,表明真空助力器起作用。

(3)如果更换整个真空助力器总成,应将发动机上进气歧管的真空排空。

三、真空助力器止回阀的检查

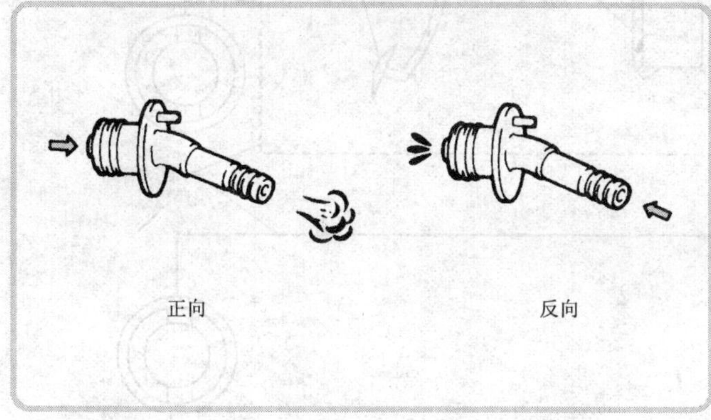

真空助力器止回阀安装在真空软管内,止回阀失效将造成制动踏板沉重。其工作性能可用压缩空气进行检查,按阀体上的箭头方向,压缩空气应能通过,反向时则不通。也可用嘴吸法检验其单向通过性。止回阀密封不良时,应更换新件。

制动液的规格

制动液是以乙二醇醚为基础添加了聚乙二醇、乙二醇等的石油化学制品。因此,黏度低、沸点高。

制动液规格的国际标准化不断推进。常用的进口制动液有DOT3、DOT4两种。DOT是美国汽车安全标准规定标称,其数字越大,级别越高。

因为制动液是安全相关产品,所以有非常详细的规格要求。

项目6　制动液的更换和制动系统放气

•0.5 学时•

目　　的： 学习制动液的更换和制动系统放气方法。
车　　型： 上海桑塔纳2000GSi轿车的普通制动系统。
设备与工具： 组合扳手，螺丝刀，钳子，扭力扳手，专用工具VW1238/1。

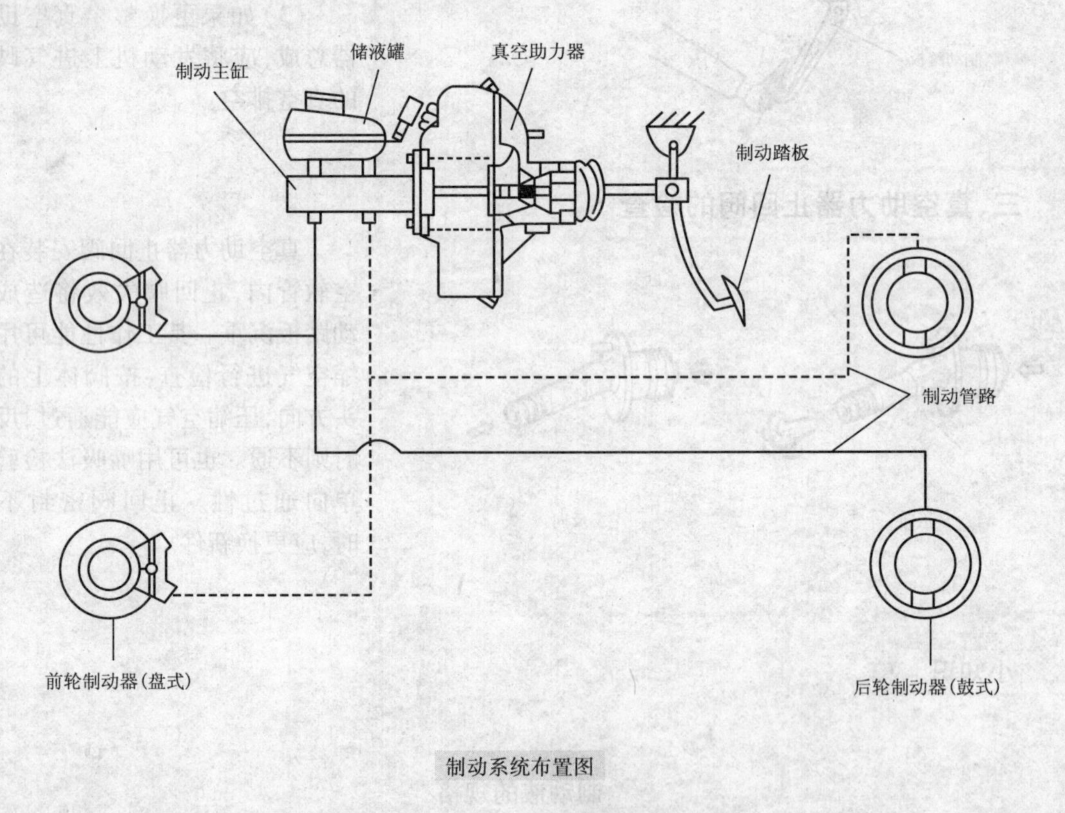

制动系统布置图

一、制动液的更换

更换制动液时，应使用原产的VW/Audi制动液(符合美国标准FMVSS116DOT标准)，或使用大众公司规定的制动液(型号为N052 760 XO)。每隔两年或汽车行驶50000km时，应更换一次制动液。**注意：** 制动液有毒性和强腐蚀性，不可与油漆接触；制动液具有吸湿性，即它能吸收周围空气中的水分，因此要将它要存放在密封的容器里。

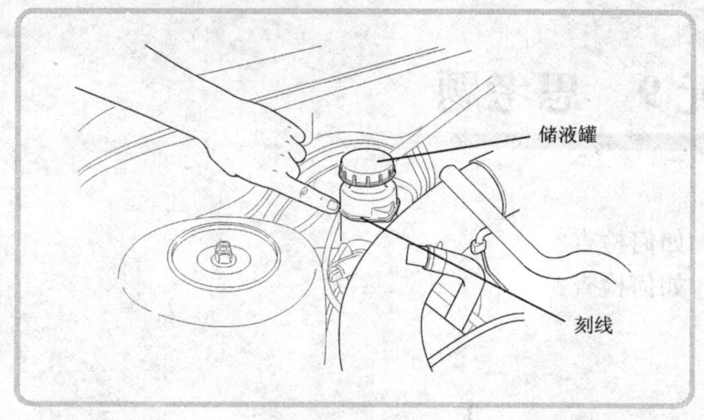

制动液储液罐位于发动机罩内制动主缸上方,制动液罐表面刻有“Max”和“Min”的标记,应注意检查液面高度。正常工作时,液面应始终保持在“Max”和“Min”标记之间,制动摩擦片磨损引起制动液面略有下降是完全正常的。若短时间内出现制动液面显著下降或低于“Min”标记现象,则可能是制动系统有渗漏故障,应立即检查,故障排除后方可使用。上海桑塔纳2000系列轿车仪表板上配有制动液面过低报警信号灯,一旦储液罐内液面过低会自动报警。

二、制动系统放气

制动系统放气顺序是:右后车轮制动轮缸→左后车轮制动轮缸→右前制动钳→左前制动钳。

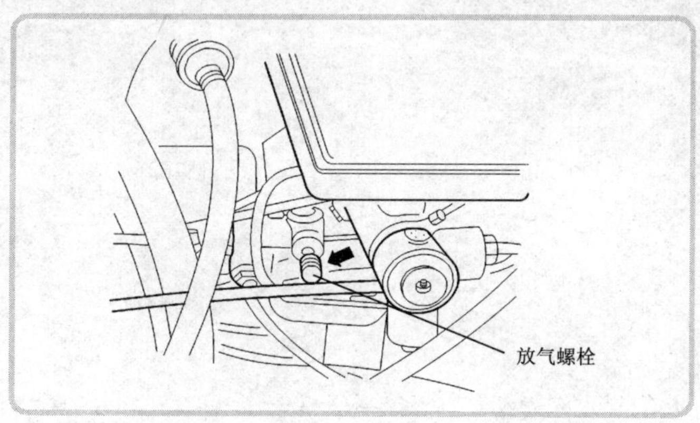

(1)使用制动液充放机VW1238/1放气:接通VW1238/1,按规定顺序打开放气螺栓,然后排出制动钳和制动轮缸中的气体,用专用排液瓶盛放排出的制动液。

(2)人工放气:

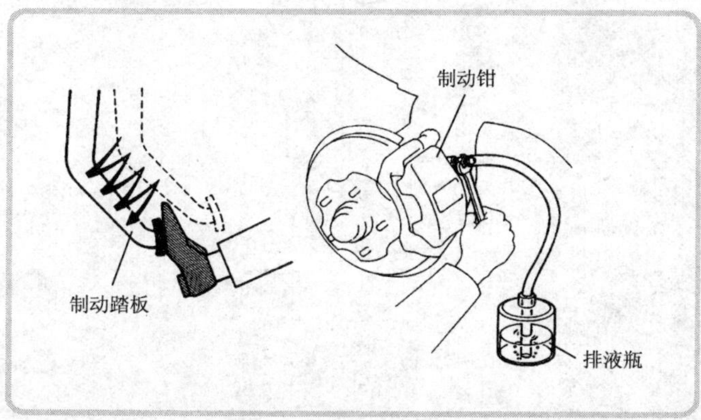

◀①将一根软管一端接到放气螺栓上,一头插入排液瓶中。

②一人用力迅速踩下并缓慢放松制动踏板,如此反复数次后。踩下制动踏板,并保持一定高度使之不动。

③另一人拧松放气螺栓,管路中空气随制动液顺着胶管排出制动系统,排出空气后再将放气螺栓拧紧。

④重复上述步骤多次,直至排液瓶中制动液里无气泡为止。

⑤观察储油罐中制动液面高度,必要时添加制动液。

单元9　思考题

1. 前轮制动器的检查项目有哪些？如何检查？
2. 后轮制动器的检查项目有哪些？如何检查？
3. 如何调整驻车制动器？
4. 如何调整制动踏板？
5. 如何检查真空助力器？
6. 如何更换制动液？
7. 如何对制动系统进行放气？